信長暗殺は光秀にあらず

馬野秀行
hideyuki mano

イースト・プレス

序章

光秀謀反説は真実にあらず

「本能寺の変」には不可解さがつきまとう。

すべてが、まるで霞でもかかったように漠としているのだ。私は長年、信長暗殺を取り巻く霞と格闘してきたつもりだが、あるとき、それを払うには、発想を百八十度転換してみることだと気づいた。

たとえば、いまもってわからない明智光秀の謀反《むほん》の動機においても、光秀に謀反の心はなかったと仮定すると、何やら霧がうっすらと晴れてくるような気がしてくる。

昭和三十三年に吉川弘文館から発行された高柳光寿博士の『明智光秀』によって、それまでひろく流布されてきた織田信長に対する光秀の恨み、すなわち怨恨説が諸文献の詳細な考証の末に、まったく根拠がないものであると粉砕された（明智光秀の年来の野望であったという説も同様に否定されている）。

これ以後、さまざまな説が展開される。代わって登場した主要な説の概略を記してみよう。

●前途不安説＝羽柴秀吉との出世競争や、使い捨てへの恐怖などが決断させたとする説（前途に対する不安はさまざまな形で各論の基調ともなっている）。

●領地召上げ説＝丹波一国と坂本を取り上げ、代わりに出雲と石見の二カ国を与えるという通達が下されたためという説。この二国は毛利氏の領地で、敵の領地を与えられても家臣を養えないとの理由。

●武士の面目説＝四国の長宗我部氏は光秀が本来窓口であったが、四国征伐の大将に織田信孝、副将に丹波長秀が任命され、面子が潰された結果の犯行。または不信任された怒りと不安からの犯行とするもの。

そして最近では、

●黒幕説＝明智光秀は陰の人物（足利義昭、羽柴秀吉、徳川家康、公家、堺の商人など）に甘言をもって唆《そそのか》された。または操られた。

●共同謀議説＝明智光秀と何者かの謀議により起こったとする。相手は羽柴秀吉、徳川家康、足利義昭などさまざま、また三者の謀議説もある。黒幕説と似ているが実行犯は明智光秀、ほかは協力者で若干の相違あり。

●天皇密勅説＝信長の皇位をうかがう行動に対し、尊皇家と信じられる明智光秀に織田信長打倒の勅命を密かに下したとする説。

●被害妄想説＝織田信長に酷使され続けてきた明智光秀は、極度のノイローゼに陥り、衝動的に反逆の意思を持った。

というように、主な説を取り上げても、ざっとこれだけある。

しかしこれだけ諸説紛々としているということは、その論拠がスポットライトにすぎず、全体像を照らし出すものではないという証左でもあろう。決め手不足というか、いずれも、いまひとつ説得力に欠ける。

加えて〝変〟自体のあやふやさもある。明智軍一万三千が動いても、織田信長の首を挙げられなかったこと。本能寺内の信長勢は、わずか百名足らずしかおらず、しかも不意を襲ったというのに……。

それと関係する人物たちの行動。たとえば吉田神社の神官・吉田兼見《かねみ》が記した二冊の日記。なぜ彼は羽柴秀吉や織田信孝（信長の三男）に日記を提出しなければならなかったのか。また本来の日記から、何を書き改めて提出したのか。さらに、織田信長と最も近い存在であった公家、前関白太政大臣《さきのかんぱくだじょうだいじん》・近衛前久《このえさきひさ》が、〝変〟ののち、なぜ逃亡しなければならなかったのか。

まだある、まだまだある。

これらを解明するには、虚心坦懐《きょしんたんかい》にものを見なければならないであろう。

理に合わぬことは、理に適ったことではない。

この当たり前の論理が適用できないものは、そこに必ず嘘が隠されているということだ。

二十数年前、全国の耳目を集めた豊田商事事件が発覚した。

連日連夜、新聞の紙面やテレビのニュースは、その大規模な詐欺事件を流し続けた。

この事件は、お茶の間に殺人が実況中継されるという、前代未聞の衝撃的なクライマックスを見せて終わっていく。というより、ある大きな力により終結させられていった。

私は仕事の関係で、この事件の裏面を知ることとなったが、その真相は闇に葬られ、決して光を当てられることはなかった。

このとき、政治権力というものの恐ろしさを、まざまざと見せつけられた。そして、我々庶民にとって真実とは、いかに遠いものであるかも思い知らされた。

これだけマスメディアが発達した現代においてでさえそうなのだ。まして四百二十数年前、しかも当時絶対的な権力を握っていた男の死である。これが一筋縄で収まるわけがない。

結論からいえば、「本能寺の変」は朝廷、高野山、そして実行部隊としての伊賀忍者集団、この三者が一体となって企図《きと》した〝信長暗殺事件〟である。

これは決して奇を衒《てら》った説ではない。朝廷は別として、これまで彼らの存在にまったく目が向けられなかったことを、私は不思議に感じるほどである。

この事件は、すべてが明智光秀謀反という虚偽に封じ込められ、四百年以上のもの時間が闇に溶解している。

だが単に敗者の闇というよりは、我が国の場合、もっと根元的なところに問題があるように思える。そのあたりのことも踏まえて、これまで常識とされてきた、さまざまな史実に、新たな光を照射しなければならない。

〝真実にいちばん近い史実〟、それが明らかにされなければ、歴史はただ死滅への道を歩むこととなるであろう。

信長暗殺は光秀にあらず　◎目次◎

第七章 光秀に討つべき理由見当たらず 281

「本能寺の変」における人物関係図

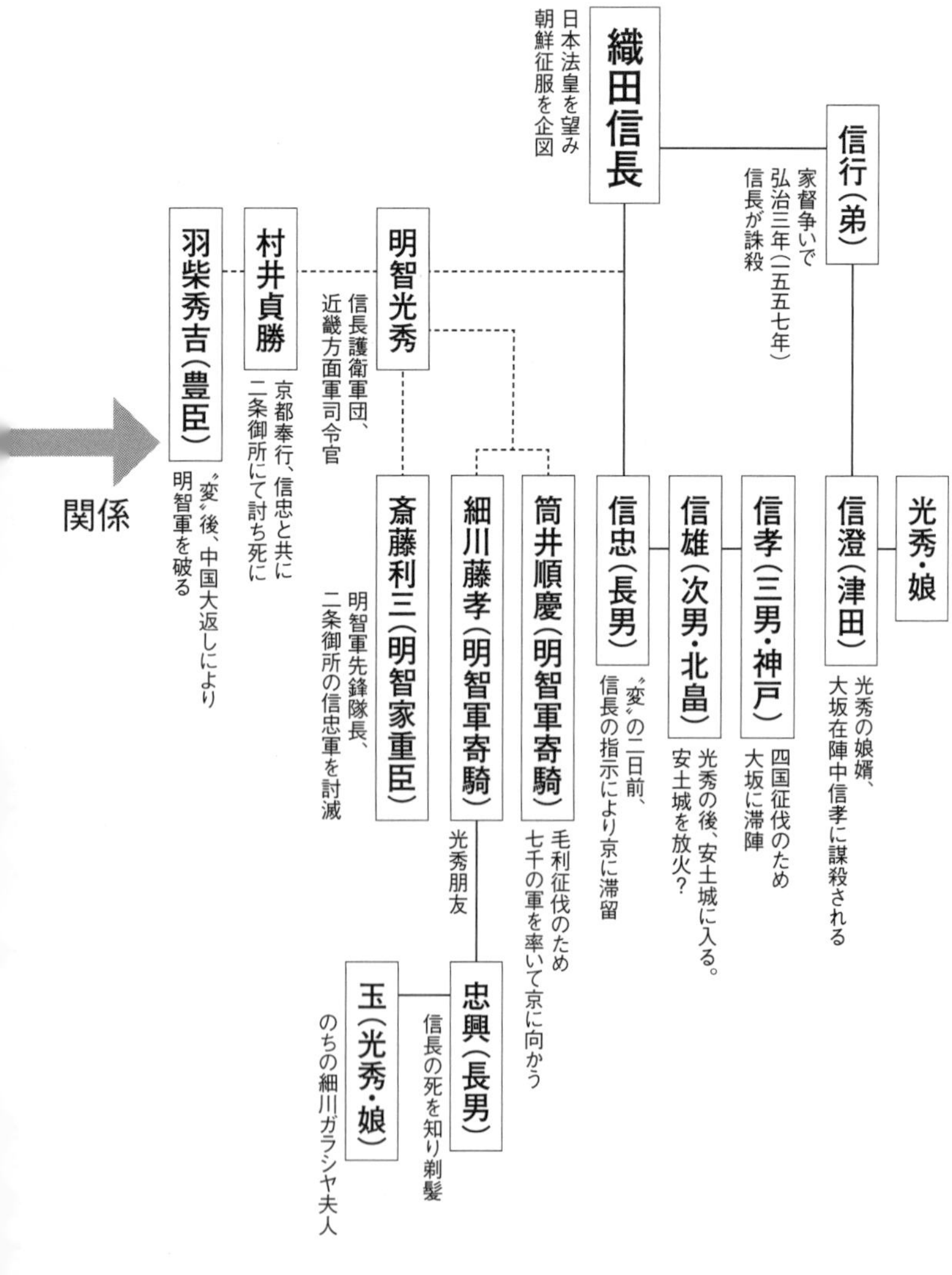

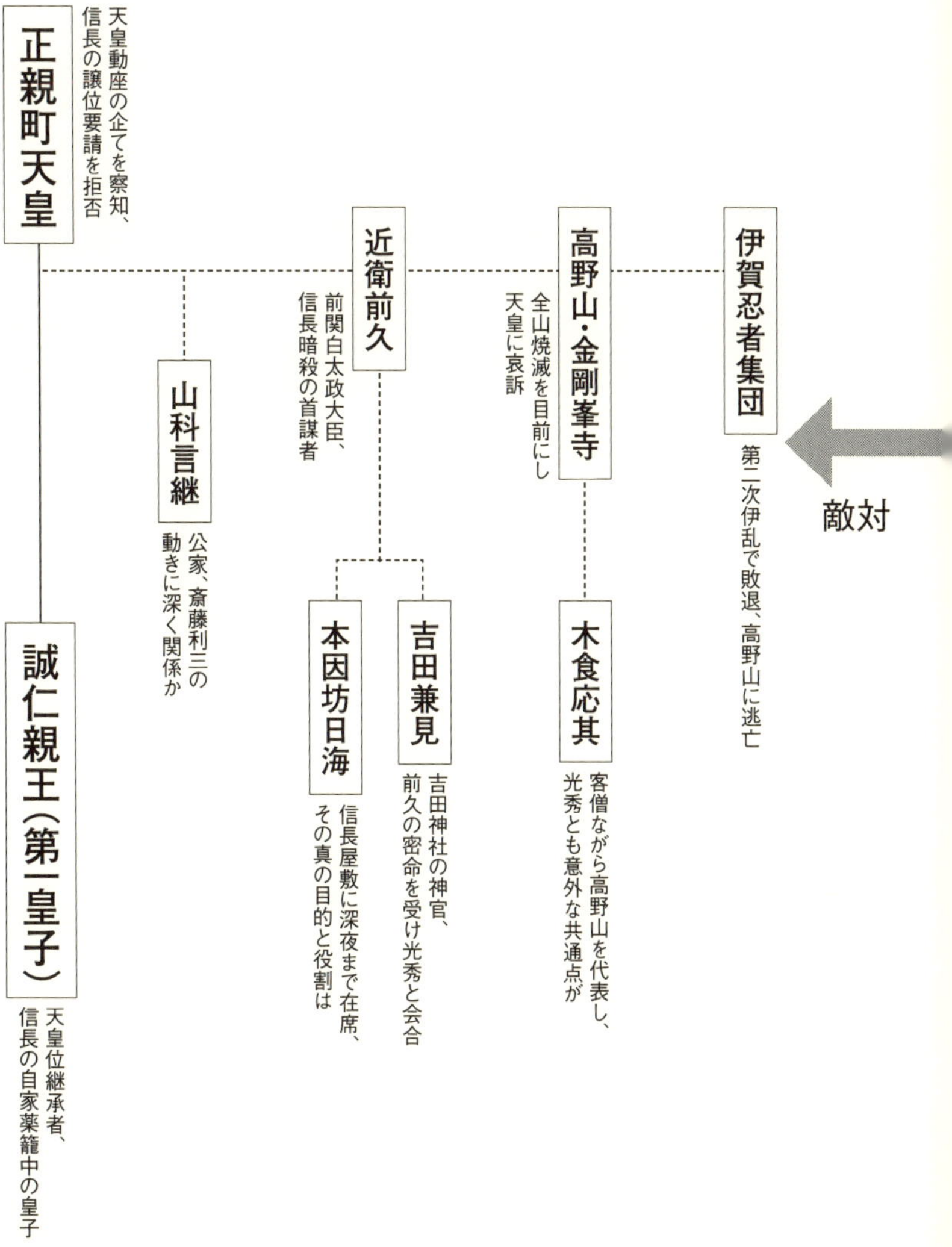
敵対
伊賀忍者集団
第二次伊乱で敗退、高野山に逃亡
高野山・金剛峯寺
全山焼滅を目前にし天皇に哀訴
木食応其
客僧ながら高野山を代表し、光秀とも意外な共通点が
近衛前久
前関白太政大臣、信長暗殺の首謀者
吉田兼見
吉田神社の神官、前久の密命を受け光秀と会合
本因坊日海
信長屋敷に深夜まで在席、その真の目的と役割は
山科言継
公家、斎藤利三の動きに深く関係か
正親町天皇
天皇動座の企てを察知、信長の譲位要請を拒否
誠仁親王（第一皇子）
天皇位継承者、信長の自家薬籠中の皇子

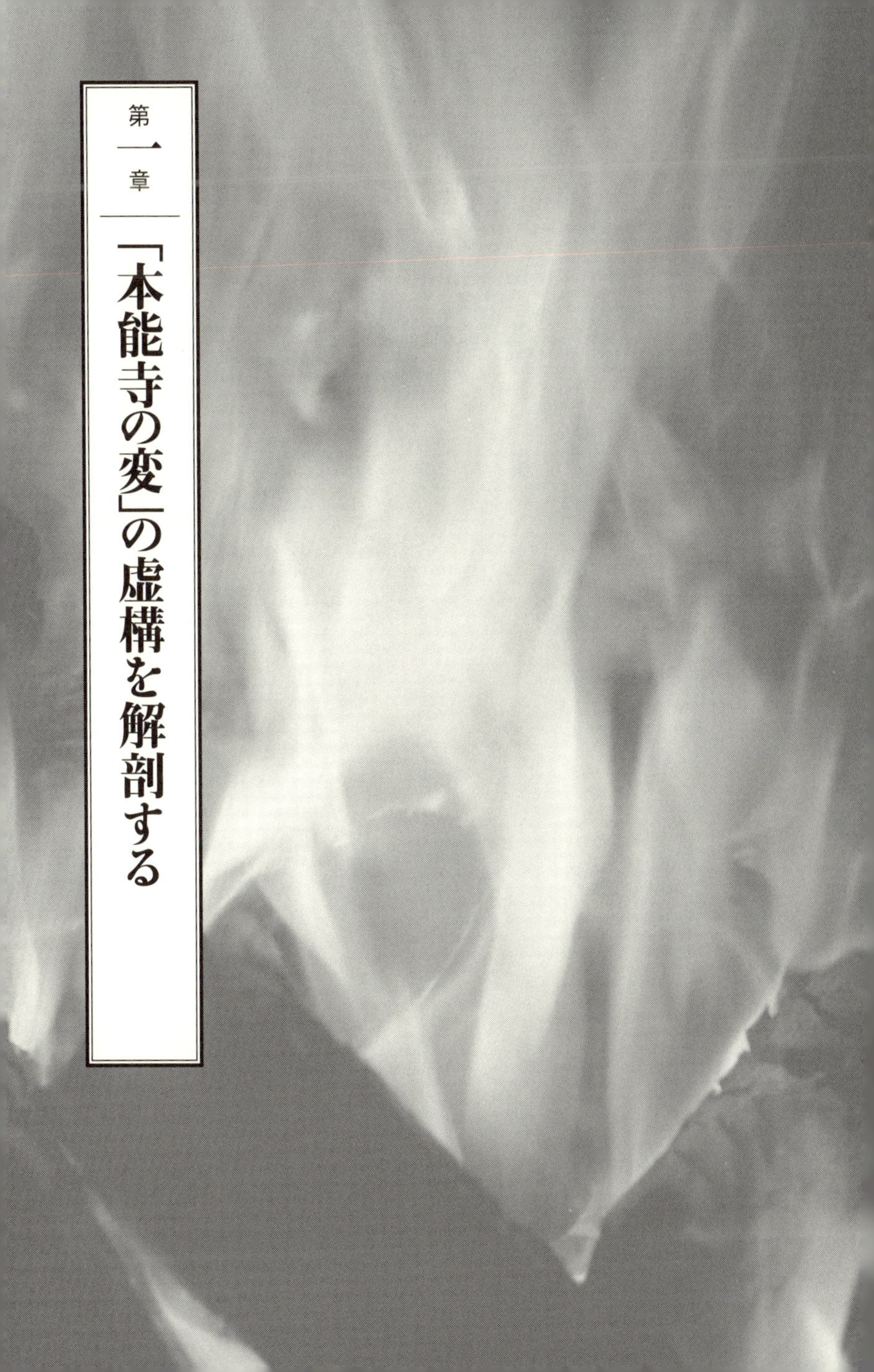

第一章

「本能寺の変」の虚構を解剖する

光秀の驚愕

翻る水色桔梗《ききょう》

光秀は、空を見上げた。

天は厚い雲に覆われ、鉛色の鈍い光を放っている。その重く沈んだ輝きは、彼の脳裏を絶えず刺激していた。

天正十年（一五八二年）六月二日、巳《み》の刻《こく》（午前十時ごろ）。織田軍団における近畿方面軍司令官である明智光秀は、旗下の精鋭一万を率いて丹波亀山の城を出立《しゅったつ》した。

中国の毛利征伐に出陣するため、織田信長の待つ京へと向かっている。すでに二里（八キロ）ほどは馬を進めてきたが、最後尾の輜重《しちょう》部隊は、おそらく城門を出たあたりであろう。隊列は、延々と続いていた。不意に、その隊列がざわめいた。三頭の馬が疾駆してくる。斎藤利三《としみつ》配下の使い番の者たちだ。

光秀は先陣の将として、斎藤内蔵助《くらのすけ》利三に三千の兵を与え、前夜先発させている。不思議なことに、先頭の武者は弥平次らしい。明智弥平次秀満は、第一軍の将として二千五百の兵を率いている。そして第二軍である本隊五千を光秀が、後軍を明智次右衛門が輜重隊五百とともに二千の兵を指揮していた。これが三段に分けた明智軍の全容である。その第一軍の将である弥平次秀満が、二人の使い番を従えて駆けつけてくる。

光秀は傍らに馬を並べる重臣の一人、藤田伝五に顔を向けた。伝五も面妖な面持ちで見返してくる。光秀は馬を止め、鐙《あぶみ》を外して弥平次たちを待った。

「殿、重大事が出来《しゅったい》いたしました」

荒い息がかかるほどに馬を寄せ、弥平次が押し殺した声で告げた。弥平次秀満が使い番とともに駆け戻ってきたのだ、よほどの大事であろう。

馬上からものを言う場合、上位の者に対して必ず鐙を外さなければならない。それが武士の作法である。弥平次は、それさえも忘れているのだ。

律義な性格というか、主君、織田信長の傍ら近くに仕えていたゆえの習い性であろうか、馬上にあるときは下位の者からの報告さえ光秀は鐙を外して聞いた。さすがに使い番の二人の者は、すでに下馬して片膝をついている。

「申し上げろ」

「ハッ。未明に、上様、本能寺において何者とも知れぬ輩《やから》に打ち掛かられ、すでに御生《ごしょう》害《がい》なされました」

「なんと！」

思わず身を乗り出した光秀は、馬の首にしがみついて危うく落馬を逃れた。伝五が慌てて手を差し伸べ、光秀の体を引き起こす。

「続けて、申せ」

光秀が鞍の上におさまったのを見て、弥平次が使い番を促した。

「先手の大将、斎藤様は、二条御所に御座を移されました中将・信忠卿を攻撃中にござりまする」

「くっ、狂うたか、内蔵助!?」

これほどの驚愕が、ありえようか。己れの顔から、血の気が引いていくのがわかった。

「なぜじゃ、なぜに信忠様を」

「我らには、判じませぬ。ただ、日向守《ひゅうがのかみ》様にお伝え申せと」

気が動転していた。鞍の前輪《まえわ》へ置いた手に、全身の力を込めて辛うじて堪《こら》えた。今度こそ、本当に落馬しかねない。

「どういうことじゃ、弥平次」

「皆目、見当がつきませぬ」

弥平次秀満に問うても、詮無いこととはわかっている。だが誰かに問わねば、この動転のおさめようがなかった。

（信忠様は、徳川殿とともに堺にあるはず……たとえ京にあったとしても、なぜ内蔵助が……）

「とにかく、ここは一刻も早く京へ入らねばなりますまい」

「………」

「御大将」

「………」

「御大将！」

二度目の問いかけで、光秀は我に返った。

「まずは馬廻りの者だけでよい。弥平次は儂と、伝五は勝兵衛とともに我があとを追え」

「承りました」

光秀の旗本衆、その数およそ二百騎の騎馬武者が、馬蹄を轟かせて第一軍を追い越して行く。第一軍の副将・溝尾勝兵衛（明智家重臣）が、必死にそのあとを追う。だが、騎乗の武士一人に徒《かち》の者が十二、三人。戦国の軍団は徒や足軽が圧倒的に多いのだ。とても追いつけるものではない。軍団は、みるみるうちに引き離されていった。

光秀警固のために、騎馬武者の先頭に立つ弥平次秀満。それと轡《くつわ》を並べるようにして、光秀も一路京へと駆けに駆けた。

京では、すべてが終わっていた。

光秀一行を出迎えたのは、三十名ほどの配下を引き連れた石谷孫九郎頼辰《いしがいまごくろうよりとき》であった。頼辰は、斎藤利三の兄である。先鋒軍の副将として、利三と行《こう》をともにしていた。

「内蔵助は、いずれにある」

「もとより。御先導、仕《つかまつ》りまする」

頼辰の報告によれば、信忠卿も二条御所にて討ち死にしたという。

街中に馬を進めて行くと、戦場《いくさば》特有の喧騒が伝わってきた。都の大路・小路に水色桔梗の旗が林立し、軍兵がそこかしこに群れている。

(我が旗じゃ……我が手の者たちだ)

だが光秀には、どうしてもこの事態を実感として捉えることができなかった。

(これは、現《うつつ》か……)

あとに控える弥平次も、おそらく同じような心持ちであろう。しかし、この喧騒が紛れもない事実であることを示している。

斎藤利三は、本能寺門前にて待っていた。兵は置かず、十名ほどの近臣とともに、片膝をつき頭を垂れている。馬廻りの武者を止《とど》め、光秀は弥平次のみを従えて馬を寄せた。

「この仕儀は……内蔵助の一存か？」

光秀は、ちらりと後ろを振り返った。そこには、すでに下馬して控える利三の兄、石谷頼辰がいる。足利幕府の奉公衆であった石谷家は、大納言山科言継《やましなときつぐ》、中納言言経《ときつね》（言継の嫡子）と入魂の間柄である。

信長と対立する朝廷の苦境を見かねた利三と石谷頼辰が、公家衆と謀って信長を誅殺《ちゅうさつ》したのは、充分に考えられることだった。「なかなか。我らは、あとの始末をつけたまでにござる」

といっても、二条御所における織田信長の嫡子・信忠を討ち取ったのは、紛れもなくこの斎藤利三である。洛中に水色桔梗の旗が翻れば、その咎《とが》は光秀が負わねばならない。

「では本能寺にて上様を弑逆《しぎゃく》したは、何者の仕業《しわざ》じゃ」

利三はそれに答えず、光秀を促すように顔を寺内に向けた。参道がまっ直ぐに延び、その果ては本堂の階《きざはし》へと続いている。その脇に、男が一人立っていた。

光秀は、馬の尻に一鞭あてた。長駆してきた馬は、気が立っている。馬蹄に掛けんばかりの勢いで、男に迫った。

行人包《ぎょうにんづつ》みで面《おもて》を覆い、墨染めの衣の下には古風な腹巻を着し、革包みの大太刀を佩《は》き、黒漆塗りの一間柄の薙刀《なぎなた》を小脇に抱えていた。僧兵姿の偉丈夫《いじょうふ》である。

眼前一尺のところで手綱を引き、馬を輪乗りさせながら包みに覆われたその顔を覗き見た。

僧形ではあるが、明らかに元は武士であろう。

「叡山消滅のあと、僧兵姿あるは、もしや御山の……」

光秀がつぶやいた「御山」とは、高野山金剛峯寺《こんごうぶじ》のことである。比叡山延暦寺と同様、高野山が一山焼亡の運命にあったことは、光秀自身、深く胸を痛めていた。

「面を見せよ」

僧兵が、わずかに包みを引き下ろした。

「やはり、其方《そなた》であったか」

軽い会釈を返した男の目元に、笑みが浮かんでいる。

(儂の目は節穴か……。耳は、もう聞こえぬのか……)

悔悟《かいご》の念が湧いた。が、それも瞬時に捨て去った。もう逃れる術はない。

(ならば……)

これまでのこと、これからのことが脳裏に浮かんでは消える。光秀は、もう一度男の顔を見ると大きく一つ頷いた。すでに、戦国武将・明智光秀に立ち戻っていた。

本能寺内に築かれた、信長の京屋敷が、残煙を上げている。無論、視野の片隅に入っていたが、光秀は一顧だにせず、利三たちの待つ門前へと馬首を向けた。

本能寺は仕組まれた〝変〟である

前述した明智光秀の状況は、無論、私の想像である。といっても〝作家的想像力〟などでは決してない。「本能寺の変」に取り憑かれ、長年の歳月と多大な労力を費やして得た結論なのである。

少なくとも、本能寺に討ち入って信長を暗殺したのは、光秀（明智軍）ではない。それには、確信をもっている。歴史として、受け継がれてきた「本能寺の変」には、さまざまな矛盾が潜んでいる。真実が隠されているのである。もう一度既成概念を払拭《ふっしょく》して、歴史的事実に関する文献や史料、状況に背景、関連する出来事、さらには主要な人々の人物像に至るまで、現代の目をもって再点検してみなければならない。

歴史的事実を縦糸とするならば、文献や関連する出来事などは横糸であろう。それらが織りなす接点を、推理の目を持って読み取ることにより、その模様や色彩がおぼろげながらも浮かび上がってくる。その不鮮明な画像を構成する要素の一つひとつを解き明かしていくことで、初めてその像が示す意味さえも理解することができるのである。

まずは「本能寺の変」当日と、それに至るまでの記録に論理のメスを入れてみたい。

語り継がれる〝変〟の謎

六月一日の光秀

光秀は中国出陣のため、五月二十六日、坂本城を発し丹波の亀山城へと入った。翌二十七日、愛宕山《あたごやま》に参籠《さんろう》し謀反の決行を占い、神前にて二度、三度と〝おみくじ〟を引いたといわれている。そして二十八日は、西の坊で百韻《ひゃくいん》の連歌を催し、神前に納め帰城した。

ときは今　雨が下知《したし》る　五月哉　光秀
水上まさる　庭のまつ山　西坊
花落つる　流れの末を関とめて　紹巴《じょうは》

以上は『信長公記《しんちょうこうき》』の記述によったが、この発句《ほっく》は『当代記』にもあり、おみくじを三度引いた逸話とともに、謀反の胸中を表わしたものとして広く知られている。

これから六月一日と二日の未明にかけて、いわゆる「本能寺の変」の記述に入るわけであるが、その前に一つお断りをしておきたい。

これ以後、私はできるかぎり良質の史料をもって推理を展開していこうと考えているが、この一両日の記録に関しては、さまざまな史料を加味して語らなければならない。

たとえば『川角太閤記《かわかどたいこうき》』『明智軍記』『当代記』『筒井家記』『細川家記』などである。

それらの史料は俗書、悪書と呼ばれているが、信長研究のバイブルともされる太田牛一《ぎゅういち》の『信長公記』においても、本能寺の記述の段になると、俄然怪しくなってくる。それまで記録として綴られてきたものが、物語へと転化してしまうのだ。

さらに俗書、悪書と呼ばれる類には、明らかに『信長公記』を下敷きとして書かれているものもあり、むしろ「本能寺の変」は、『信長公記』が中心に据えられているといっても過言ではない。そういう意味では、「本能寺の変」に関して良書・悪書の区別はなく、物語のあらすじとしては、ほぼ一本化している。

ただし〝変〟の原因や光秀に関しては、悪意ある意図や自家に都合のよい記述などで捏造《ねつぞう》されたものもあり、その史料価値を判別する必要性が生じることは自明の理である。とにかく、それらが創り出す「本能寺の変」像が社会通年化しており、いわば常識として成立している。〝変〟を考察するに当たり、その共通認識を土台として展開し、そこから問題点を抽出していきたいと思う。

さて、光秀の六月一日である。

明智弥平次秀満、明智次右衛門、藤田伝五、斎藤利三、溝尾勝兵衛（『信長公記』に溝尾の名はなく四名）の五名の重臣を集め、光秀は心中を吐露し信長を討ち果たして天下を手中に収める決意を打ち明け、彼らの賛同を得た。

この決意表明の時期について『信長公記』『当代記』、小瀬甫庵《おぜほあん》の書いた『信長記』などは、いずれも亀山城を出発する前に打ち明けたとあるが、『川角太閤記』では亀山を出て柴野（条野のあやまりと考えられている）まで来たときに告げたとある。

これに反し『筒井家記』では、秀満らの重臣たちが信長の無道と将来の危惧を説き、逆に謀反を勧め、光秀は熟考ののちこれを決断したという。

いずれにしても共通しているのは、計画から決断、実行まではきわめて短時間で、すべては光秀の胸三寸で決められたというわけである。

そして亀山出発の際、叛意《はんい》を打ち明けた諸将を先陣として、軍兵には中国攻めのため、山崎から摂津に出陣するという触れを出したと『信長公記』は書くが、『川角太閤記』は、中国出陣の陣容を信長公にご覧に入れるため京へ向かうと告げたとある。

この出発時刻について、『川角太閤記』は酉《とり》の刻（午後六時ごろ）、『当代記』では戌《いぬ》の刻（午後八時ごろ）に亀山城を出たと記されている。また兵数は、柴野（条野）において光秀自身が馬を乗り回し、兵を三段に編成して総人数はいかほどかと斎藤利三に確認したところ、少なくみても一万三千はございますと利三は答えたという。

さらに重臣たちは、当月はとくに夜が短いうえに京までは五里（二十キロ）もあるので「ほのぼの明けには本能寺をひたひたと御取巻《おとりまき》になるべく」と進言している（『川角太閤記』）。事実、光秀軍は中国方面への三草《みくさ》越えの道をとらず、老《おい》の坂《さか》へと出て道を左にとり京へ向かった。そして桂川の河原で全軍を集結させ、戦闘準備の軍令を発して、「我が敵は正に本能寺にあり」と初めて、その目的を告げた。いまだ明けやらぬ京の都を一万三千の軍勢が、怒濤《どとう》のごとく本能寺へ押し寄せたと言われている。

氷解できぬ疑問

ここまでの問題点を、抽出してみよう。

旧陸軍の教範によれば、強行軍というのは小休止の時間も取らずに歩き通して、一日三十二キロ移動することが基準となっているという。つまり一時間に四キロで、八時間歩き続けるということである。

これを参考にして考えると、京都〜亀山間は五里（二十キロ）、計算上は五時間で着くということになる。これに小休止の時間を一時間みても六時間、さらに一時間のおまけを付けても七時間では絶対に京へ到着するはずである。

『川角太閤記』が記すように午後六時柴野（条野）だとすると、おまけつきの七時間で午前一時、『当代記』の午後八時出発であっても、やはり七時間で午前三時には京へ到着してしまう。

これでは伝えられるところの本能寺襲撃時間（のちほど詳述する予定）より、だいぶ早く到着してしまい、時間的なずれが生じてくる。これが、まず第一の疑問点である。

第二の疑問は、桂川に全軍を集結させたとあるが、これもおかしい。

老の坂付近の道は、非常に狭い。おそらく二列縦隊で行軍するのがやっとであろう。刀や槍、それに弓や火縄銃を持った完全武装の兵士が歩くのに一メートルほどの間隔が必要として十メートルで二十人、一キロでは二千人。したがって一万三千人の軍隊は、行軍距離に六・五キロを有するということになる。これに馬や食糧、弾薬などの荷駄が加わり、しかも三段に分けたという記述を信じれば最低でも八キロ、もしくは十キロにわたり行軍の列が続く。これにも一時間四キロの行軍時間を当てはめると、桂川に先頭部隊が到着してから、最後尾の部隊が到着するまでに、八キロとすれば二時間、六・五キロとしても一時間四十五分も待たなければならないのだ。

これでは信長側に気づかれてしまう。隠密を要する明智軍の行動としては、じつに馬鹿げた話である。

元亀元年（一五七〇年）、浅井長政が朝倉軍に呼応して織田軍を挟撃しようとしたとき、信長は数十騎の近習を従えただけで朽木峠《くちき》を越えて脱出し無事に京へ帰り着いている。彼の逃げ足の速さは、天下一品であり、それを知らぬ光秀でもなかろう。常識として語られているものが、正に、常識に反しているということである。

それよりは、光秀は中国攻めのために、初めから京都に集結するよう命じられていて、千載一遇の機会を生かしたと考えるほうが理に適う。光秀旗下の武将、筒井順慶《つついじゅんけい》の当日の動向も、それを示している。

六月一日、京へ向かうために軍を移動させていたのは、光秀だけではなかった。この日、筒井順慶もまた七千の軍勢を率いて奈良から京へと向かっている（『多門院日記』）。光秀旗下の順慶は、当然、毛利征伐の編成軍に加えられていた。もし記述されるとおり現地集合であるならば、何も京へ向かう必要はない、奈良より直接、軍を西下させればよい。光秀の寄騎（与力）である彼が、わざわざ回り道をして京へ向かっている事実は、司令官の光秀が初めから京へ向かう任務をもっていた何よりの証しであろう。

これに関連して、新たな第三の疑問が湧き上がってくる。それは、わずかな近習の者たちしか従えず入京した信長を、中国地方まで護衛する軍団は、いったいどこにいるのかという問題である。確かに『信長公記』においては留守番の者たちへの通達がありしだい、ただちに駆けつけよと言いおいたとあるが、それでは安土城が空になる。いくら周囲に敵らしい敵がいなくなったとはいえ、城を空にして外征することなど、これまた常識に反する。というより、武将の心得としてありえないことである。それにこのとき、留守番を拝命した蒲生氏郷《がもううじさと》らの近江衆は、すべて小禄の者たちで、仮に護衛部隊を編成したとしても四、五千がやっとであろう。これは四カ月ほど前の武田攻めの形態から考えると、どうしても腑《ふ》に落ちない。

この武田攻めは、信長の嫡子・織田信忠を先陣の大将とし、滝川一益《たきがわかずます》が副将、これに徳川家康、北条氏政、武田を離れ信長方となった木曽義政《きそよしまさ》らが武田征伐軍を構成したが、織田先鋒軍の兵は、もちろん信忠が統治する美濃衆、尾張衆であった。

総大将の信長は、三月五日、大軍を率いて安土城を出発したが、この主力軍、信長護衛軍の中核を成したのが明智光秀が統率する近畿軍団である。無論、筒井順慶も細川藤孝も茨木城の中川清秀も、光秀旗下の武将として参加している。その数、三万五千。

武田攻めに関し信長は、信忠や滝川、さらに信忠の家老的存在の川尻秀隆《かわじりひでたか》に自分（主力軍）が到着するまで、絶対に軽挙妄動《けいきょもうどう》を慎めと、くどいくらいに指令を出している。もっとも信長の主力軍は、まったく戦闘に参加せず武田は滅亡したが。

このように、完全に勝利を予見できる戦いであってもきわめて用心深い信長が、わずか四、五千の護衛で中国の毛利に向かうとも思えず、まして信忠が連れて来ていた五百ほどの人数で、京を出立することなど考えられない。

これらの点を考え合わせると、毛利を征伐するため、六月四日に出陣を予定していた信長（『日々記《にちにちき》』）を護衛する軍団は、明智光秀が統率する近畿軍団しかいないのだ。

武田攻めの先例により、織田軍団における明智光秀の地位が想像できる。当時の光秀は、近畿方面軍司令官であり、信長の近衛連隊長であり、護衛軍団長でもあり、さらには参謀長的役割も果たしていたと考えられる。光秀がいればこそ信長は、安心してわずかな供しか従えず京へ入洛した。

ではなぜ『信長公記』に、光秀は中国方面へ向かう軍を突如反転して本能寺の信長を襲ったと書かれているのであろうか。おそらく、光秀が信長護衛のために当初から京へ向かう予定であったということが明らかになると、都合が悪いということであろう。

誰にとって都合が悪いのか、明確な断定はできないのだが、どこかで情報が操作されていることは確かである。ちなみに、『信長公記』の作者である太田牛一は、信長の没後天下を取った秀吉の祐筆《ゆうひつ》（文書係）として近侍《きんじ》している。

毛利征伐に向かう信長を護衛するために、光秀は京へと軍を進める。であるからこそ、誰もその入洛を怪しまず本能寺をやすやすと攻撃できた。したがって信長は、逃げるいとまもなく討ち死にしたというほうが、よほど辻褄が合っていると思うのだが……。まあ、疑問点は疑問点として、とりあえず置くこととしよう。

六月二日未明の本能寺襲撃

明智軍は、信長の宿所本能寺を、いまだ明けやらぬうちに取り囲み、四方から乱入した。

初めは信長も小姓たちも下々の者たちが喧嘩でもしているのかと思ったが、そうではなく、鬨《とき》の声を上げ鉄砲を撃ち掛ける音が轟くに及び「これは謀反か、いかなる者の企てぞ」と、信長は近習のものに聞き質した。「明智が者と見え申し候」と、森乱丸（蘭丸）が言上すると、信長はただ一言「是非に及ばず（致し方がない）」と呟いたという。

信長はすぐさま表御殿に入り、表御堂《おもてみどう》の番衆も集合させ防戦態勢を整えたが、廐《うまや》近辺では矢代勝介、伴太郎左衛門、伴正林、村田吉五の侍衆、中間《ちゅうげん》の籐九郎、藤八、岩、新六など二十四人が討ち死に。御殿の内においては、森乱丸、同力丸、坊丸の三兄弟、小河愛平など二十六名の者が寄せ来る明智勢を防ぎ、戦って討ち死にした。

また湯浅甚介と小倉松寿は町屋に宿をとっていたが、事件を知り、敵の中に交じり入って寺内に駆け込み討ち死に。なかでも高橋虎松が台所口にて、しばらく敵を寄せつけぬほどの比類なき働きを見せたが、多勢に無勢にてやはり討ち死にした。

信長ははじめ弓を取って二、三本射たが、弓の弦が切れ、そのあと槍を持って防戦した。

しかし片肘に疵《きず》を受けて引き下がり、これまでつき従っていた女中衆に「女は苦しからず、急ぎ罷り出よ」と命じて退出させ、寺に火を放ち、自らの最期を誰にも見せず、奥の部屋に入り納戸の戸を閉ざして切腹した。本能寺は紅蓮《ぐれん》の炎に包まれて炎上し、光秀は信長の遺骸《いがい》を捜し求めたが、ついに見つけ出すことができなかったという。

「毛髪といわず骨といわず灰燼《かいじん》に帰さざるものは一つもなくなり、彼のものとしては地上になんら残存しなかった」（『フロイス日本史5』）

信長は「人間五十年、下天の内を比ぶれば夢幻の如くなり」と、幸若舞《こうわかまい》の敦盛《あつもり》の一節を愛唱していたが、それに一年満たぬ四十九歳でその生涯を終えた。

ここまでが、日本人であれば大方の人が見たことがあると思われる「本能寺の変」、つまり稀代の英雄、織田信長の死の情景である。

この章を書くに当たり、織田信長を取り上げた映画やテレビ時代劇を集めて、この本能寺のシーンだけを繰り返しチェックしてみた。それらは例外なく、信長の戦闘シーンから切腹、そして炎上というシーンに移行する際、すべてカット変わりになっている。すなわち、戦闘シーンが急に消え失せ、場面が転換されて切腹・炎上シーンとなる。これは時間的経過と空間的連続性を、同時進行で見せることができないからであろう。

信長に静粛な死を迎えさせるために、雲霞《うんか》のごとく押し寄せる明智軍をどう処理するか、本能寺をいつ炎上させるか。この二つの問題を、時空間で追いつつ映像化することが不可能であるがゆえに、場面を転換するという方法が取られているわけである。

こんなことを言っても、同じようなシーンを同時に何本も見るという馬鹿げた作業をしないかぎり気づかぬことなので、もう少し具体的に述べる必要があろう。

一、明智軍が、寺を囲み押し寄せる。

二、小姓たちが気づき騒動となる。

三、回廊での戦闘シーンが、展開される。

四、信長、手傷を負い奥へと引き込む。

五、乱丸以下の小姓たちが、次々に討ち死にしていく。

六、場面が転換し、明智軍のまったくいない（来ない）部屋で信長が切腹。

七、その亡骸《なきがら》を炎が包み、本能寺は炎上していく。

と、だいたいは、このような順序で進行させている。

この展開で、当然のことながら一〜三までは、火災の火の字もない。戦闘中に信長が火をかけよと叫ぶか、あまり良質でない作品では明智軍が火矢を放つ（信長の首一つを目的の明智軍が、火を放つなどは論外のことである）。このあとの四〜七で信長の死、そして炎上となるわけで、一見なんの不思議もないように見えるが、じつはここに映像のトリックが存在する。

つまりそれは、圧倒的多数の明智軍が少数の信長側を襲撃するという絶対的な事実により、その緊迫感を戦いのシーンで表現すればするほど、信長の静粛な死や炎上という時間的な余裕を生み出すことが不可能になってくる。

これを解消し、その時間を創り出すためには、森乱丸たちを異常に活躍させたり、時間的経過を飛ばしたりして、場面転換させることで処理するしか方法がない。

信長自身が戦い、切腹し、しかも髪の毛一本残さず炎上という紅蓮の炎を演出し、そのあいだ明智軍は何もせずに待機しているというこの設定自体が、土台無理な話なのである。『信長公記』が、記録から一転して物語になってしまっていると指摘するゆえんは、このあたりにある。〝講釈師見てきたような嘘をつき〟という川柳が、残念なことにぴたりと当てはまってしまう。

ただ太田牛一の名誉のために付け加えておきたいが、本能寺以前の記述に関しては、きわめて正確な記録であり、だからこそ信頼のおける貴重な史料として高い評価が与えられている。「本能寺の変」の記述においても、そのストーリー性を省けば、彼の記録癖は遺憾なく発揮されていて、討ち死にした者たちの氏名を中間に至るまで書き残しているし、どういう場所でどのようにして死んだかなど克明である。

ただ、そういうことが判明しているということは、誰かが現場検証を行ない、それが伝えられたということである。もし本能寺が、襲撃とほぼ同時に焼失したとするならば、焼死して真っ黒になった人たちをどうして見分けることができたのであろうか。不思議なことである。不思議ついでにいえば、はじめは下々の喧嘩かと思ったという記述も、いかがなものだろう。

信長は歴戦の武将であり、一万を超える人馬が踏み鳴らす響き、鎧や武器の触れあう音などは、いやというほど耳にしているはずである。喧嘩と思い違えるわけがない。

この項の最後に、本能寺が襲撃された時間について記さねばならない。
『信長公記』が未明。勧修寺《かじゅうじ》晴豊《はれとよ》の『日々記』が明知《めいち》。吉田兼見《かねみ》の『兼見卿記《かねみきょうき》』が早天。『フロイス日本史5』が明け方と記している。つまりこの四書は、太陽が昇るか昇らぬかの時刻を指している。

旧暦六月二日は、現行太陽暦では七月一日にあたり、太陽が昇り始めるのは午前四時半ごろである。したがって、明けやらぬ（未明）といえば午前四時ごろ、明け方となれば午前四時半ごろである。

また山科《やましな》言経《ときつね》の『言経卿記《ときつねきょうき》』では、卯《う》の刻（午前六時ごろ）と記しており、前記の四書と時間に違いが生じている。

これらが何を示しているのか、いずれ明らかにすることができよう。

大いなる虚構

発掘調査が示した〝歴史の嘘〟

長いだらだら坂を下っていた。一九九一年十一月のことである。

この道は蛸薬師《たこやくし》通り。京都駅からメインストリートとも呼ぶべき烏丸《からすま》通りを北上し、四条烏丸を過ぎ、北國銀行を左折したところである。

四百メートルほどのこの傾斜を下り切ると西洞院《にしのとういん》通り、そして小川通り、油小路《あぶらのこうじ》通りと続いていく。元亀《げんき》・天正の時代に本能寺があった場所である。

よく知られていることだが、京都は碁盤の目のごとく区画されている。したがって、正確を記すならば、西洞院・油小路間、そしてこの蛸薬師と一本北の六角通りが作る方形の中に本能寺は位置していたというべきであろう。

二〇〇七年八月、関西文化調査会によって、信長が居住していた当時の本能寺跡地が初めて発掘調査された。それによればL字形の堀跡が見つかり、堀は幅六メートル、深さ一メートルで護岸され、二メートルほど残っていた石垣は六十～八十センチ程度の川原石を三段に積んであったという。堀の中からは大量の瓦が発見され、瓦は焼けてレンガ色になったものや、まったく焼けていないものなどもあり、境内を整地するため一斉に廃棄したと見られる。また焼けた瓦は全体の半分ほどで、寺は半焼程度だった可能性が高いと記されていた（「京都新聞」八月七日付）。

注目すべきは、この後一カ月遅れで行なわれた再調査で、この堀の規模が推定されたことだ。これにより都留文科大学学長で中世史の専門家でもある今谷明氏は、「堀はほぼ正方形の単郭方塞型《たんかくほうさい》で、その内側の方形空間は、約四十メートル四方の敷地であったろう」と考えておられる（「歴史読本」二〇〇八年八月号「繪本織田信長記」）。

なるほど、それで納得がいった。なぜ湯浅甚介ら近臣の者たちが町屋に分宿していたのかが。わずか四十メートル四方、当然庭園もあるだろうし、そうなると建物は半分の二十メートル四方ぐらいであったろう。

本能寺の全体は四百メートル四方ほどあるが、信長屋敷は境内の東北隅の一角を接収して、そこに京における宿泊施設を建築したのである。『兼見卿記』に「信長の屋敷本能寺」とあるのは、本能寺内の信長の京屋敷という意味であったのだ。それにしても、なんと小振りな屋敷であろう。時の最高権力者である織田信長の京都滞在屋敷が、わずか四十メートル四方だとは……。

いかに信長が京を（すなわち朝廷を）軽んじていたかが、このことによってもわかる。おそらく、簡易宿泊所で充分と思っていたのであろう。

しかし、この軽視が信長の死を招いた。せめて本能寺全体を宿所としていたならば、信長が災禍《さいか》に見舞われることはなかった。本能寺全体を警護する気なら、最低でも二、三千の兵を用意していたであろう。信長が他出するときに、必ず率いていた親衛隊（近江で相撲大会を度々開き、屈強の者たち二千を選抜していた）だけでも身辺にいれば「本能寺の変」は起きなかった。

それともう一つ、半焼程度ということで思い当たるのは茶器である。信長が当夜持参し、披露した三十八点の名物道具のうち、「勢高肩衝《せいたかかたつき》」と呼ばれる茶入れをはじめ六点が、現在の本能寺収蔵室に什宝《じゅうほう》（寺の宝）として保管されているという。この「勢高肩衝」は、三筋の赤い釉薬《ゆうやく》が強い熱のために溶け、途中で切れてしまっているそうである（残念ながら私は実見していない）。猛火（？）の中から同寺の僧侶が、これらの茶器を運び出したと伝えられているが、半焼程度なら焼け跡から拾い集めたというのも頷ける。

この発掘調査の結果が、すでに真実の一端を語り始めているのだ。

「本能寺の変」は、それ自体の考察のみでは決してその謎を解くことはできない。

一見、〝変〟から離れたところに位置し、しかも〝変〟を構成しうる者。そしてそれが、〝変〟の中に潜む謎を解く鍵とどう結びついていくのか。これから、その証しを拾い集める作業に入らなければならない。

〝変〟は巧妙に仕組まれたパズルであり、また複雑な連立方程式のようでもある。しかし、人間が起こした行動には、必ずなんらかの根拠があり、そこには解明への糸口がある。それらの痕跡をたどり、合理的な事実を抽出し蒸留していけば、解けないはずがない。

それゆえに、私はここに立っているのだ。

信長の死と光秀の不可解な行動

方程式を解くためには、前提条件が必要である。まず、それを記さねばならない。

「本能寺の変」は、信長の死だけで終わらず、嫡子・織田信忠の死をも含むことによって完結する。場所も本能寺、妙覚寺、二条御所と三カ所にわたっていた。

前提条件その一には、信長の入京から死に至るまでの経緯、そしてそれに伴う光秀の行動が当てられよう。

天正十年（一五八二年）五月二十九日申《さる》の刻（午後四時）、信長は京へ入洛した。

この日は昼ごろから雨が降り、出迎えに出た公家たちは、出迎え無用との森乱丸の通達を受け引き返している。信長が伴った人数は『信長公記』が二、三十騎、『当代記』は百五、六十騎と史料により異なるが、少数であったことは確かで、百人前後とみればまず間違いはない。このとき、嫡子・信忠は、兵五百人（一説には二千人）を率いてすでに妙覚寺に入っていた。

翌六月一日、勧修寺晴豊の『日々記』によれば、晴豊と甘露寺経元《かんろじつねもと》の両名は、正親町《おおぎまち》天皇、誠仁《さねひと》親王の勅使《ちょくし》として本能寺に参着した。ほかの公家衆も挨拶のため参上し、席上信長は武田攻めの様子や毛利を征伐するために六月四日に出陣することを話したという。

さらに信長から朝廷へ、その年の十二月に閏月を入れるべきとの要請があったが、これに対し公家衆は「いわれざる事なり。無理なる事」とみな揃って申し述べたと記されている。また山科言継《ときつぐ》の『言継卿記』では、信長のもとへ参列した公家は前太政大臣《さきのだじょうだいじん》・近衛前久《このえさきひさ》を筆頭に四十名が記載され、歓談ののち茶会が開かれて、信長所有の天下の名品、茶道具三十八種が披露されたという。

一説によると、この茶会には博多の豪商・島井宗室《しまいそうしつ》および神谷宗湛《かみやそうたん》なども加わっていたが、これは彼らと信長とのかねてからの約束によるものといわれている。この茶会終了後に信長は、僧・日海《にっかい》（のちの本因坊一世）の囲碁の対局を信忠とともに供覧《きょうらん》し、日海が対局を終えて本能寺を退出したのは夜十二時を過ぎたころであったという。

以上が、〝変〟の前日における本能寺内の出来事であるが、これらの中から注目すべき点を取り上げておきたい。

まず毛利征伐の出陣が、六月四日と明記されていることである。

次に暦の問題が取り沙汰されているが、これは多少の説明を要するであろう。

当時朝廷ははなはだ微力であり、天皇は改元、官爵の授与、暦法の制定と三つの権能しか所持していなかった。そのわずかな（といっても、特別な）権能に対し、信長は事あるごとに挑みかかっていたのだ。

改元に関しては、足利義昭追放と同時に天正と改元するよう申し入れてこれを認めさせ、同年十二月には、あろうことか正親町天皇に譲位を強要している。

官爵の授与に関しては、信長は天正六年四月、右大臣・右大将の両官を辞したあと、朝廷の再三の官位就任要請を無視、無位無官で天下の覇者となりつつある。朝廷の面子は、丸潰れであろう。

天正十年四月二十五日の朝議により、太政大臣か関白か征夷大将軍かに「御すいにん（推任）候て然る可く」（『日々記』）とあるように、最高位の官爵を授与する決定をし、同五月四日関東平定の祝賀として勅使を安土に派遣し信長に提示したが、それに対する奉答はまったくなかった。

茶会があった六月一日においても、その話題は一言も出さず態度不明のまま無視し続けている。さらには追い打ちをかけるように、京暦《きょうごよみ》（京都の陰陽寮で作った暦）を廃して三島暦

（関東の主に伊豆・相模の国で使われていた暦）を採用しろと迫っているのだ。

暦法改定の要請は、重要な問題である。暦は天子が制定するという中国思想の影響により、日本でも国制として天皇が制定してきた。信長は、その権限を自分に渡せと言っているのだ。

これら一連の行動は、信長の意向には天皇といえども従わなければならないという幾多の既成事実として見せつけることにより、日の本の民の心に存在する天皇崇拝、血脈信仰を徐々に侵食していく戦略だったと考えられる。

一天万乗《いってんばんじょう》の君を頂点として文武百官が集う朝廷は、この民の信仰心があるがゆえに成立している。その宗教的権威を剥ぎ取られ、因幡《いなば》の白ウサギにされてしまえば、朝廷の存続さえ危ぶまれてくる。彼らの持つ危機感は、さぞかし切羽詰まったものであったことと推測される。

最後に、僧・日海が当夜本能寺にあったことを、記憶に留めておいてもらいたい。

村井貞勝はなぜ信忠に知らせることができたのか

本能寺門外に、京都奉行・村井貞勝の屋敷があったという（『明智光秀』高柳光寿著）。

その村井父子が、本能寺の異変を知らせるため、妙覚寺に宿泊する信忠のもとへと走った。信忠はすでに異変のあることを知り、信長とともに戦わんと門を出たところであったが、寺は焼け落ち、信長もまた灰燼に帰したとの報告を受け、まもなくここへも明智勢が押し寄せて来るのは必定、防御施設のある二条御所に入り防戦したほうがよろしかろうとの貞勝の勧めに従い、五百名の兵とともに二条御所に立て籠った（『信長公記』）。

そして御所におられた誠仁親王に暇乞《いとまご》いを申し上げ、寄せ手の明智勢に親王を上御所へ避難させるべく申し入れ、明智勢もこれを了承した。

連歌師の里村紹巴《さとむらじょうは》が、新在家から輿《こし》を持参し（『兼見卿記』）、親王は輿に乗り二条御所を退去した。上御所《かみのごしょ》へは、辰《たつ》の刻（午前八時ごろ）に到着したという（『言経卿記』）。

親王退去ののち、明智勢が攻撃を仕掛け信忠軍も奮戦したが多勢に無勢で、しかも敵は近衛前久邸（二条御所の隣にあった）の屋根に上り御所内の信忠軍を狙い撃ちしたので死傷者が続出、もはやこれまでと信忠も覚悟を決め、御所に火をかけ切腹した。

この二条御所で討ち死にした人々は、織田長利（信長の末弟）、同勝長（信長の五男、犬山城主）、津田勘七、村井貞勝（京都奉行）父子など六十名の名前があげられている。

このほか菅屋長頼、猪子高就《いのこたかのり》、野々村正成、福富秀勝、小沢六郎らの信長の側近は、町屋に分宿していたために本能寺に間に合わず、信忠のもとへ参集し討ち死にした。

『信長公記』は、二条御所における信忠軍の壊滅を辰の刻ごろと記している。

そして光秀は落人がいるであろうゆえ、洛中の家々をしらみ潰しに捜せと命じ、明智勢は町中の諸所に押し入り、目も当てられぬありさまであったという。

こののち、光秀と親交の深い吉田神社の神官・吉田兼見は、光秀と会談するため未《ひつじ》の刻（午後二時ごろ）に大津へ向かい、粟田口《あわたぐち》で光秀と面談している。その際、「在所の儀、万端頼《ばんたんたのみ》入《いり》」と申し入れている。（『兼見卿記』）。光秀は兼見との会見後、安土城攻略へと向かい、瀬田城主・山岡美作守《みまさかのかみ》（景隆）、同対馬守（景佐）兄弟に人質を出し、同心するように申し伝えたが、山岡兄弟は「信長公の御恩浅からず御味方は出来申さず」と答え、瀬田の橋を焼き落として甲賀山中に引き退いた。

山岡兄弟は甲賀の名門氏族で、信長入洛に対しては、近江の六角氏旗下にて織田軍と戦い、足利義昭が反信長として真木嶋城に立て籠ったときも、一手の将として反信長戦線に加わっている。戦いが始まると同時に降参をして二度とも許されているが、元来は反信長勢力に属している一族だ。

信長の勢威が強いために臣従しているもので、御恩があるから味方はできないなどとは片腹痛い気がする。どうも『信長公記』は、信長の死を美化しすぎるきらいがある。太田牛一は、信長の近習として仕えた旧《ふる》くからの家臣であっただけに、無理もないことであるとは思うが。

余談になるが、山岡美作守の弟である景友は剃髪《ていはつ》して山岡道阿彌《どうあみ》を名乗ったが、のちに徳川氏の隠密組織・甲賀与力百名の頭領となった人物である。

橋を焼き落とされたために、光秀は仕方なく橋の修理及び舟橋を架ける人数を手配して、坂本城へと入った。

やがて巳の刻、（午前十時ごろ、『当代記』は未の刻）になり、安土にも京の様子が伝わって城中は上を下への騒ぎとなり、家財を捨て妻子だけを連れて美濃、尾張へ逃げ帰る者が続出したという。

このとき、二の丸留守居衆の一人蒲生賢秀《かたひで》は、広大な安土城を寡兵で守ることは不可能であると判断し、信長の妻妾や子女を自分の居城である日野城へ避難させ、嫡子・氏郷に安土の腰越まで迎えにくるよう指令した。そして翌六月三日未の刻ごろ、安土城の金銀財宝はそのままに、木村次郎左衛門らに後事を託して日野城へと引き籠った。

以上が、六月二日以後の経過である。例によって、疑問点のみを提示しておきたい。

一、本能寺門外に京都奉行・村井貞勝の屋敷があったとすれば、なぜ一万三千の明智勢が、この村井屋敷を攻撃しなかったのであろうか。もし攻撃したならば、どうして本能寺や自邸で討ち死にすることなく、信忠のもとへ行くことができたのであろうか。

二、同様に、町屋に寄宿していた猪子高就、野々村正成らの信長側近の武士は、なぜ信忠軍に合流できたのか。湯浅甚介、小倉松寿は彼らと同じく町屋に寄宿していたが、寺内に入り戦死しているのだ。猪子、野々村らも本能寺に向かったならば、寺内もしくはその周辺で討ち死にしているはずである。

三、信長死亡時刻、午前四時～四時半（午前六時ごろの卯の刻説もあるが）と、午前八時ごろの信忠死亡時刻とは、およそ四時間もの時間差が生じているのはなぜか。

四、一万三千もの軍勢を持ちながら、なぜ明智軍は本能寺と信忠の宿舎・妙覚寺を同時に攻撃しなかったのか。

五、光秀は粟田口で吉田兼見と会見しているが、その時刻は未の刻（午後二時）以降である。とすれば、二条御所での戦いが終了した時刻が午前八時、あるいは九時だったとしてもその間、五時間以上もある。彼は、クーデターを起こしたのだ。本来なら一刻も早く安土城を落とし、周辺の土豪や地侍を掌握しなければならないはずの光秀が、いったい何をぐずぐずと京に留まっていたのだろう（「本能寺の変」当日の所在に関しての信頼すべき記録は、『兼見卿記』の記載が最初である）。

六、吉田兼見は、なぜ光秀と会ったのか。それは彼自身の判断によるものなのか、それとも誰かに依頼されたのか。

七、また「在所の儀、万端頼入」と申し入れたが、「在所の儀」とは吉田神社の所領のことなのか、それとも京の都のことなのか。それに「万端頼入」とはすべてよろしくお願いしますということだが、いったい全体、何がすべてよろしくなのであろう。

ここまでが、方程式を解くための前提条件のあらましである。

これらのことが何を意味するのか、また何を指し示すのか、一つひとつ考察し見極めていかなければならない。

実地検証から浮かび上がる真実

　現在地の本能寺跡地から妙覚寺へと向かってみる。名探偵よろしく、何よりもまず現場を点検していくことが基本だと思う。この実地検証が、いうならば必要条件となる。妙覚寺はここ（四条坊門）より北へ、六角、三条、姉小路、三条坊門（現在の御池通り）と四つの通りを越したところにあったという。さらに北は押小路、二条通りに及び、東西は室町と町通り（新町通り）の間に挟まれている。そう遠くはないはずで、時間を計りながら歩いてみよう。

　まず六角通りを過ぎ、三条通りに出て右折し、西洞院通りを越して新町通りに出たところで左折。さらに姉小路通りを過ぎて、目指す御池通りへと出た。目測ながら、出発点の四条坊門から三条通りまでが約三百メートル。小川通りから新町通り間が約二百メートル。そして三条通りから御池通りまでがやはり二百メートルくらいで、合計すると約七百メートルほどであろう。

　ここまでの所要時間六分三十秒、御池通りの道幅は三十メートルほどもあるが、渡ればそこが妙覚寺の在った地点なので、一分を要したとしても七分三十秒で本能寺から妙覚寺に着いてしまう。少し足の遅い人でも、十分以内で妙覚寺に着く。

　私の取材時（九一年）、この妙覚寺跡には労災基金局のビルが建っていた。それから東に向かい、室町通りを渡った所が竜池小学校で、正門脇に「此《この》付《ふ》近《きん》二《に》条《じょう》殿《でん》址《あと》」と石碑が建てられていた。つまり二条御所は妙覚寺の東隣、五、六メートルほどの道路を一本隔てただけの目と鼻の先にあった。

もと来たほうを振り返ってみると、こちらが少し高く、本能寺のあたりは低地となっている。当時は付近の民家が取り払われ、見晴らしもよいはずで、屋根や塀にでも上れば、寺内でさえ望見できたかと思われる。

まして一万三千の軍隊が攻撃し炎上したとなれば、村井貞勝の報告を受けるまでもなく歴然としている。しかも駆け出せば五、六分の距離である。

本能寺が焼け落ちるまで、信忠が何も行動を起こさなかったとは考えられない。同様に一万三千を有する明智軍が、わずか七、八百メートルほどしか離れていない信忠に対して、攻撃を仕掛けないことも、また考えられないことである。

だが現実には、信長と信忠の死には明らかな時間差が生じているし、信忠は妙覚寺から二条御所へと場所も移動している。これは、いったいどうしたことであろう。

空白の時間が語るもの

前述の現地状況が、何を指し示しているのか。

それは「本能寺の変」において、信長が殺害された時点では、一万三千の軍勢など絶対に動いていないという明白な事実である。その根拠を、述べてみよう。

本能寺、妙覚寺、二条御所は距離にして約七百～七百五十メートル（地図上では直線距離約六百メートル）、その間の所要時間は多少の個人差はあっても、十分もみれば充分であろう。

すでに明智軍の行軍において、一万三千の軍隊は二列縦隊で六・五キロに及ぶことを説明したが、過少にみて六キロとしても一・五キロ四方をすっぽりと囲んでしまえる人数だ。もちろん本能寺も村井貞勝の京都奉行所も、妙覚寺も二条御所も、この範囲内に納まってしまうのだ。

しかも、実際には拠点拠点を囲めばよく、その半数も必要とはしないであろう。また、一万三千の軍勢が充満するなか、信忠の二条御所への移動も不可能なことである。明智軍にとっても駆け出せば五、六分の距離なので、移動に可能な時間的余裕を信忠軍に与えてはくれない。信忠の二条御所への移動は、その時点で一万三千の軍勢など存在していなかったゆえにこそ、可能であったと考えられる。

加えて、信長の死と信忠の死に時間差がある。卯の刻（午前六時ごろ）襲撃説を採用すれば二時間、未明・明け方説をとれば約四時間の開きが生じている。これらの事柄は、明智軍一万三千の兵が襲撃したならばありうべきはずもなく、『信長公記』をはじめ『川角太閤記』『当代記』などが語る本能寺ストーリーの大部分が、すでに虚構であることを示している。

無論、すべてを否定し去るわけではなく、『信長公記』の記録的記述（討ち死にした人名や場所の記載）部分は尊重するとしても、全体像に関しては、よくできた物語であるとしか言いようがない。

　史料や現場の状況を集積していくかぎり、定説とはまったく異なる情景が浮かび上がってきた。虚構に惑わされることなく、抽出した事実を論理的に考察するならば、考えられる可能性はただ一つ。

「本能寺の変」は、よく訓練された少人数（おそらく三百名程度）の攻撃部隊が、目標を信長の首一つに絞って遂行した、暗殺事件であったということである。

　それは瞬時にして終了し、完結したであろう。多分戦闘は、三十分も要せず終了したはずである。夜討ち朝駆けは奇襲作戦の常道とされるもので、本能寺は戦さの定石どおり襲撃されている。未明とか明け方というのは、偶然の結果ではない。

　信忠や村井貞勝が、本能寺襲撃時に無事であったのは、攻撃軍が少人数で兵力を分かつ余力がなかった何よりの証しであり、目的を遂げたあとは即座に撤退したことを物語っている。逆に信忠や村井勢（京都奉行として二、三百の部下はいたであろう）の追撃を受けたかもしれないが、それを振り切って逃走した事態も考えられる。

　彼らは瞬時に目的を達し、そして姿を消した。したがって、本能寺は炎上する暇もなく、信長の遺骸もじつは発見されているのだ。

　この二点に関しては、史料をもって後述するが、〝何を馬鹿な〟と不快に思われる方もあるかもしれない。だが『信長公記』の記述の中にも、それを示唆するような箇所が、ずいぶんとある。

たとえば、はじめは下々の者たちの喧嘩かと思ったという記述、菅屋長頼、猪子高就らが信忠のもとに参集した事実、また誰がどこで討ち死にしたというような詳細な現場検証を行なっていることなどである。それらは、信長の死と本能寺炎上との間に〝空白の時間〟が存在していたことを物語っているのだ。

もう少し詳しく述べれば、寺内で討ち死にした伴太郎左衛門は、甲賀忍家の名門で信長の警護隊長であった。現代でいえばシークレット・サービス（SP）のチーフであり、彼が廐付《うまや》近で切り死にしたことは、信長を脱出させるために馬を引き出そうと図ったに違いなく、襲撃を察知し戦闘に至る時間までの微妙な流れを想起させる。

この微々たる間隙は、伝えられる完全武装の一万三千の軍隊が、寝込みという無防備な状態の百名足らずの人間たちを襲ったならば生まれるはずはなく、単に虐殺という結果で終わるだけである。攻撃軍が数倍程度の規模であったために生じた、わずかな時間であったろう。

太郎左衛門ら近臣の者たちが、必死に戦いながら馬を引き出そうとする姿が目に浮かぶ。それと、焼失からまぬかれた「勢高肩衝」など六点の名茶器は、もしかしたら〝空白の時間〟の物的証拠となるかもしれない。

これまで述べてきたことを整理してみよう。

一、信長の死（本能寺）

少人数の襲撃により討ち死に（暗殺）。目撃者は討ち死にか、生存していたとしてもごく少数で、以後信忠軍に合流。

本能寺は、襲撃と同時に炎上したのではなく〝空白の時間〟が存在した。

二、信忠の死（二条御所）

衆人環視の中で行なわれた攻撃（軍事行動）。

二条御所は、攻撃時に炎上したものと思われる。

三、二人の死（本能寺と二条御所）における問題点

本能寺襲撃時刻は「未明・明け方説＝午前四時〜四時半ごろ」と「卯の刻説＝午前六時ごろ」の二説がある。

二条御所攻撃時刻は辰の刻（午前八時ごろ）に、明智軍もしくはその一部により行なわれた。

信長と信忠の死には時間差があり、ここにも第二の〝空白の時間〟が存在する。

以上が、現出してきた注目すべき事柄である。

ここから導き出されるのは、この二つの事件はきわめて密接な関連を持つにもかかわらず、

まったく別の組織の手により行なわれた別々の事件であるという結論しかない。つまり本能寺の襲撃は暗殺であり、二条御所の攻撃は軍事行動で、実行犯はそれぞれ別の人間たちであったということである。

暗殺部隊は少人数（三百名程度）で襲撃し、その後に二条御所が明智軍もしくはその一部により攻撃されたと考えると、二つの行動の狭間に〝空白の時間〟が存在するのは当然で、その時間内に村井貞勝らは妙覚寺へ、そして信忠とともに二条御所へという移動も可能なわけであり、すべての疑問が氷解する。

むろん実行犯は別であっても、裏面においては一本の糸で繋がれていることはいうまでもない。

これは私の推論ではなく、あくまでも実地検証や信頼すべき諸史料の記述から導き出されたものである。これから〝変〟当日を記録する諸史料により、その論拠を示さなければならない。

変と乱

『兼見卿記』はなぜ二冊あるのか

まずは『兼見卿記』である。吉田神社の神官、吉田兼見が記録したこの日記の存在はよく知られていて、ちょっと歴史通の人ならば天正十年分が二冊あることもご存じと思う。

一冊は〝変〟ののちに秀吉や信孝に提出を迫られて書いた提出用であり、もう一冊は本来の日記でこれを別本として区別している。ただし、別本のほうは六月十二日までの記載で終わっている。

この二つの日記を見比べてみると、文章の修正や信長を前右府《さきのうふ》（右大臣）と官名に直したり、一部人名を省いたりなどしているが、六月一日まではそれほど大幅な変更は見られない。

だが六月二日以降は、内容を改竄《かいざん》している。著しい違いは、もちろん六月二日の〝変〟当日の記載である。以下に記したので見比べてみよう。

別本（オリジナル）の日記

早天　丹州惟任日向守《たんしゅうこれとうひゅうがのかみ》（明智光秀）により、信長のお屋敷本能寺へ取懸り、即時信長生害、（自害）おなじく三位中将《さんみちゅうじょう》（織田信忠）の陣所妙覚寺へ取懸り、三位中将の御殿へ引入り、すなわち（光秀が）諸勢を以て（二条御所へ）押入り三位中将生害、（以下二行五十七字割愛、内容は連歌師の紹巴が荷輿をもって誠仁親王を動座させた事）本能寺・二条御殿放火（以下省略、粟田口で光秀と対面したことが書かれている）。

（カッコ内注釈、傍線、および資料にないルビ、ルビ点などは筆者が付加。以下同じ）

提出した日記

早天　信長の屋敷本能寺より放火のよし告げ来たりて、門外にまかり出てこれを見るところすでに治まるなり、即刻相聞く、惟任日向守謀反のくわだて丹州より人数をもって取懸り、信長生害、三位中将妙覚寺に陣所なり、かくのごとくにより二条の御殿へ取入り（十二字、割愛）三位中将生害、この時御殿ことごとく放火、信長父子・馬廻りのやから・村井父子親子三人討死（以下省略、内容は山岡美作守が瀬田の橋を焼き落して逃亡した事、親王が紹巴の用意した輿で脱出したことを伏せ徒歩で退出したと書いている）

傍線の部分を見比べていただきたい。別本（オリジナル）の日記では、明智軍により即時に信長は討ち死にしたと書かれているだけで、本能寺が燃えた記述が出てくるのは信忠も討ち死にしたと書かれた五十七字後、〝本能寺・二条御殿放火〟として初めて現われる。

つまり本能寺が焼亡したのは、信忠の二条御所を攻撃していた時点か、もしくはその死後二条御所とともに放火されたのである。ところが提出用では、第一番に本能寺が放火されたと聞いて門外に出たと書き改めている。

これは、明らかに本能寺が焼けた時間を隠すための書き換えである（正確を期するなら本能寺内の信長屋敷であるが）。

吉田兼見は、〝変〟が何者の仕業であるかを知っていた。兼見は、神官であると同時に公家でもある。彼らの日記は、私的な部分だけではなく、記録という公文書的な一面も持っていることは、彼ら自身がよく承知しているのだ。

まあ兼見のように、羽柴秀吉（当時）や織田信孝（信長の三男）に日記の提出を命じられる、というのも異例なことではあるが。

おそらく兼見は、別本（オリジナル）に二日の項を書いた時点で、〝変〟のあらましを摑んでいたと思われる。だからこそ、当時在京していなかった秀吉や信孝に悟られる危険がある、ほんの少しの痕跡も字句として残すわけにはいかず書き改めたのだ。

すべては、明智光秀による謀反として終わらせるために。

このほかの箇所も改竄されているが、現在追究していることとは関連が薄いので触れないでおく。

ルイス・フロイスが書いたイエズス会宛の書簡は、当時京にいた宣教師カリオンの報告書をもとに書かれたもので、六月二日のことも詳細に語られている（『フロイス日本史5』）。長文なので、関連する箇所のみを抜粋する。

「明智は天明前に三千の兵をもって同寺を完全に包囲してしまった。ところでこの事件は市《まち》の人々の意表をついたことだったので、ほとんどの人々には、①それはたまたま起ったなんらかの騒動くらいにしか思われず、事実、当初はそのように言い触らされていた。（六行略）明智の軍勢は御殿の門に到着すると、真先に警備に当っていた守衛を殺した。（二行略）兵士たちに抵抗する者はいなかった。そして②この件で特別な任務を帯びた者が、兵士とともに内部に入り、ちょうど手と顔を洗い終え、手拭で身体をふいている信長を見つけたので（以下すべて略）」

この記述を読むと、少しずつ見えてくる。六行略したが、その最後のほうに銃声が響き火が我らの修道院から望まれ、第二の知らせが来て、初めて明智の謀反であると知らされるのだが、①の傍線部分に記述された出来事と、第二の知らせの間にはかなりの時間差を感じる。それに②の特別な任務を帯びた者とはいったいどういう人間たちを指しているのであろうか。この者たちは、兵士たちとは歴然と区別されているのだ。

宣教師カリオンは、この夜、またこの騒動の最中、教会の中に身を潜め一歩も外へは出ていない。したがって、信者たちから寄せられた情報をもとに、カリオンは記述したわけである。それをもとに、さらにフロイスが書き起こしているのであるから、信憑性に関してはかなり危うい部分もあると思う。

しかし断片的ではあるが、この風聞の中にも、少人数の襲撃という匂いが拾いあげられている。また、本能寺を囲んだ兵の数を三千としているのも面白い。一万三千とかなりの開きがあるが、私も二条御所を攻撃した軍勢はその程度であろうと思っている。無論それは明智軍であるが、その一部と考えられるからだ。

「首は打ち捨てよ」の意味

最後に、最も興味深い文書を紹介したい。

『林若樹集《はやしわかぎしゅう》』の中に〝一野武士の告白〟と題して所収された「本城惣右衛門覚書《ほんじょうそうえもんおぼえがき》」である。本城惣右衛門は丹波生まれの野武士で当時、明智光秀の配下となっていたらしく、本能寺襲撃に参加し、そのときの様子を五十八年後の寛永十七年（一六四〇年）に八十四歳で子孫のために書き残したという。これも長文にわたるので、割愛せざるをえず、やはり関連する部分のみを取り上げていく。

「明智謀反いたし信長様に腹召《はらめ》させ申し候とき、本能寺へ我らより先へ入り申すなという人候はば、それはみな嘘にて候はんと存じ候。その故は信長さまに腹召させ申す事は夢とも知り申さず候（中略）。本能寺と言う所も知り申さず、人数の中より馬乗り二人いで申し候。誰ぞと存じ候へば斎藤内蔵助殿子息、小姓共に二人本能寺の方へ乗り被申し候間、我ら其の後につき、かたはら町へ入り申し候。それ二人は北の方へ越し申し候。我等は南堀ぎわへ東向きに参り候。ほん道（本道か本堂か不明）へいで申し候。その端のきわに人一人居もうし候を其のまま我等首取り申し候、それより内へ入り申し候。さだめて彌軍太《やぐんた》様幌《ほろ》の衆二人北の方より入り、①首は打ち捨て（よ）と申し候まま堂の下へ投げ入れ、はいり候へば②広間にも一人も人なく候、③蚊帳ばかり吊り候て人なく候つる。庫裡のかたより下げ髪いたし白き着物き候て、我等女一人捕え申し候へば、④侍は一人もなく候。上様白き着物召し候はん由、申し候へども信長様とは存ぜず候。その女斎藤内蔵助どのへ渡し申し候、⑤ねずみも居申さず候、わずか（に）御奉公衆の衆か袴肩衣にて股立ち取り二、三人堂の中へ入り申し候、其処にて首又一つ取り申し候、其の者は奥の間より帯もいたし申さず、刀抜き浅黄帷子《あさぎかたびら》にてい申し候、其の折節はもはや人数入り申し候（以下略）」

この文書を読んだとき、なるほどこれに嘘はないと強く感じた。ただし、それは彼らが本能寺へ討ち入ったときのありさまについては、嘘がないという意味である。つまり現象として目前にした事実に対して、ありのままに記録しているということである。

たとえば①の傍線部分「首は打ち捨て」とあるが、勧修寺晴豊が書き残した『日々記』六月二日の最後の行に「首・死人数限りなし」と記述されていて、明智軍の戦闘が当初から首は打ち捨てという指令が出されていたとうかがえる。それと本城惣右衛門は、襲撃する場所も、誰を討ち取るのかも指示されていない。まことに不思議な話である。

本能寺に押し入った明智軍の目的は、ただ一つ、織田信長の首を挙げることだ。それまでは秘密にしておいても、討ち入る寸前には、その目的とするところを一兵卒まで徹底しなければならないはずである。それが首は打ち捨てとは、いったいどういうことか？　それに③「蚊帳《かや》ばかり吊り候て人なく候つる」というのも、非常にリアルだ。

確かに旧暦六月二日は太陽暦で七月一日、暑い盛りで、しかも本能寺周辺には西洞院川が流れ低湿地となっていたから蚊も多いわけで、蚊帳がなければ寝られたものではなかったであろう。この何気ない記述は、実際に押し入ったものでなければ残すはずがなく、信用に値しよう。そして傍線②〜⑤まで、本能寺内が無人に等しかったことを、再三にわたり書き記している。彼が目撃したのは、首を取ったという本堂脇にいた一人（おそらく侍ではなく、小者か中間）と、堂の内に入った二、三人、そして白い着物を着た女性だけで、文面から受ける印象は非常に殺風景というか、がらんどうというか、何か不気味な感じすら覚える。惣右衛門にとっても、このことは不可解であったらしく、「侍は一人もなく」最後には「ねずみも居申さず候」

と訴えている。

彼は正直な人物である。この覚書に〝悪しき生まれ〟と、自分は身分の高いものではない、野武士をしていたと履歴を飾ることなく語っているくらいだ。

だからこそ自分が目撃した事実、つまり現象的な事実に関しては忠実に再現している。しかしなぜ自分たちが何も知らされなかったのか、なぜ無人に等しい状況だったのか、という理由に関しては一切触れていない。すなわち、底に流れる〝存在する事実〟に対しては一言も言及していないのである……なぜか。

ヒントは冒頭の、「本能寺に我らより先へ入り申すなどという人」云々にあろう。

意地の悪い見方をすれば、自分たちが一番乗りであると駄目を押さねばならぬ理由は、すでに先を越されており、その者たちを意識しての発言ともとれる。彼らが押し入ったときには、信長の死も判明しており、ゆえに首は打ち捨てとの指令も出されたわけで、寺内も無人の体を示していたのである。いや正確にいえば、本能寺に押し入った者たちは彼らが最初であろう。ただ、本能寺内の信長屋敷は、すでに襲撃されていたということなのだ。彼らが襲った人々は、事態収拾のため居残っていた村井貞勝配下の者と、〝変〟に生き残り寺内に保護されていた小者や女性であった。

本城惣右衛門にとって、自分たちが洗い膳（敵陣への一番乗りを逃し、二番手以下に甘んじること）を喰らわされたとは、戦国武士の意気地として口が裂けても言えなかったであろう。

したがって、「存在する事実」には触れず、現象的事実のみを語ったのである。この二回目の攻撃は、すべてを明智光秀の謀反という色一色に塗り込めるための、証拠隠滅工作として行なわれた。

襲撃時刻に、未明・明け方（午前四時〜四時半）と卯の刻（午前六時）の二説があるのも、これを現わすゆえかと考えられる。また『兼見卿記』の炎上時刻改竄も、この痕跡を気づかせぬための作業であったろう。

もう一つ、この覚書で興味深いのは、攻撃軍の中に配下の斎藤内蔵助利三の名が出てきても、明智光秀の名前が一切出てこないことである。

これもまた、不思議と言わざるをえない。

なぜ本能寺は〝変〟と呼ばれるのか

なぜ、「本能寺の変」と呼ばれるのだろうか。

日本史をさかのぼってみると、七世紀後半ごろ（壬申《じんしん》の乱、六七二年以降）からの歴史的事件に対する命名の仕方には、一定の法則があることがわかる。律令体制が完備されたのちの歴史的出来事は、その出来事の性格により、明確に区別・分類し命名されているのである。

まず〝役《えき》〟は蒙古襲来の文永《ぶんえい》・弘安《こうあん》の役、豊臣秀吉の文禄《ぶんろく》・慶長《けいちょう》の役。十一世紀前半に起こった前九年・後三年の役は国内戦であったが、当時の朝廷は東北地方を異民族の支配する外国と規定していたのでこれも役。すなわち〝役〟は明治以前の対外戦争に対して用いられる用語である。

また〝戦さ〟は、それがどんなに大規模なものであろうとも、私闘と認定されたもの、たとえば関ヶ原の戦い（豊臣と徳川）、鳥羽伏見の戦い（徳川と薩長連合）というようにである。

〝乱〟は朝廷または幕府に対する反乱および朝廷と幕府間の衝突を表わし、軍事行動が伴うものに限定されている。平将門《たいらのまさかど》、藤原純友《ふじわらのすみとも》が起こした承平《しょうへい》・天慶《てんぎょう》の乱、後鳥羽上皇と鎌倉幕府が対立した承久《じょうきゅう》の乱などが挙げられる。

別に日本史の勉強を無理強いするつもりはないのだが、辛抱してもう少しおつき合い願いたい。

〝事件〟は小規模かつ個別的な問題とされるもの、あるいは私的なテロリズムにより生起したものなどを指す。新撰組による池田屋事件、若手将校が決起した二・二六事件などがそれにあたる。

では〝変〟とは何か。辞書で引けば「突発的な出来事、事件」などと出てくるが、日本史上における規定では、時の政権に対して画策された謀略や暗殺行為などに当てはめられ、しかも軍事行動が伴っていないものを〝変〟と呼んでいる。

ただし、昭和の軍部が独走して起こした三つの変（満州事変、上海事変、日華事変）などは、内外の批判や軍の憲法違反などを隠蔽するための小細工であり、この規定からは外れる。さらに例外として、禁門の変（蛤《はまぐり》御門《ごもん》の変）は長州と会津・薩摩連合が戦ったのであるが、畏れ多くも天皇の御座所である宮中の門において軍事衝突などありうべきはずがないとの明治政府の配慮により、本来は乱と規定すべきところを、これも変が使われている。

じつは「本能寺の変」も、その伝えられる史実から考えれば、まぎれもなく〝乱〟と呼ばれる性格のものである。一万三千の軍隊が起こした軍事行動は、明らかに反乱であり「本能寺の乱」もしくは「明智光秀の乱」、年号を冠して「天正の乱」などと命名されるべきもので、〝変〟と呼ばれること自体が間違いであろう。

最近では大化の改新（中大兄皇子らによる蘇我入鹿《そがのいるか》暗殺事件）も「乙巳《いっし》の変」などと呼ばれているらしいが、馴染みが薄いので史実に記録される最初の〝変〟、七二九年の「長屋王の変」から幕末に起きた「桜田門外の変」まで、変と命名されたものはすべて暗殺および謀略事件の性格を示している。

そして、この規定から外れているのは、驚くべきことに「本能寺の変」ただ一例である。誰が最初に「本能寺の変」と命名したのかは知らないが、命名者は間違えてはいない。〝変〟と呼ぶこと自体が、すでに真相を語っているのだ。

すなわち、一万三千の軍隊が起こした軍事行動（乱）などではなく、これは織田信長暗殺事件であるということの本質を、偽装に惑わされずにしっかりと把握しているのである。

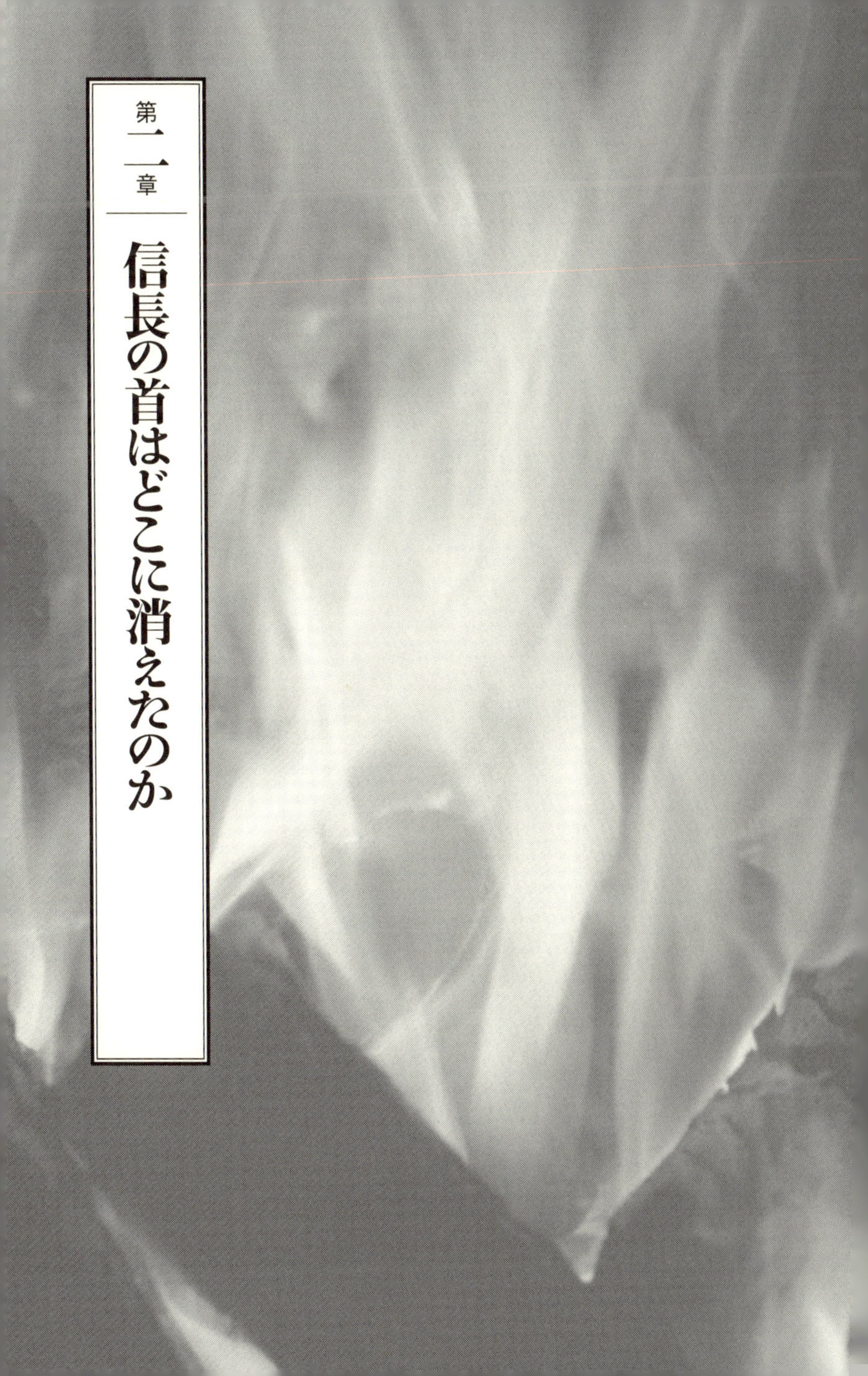

第二章

信長の首はどこに消えたのか

信長の首塚

信長は本当に阿彌陀寺《あみだじ》に葬られたのか

信長は襲撃と同時に討ち死にしたと『兼見卿記《かねみきょうき》』や『フロイス日本史5』は告げる。そして、『信長公記《しんちょうこうき》』や『フロイス日本史5』は、髪の毛一本残さず燃え尽きたとも記している。この記述に矛盾があることはすでに述べてきたが、もし私が主張するように、襲撃はよく訓練された暗殺部隊により決行され、瞬時に完了し、本能寺が炎上する時間も存在しなかったとの仮定に立てば、当然、信長の遺骸《いがい》も発見されたはずである。

信長の墓は全国に五、六カ所ほどあるといわれているが、秀吉が建立した京都大徳寺内の総見院、安土城跡の御廟所などには、確かに髪の毛一本埋葬されていない。しかし、遺骸は発見されていた。阿彌陀寺の清玉上人により、丁重に弔われている。

信長の死に関連して、二人の僧が登場する。清玉上人はまず、その一人である。

阿彌陀寺は、当時西の京にあった。本能寺から二キロ足らずである。

ただ、いまは上京区寺町通りに改葬されている。本能寺、妙覚寺、二条御所跡の現場を見てから、まっすぐ阿彌陀寺へ向かった。いま信長・信忠両公の墓所へ、お参りして来たばかりである。信長の援助により清玉上人が開山した阿彌陀寺は、正親町《おおぎまち》天皇も深く帰依され、勅願《ちょくがん》寺《じ》となり、往時はその塔頭《たっちゅう》十三カ院を数え、八町四方の境内を構えた巨刹《きょさつ》だったという。

この阿彌陀寺に、『信長公阿彌陀寺由緒之記録』という文書が伝えられている。なかなか面白い文書で、全文を紹介したいがいかにも長文すぎる。ちょうど阿彌陀寺でもらったパンフレットに、その略記が記されているので代用としたい。

「天正十年（一五八二年）六月二日、明智光秀反逆のとき清玉上人は信長公の旅館本能寺に押し寄せると聞き、塔頭の僧徒二十人余を召し連れ本能寺に駆けつけられしに、表門は厳重に軍兵四万を囲み寺内に入る事ができず、裏道より辛うじて入るが堂宇には火が放たれすでに信長公割腹せられしと聞き、そばの竹林に十人余の武士集まりて火を焚く者あり、上人がこれを見るに信長の家臣なりこれに顚末を聞くに（中略）、四方敵兵にて死骸を抱きて遁れ去る道なし。やむなく火葬して隠しおき各々自殺せんと答えたり。上人は各々自殺するよりむしろ信長公の為に敵にあたりて死せんことを望むと語りければ、武士らは大いに喜び門前の敵に向かうすきに上人火葬し、白骨を法衣につつみ本能寺の僧徒らが逃げるのにまぎれこんで苦もなく帰寺し白骨を深く土中に隠しおきたる（以下略）」

一方、三千の軍隊が攻撃したとするならば、寺内に入れるはずもなく、火葬に付したとすれば二時間ほどはかかる。見るとおり、目茶苦茶な話のようである。しかし、信長・信忠以下が、阿彌陀寺に葬られたことは間違いない事実であった。

『言経卿記《ときつねきょうき》』天正十年七月十一日の条に「阿彌陀寺へ参る、このたび打死の衆前右府《さきのうふ》（信長）御墓以下これを拝す、哀憐《あいりん》の体なり」と記されており、九月二日にも「阿彌陀寺へ参る、天徳院殿（信長の戒名）以下御墓を拝す」とある。さらに五日にも詣で、七日には同寺において信長・信忠以下の百日追善供養に参じて、このあと八日、十二日（本来の百日にあたる）と信長への墓参が続く。また『兼見卿記』においても、九月二十七日ごろに「阿彌陀寺の読経ありて詣でる」との記載があり、信長という名があえて省かれているが、過去の五年間以上さかのぼってみても吉田兼見が阿彌陀寺に詣でた記録はなく、これは信長以下の墓参のためと断言できる。

このように、信長が阿彌陀寺へ葬られたことが確かだとすると、前述した『由緒之記録』も少し考え直してみなければならないことになる。もし、記述されるような状況が生じる可能性があるとするならば、それは第一回の襲撃（暗殺）と第二回の攻撃（軍事行動）の間隙に、起こりうる出来事かもしれない。

信長の死を確認したとき、信忠や村井貞勝が最初に考えることは、事後における処置と事態をどう収拾するかという問題であろう。

実際、信長と信忠の襲撃時刻に開きがある以上、その時間は充分にあったはずである。とすれば、『由緒之記録』に記述されるような事態が現出する。

おそらく信忠たちは、当初信長の死を秘匿せねばと考えたであろうが、しょせん隠しおおせる事態ではないと悟ったとき、一刻も早く遺骸を処理する必要に迫られた。すでに彼は、信長であって信長ではない。それは、無惨にも首のない死体と化していた。これを人目にさらすことは、絶対にできない。討ち死には認めても、何者とも知れぬ下賤《げせん》の輩《やから》に首を討たれ、しかも奪い去られたなどという不名誉は、天下人信長にあってはならぬことである。

それゆえに、近くでもあり信長と年来昵懇《じっこん》であった清玉上人に、その処置と供養を頼んだ。本能寺に清玉上人が呼ばれ、遺骸の始末を依頼されたことは疑うべくもない事実であろう。

そのあとで信忠は、万が一の用心をして二条御所へと移り、早々に到着する予定の明智光秀や筒井勢を待っていた。

だが、思いもかけぬことに、明智光秀先鋒隊が鉾を逆さまにして襲いかかり、信忠も村井貞勝も討ち死にした。清玉上人は、信忠討ち死に後もその遺命を誠実に守り、信長はもちろん、信忠や家来衆の遺骸をも集め茶毘《だび》に付し埋葬した。

〝変〟後、秀吉が信長の法要を営むため、清玉上人に両者の遺骨引き渡しを要求したが、上人は主家を簒奪《さんだつ》せんとの秀吉の腹を読み、頑として渡さず、かなりの確執があったという。また、乱丸ら三兄弟を失った森家では、毎年六月二日に阿彌陀寺に使者を差し向け法事を執り行なっていたと記録される。

以上のようなことが、阿彌陀寺に葬られた経緯であろう。説明の文中に〝首のない死体〟などと断言しているが、お前も講釈師ではないかと怒鳴られそうな気がする。

だが、陰の主役たちが暗殺現場に立ち合うことは決してない。したがって、暗殺部隊の使命は信長を殺害し、その首を持参しなければならなかった。

では、首はいずれへ持ち去られたのであろうか。

信長との予期せぬ〝再会〟

京都での取材を終えて、またまた十カ月ほどが過ぎてしまった。調査を開始してから一年半、あっという間に月日はめぐっていた。

お盆を過ぎ仕事も忙しくなってきはじめた翌九二年九月中旬、それはまったくの偶然としてやってきた。

静岡へロケ・ハンティングに行った営業のT君が戻り、その報告を受けたときのことである。

営業案件は富士郡芝川町という所の町勢要覧（市町村のPR用パンフレット）を制作することである。競合であるために、受注できるかどうかはわからない。慣れたことなので、T君は要領よく報告してくれたが、席を立ち際に語った言葉が耳に残った。

「最後に回ったのが、信長の首が埋められているという言い伝えが残っているお寺なんです。まあ、案内してくれた方も嘘か真《まこと》かわからないと言っていましたが……」

T君には申し訳ないが、半分ほどは右から左へ聞き流していたために、その言葉に対する私の反応は遅かった。しばらくして、ピクンときたのである。あわてて社内電話を取り、もう一度ご足労願った。そのお寺は何という寺で、どこにあるのか、なぜそういう言い伝えが残っているのかなど、矢継ぎ早の質問にT君は目を白黒させていたが、寺のパンフレットを渡してくれ、それ以上はわからないと答えた。この週末にでも、そのお寺へは行かなければなるまい。

富士山が、真向かいに見える。

快晴に恵まれ、木々の濃い緑はいまだに夏の彩りを見せ、その裾野を悠揚と広げている。富士山の美は、裾野にある。絵ハガキ的などと言われようと、やはり微動だにせず美しい。

東名高速富士インターを下りて、こちらも山際から山中へと入り、もう四、五十分は走っているような気がする。パンフレットには三十五分と書かれてあるので迷ったかなと不安になった途端、寺の案内板の前に出た。

地図で見当をつけてきたが、ドンピシャリとは運がいい。何か導かれているようだなどと、独りごちた。山門脇の空き地に車を停め、石段を上り境内へ入る。このお寺は西山本門寺という。

日蓮宗・日興上人門流として、その高弟であった日代上人が康永《こうえい》三年（一三四四年）に開山した。その辺鄙《へんぴ》なといっては失礼だが、山中にある独立した寺院としては、稀にみる大寺であったことが、本堂を見ただけでわかる。

この本堂は当初、大客殿として建立されたもので、天正十年までの第一期最盛時には七堂伽《が》藍《らん》はもとより、塔頭三十坊が甍《いらか》を並べる駿河屈指の名刹《めいさつ》であったという。信長の首塚は、本堂裏の池の北側にあるらしい。

思わぬところから首塚と呼ばれるものに出逢うこととなった。ただ、この手のものは平将《たいらのまさ》門《かど》の首塚、明智光秀の首塚など、非業の最期を遂げた人物にはつきもので、うかと飛びつくわけにはいかない。しかし場所が駿河の国ということ、それと本能寺に当夜在席し、〝変〟直前に退出した本因坊日海《にっかい》と関係が深い寺院という二つのことにより、無視できないものを強く感じるのである。

本堂の裏手に回ってみることにした。裏手では住職と思われる人が池の掃除をしていた。簡単な挨拶をして、首塚の所在を聞いてみた。

住職が指さすほう、池の斜め奥に底部の幅十二、三メール、高さ約三メートルほどの塚らしきものがある。その頂上には樹齢四百年以上、県の文化財指定ともなっている柊の大木が茂っていた。信長公の首を埋めたとき、墓石代わりとして同時に植えたものだそうだ。柊は魔除けの木である。

住職と一緒に首塚にお参りし、いろいろと話をうかがううちに、では本堂へお上りなさいということになった。その前に首塚の写真を撮っておきたいので、その許可を申し入れると、「どうぞ、どうぞ。でもこの首塚の周囲は霊気が強く、よく写らないことが多いのですよ。あなたは、あまりそういうものは感じないタイプのようですが」と、言われてしまった。じつを言うと、私はそういう方面には敏感なタチで、本能寺跡へ行ったときも背筋に悪寒が走り、現にこのときも同じ状態であった。ただ防衛上、いっさい感じない振りをしているだけである。

本堂に上がり、このお寺の住職、近藤恵正和尚のお話を聞いた。

信長公の首塚については、不思議なことがいくつかあるそうで、つい先日も、霊能者のような女性が二人の男性を従え本門寺を訪れた。三人はタクシーを門前に待たせたまま、二時間も首塚の前に座り何ごとかを申し述べるようでもあり、また祈りを捧げているようでもあった。

不審に思った恵正さんが事情を尋ねると、自分たちは九州の人間であるが、先ごろ信長公が現われ、京都の阿彌陀寺にある胴体を持って駿河の本門寺に参れとのお告げがあったので、京都の阿彌陀寺へ行き、お体を持ってこちらへ伺ったのであると語ったという。

しかもその女性は、入って来たときはまったく男の声で、お参りを終えてからは、ふつうの女性の声に戻っていた。何かに憑かれたような状態だったらしい。

九州から京都、そして静岡とただの物好きで来るわけがなく、恵正和尚もこれには不思議な思いを抱いたそうである。この話を聞き、再び背筋に悪寒が走った。だが、それは怖じ気ではない。あまりにも、私の仮説と一致していたからである。

「特別な任務」を帯びた暗殺者集団

私は、この話を書くか書くまいかと迷いに迷った。〝怪談話〟まで材料にして自説を強調するのかと思われれば、いままで積み上げてきたわずかな信憑性さえ無に帰することになる。

しかし、お話をうかがったことは事実である。勇をふるって記載することとした。それに、私が本門寺の首塚を無視できないわけは、まったく別の根拠からである。

ただ、このほかにも本門寺は霊的な話題には事欠かず、その物証などを見たときは本当に驚いた。それやこれやでだいぶ長居をしてしまい、おはぎまで図々しく馳走になり、腰を上げたときは日もとっぷりと暮れていた。

帰り際に、すでに故人となった人であるが、新聞社を定年退職されたあと郷土史を研究されていた山口稔さんという方が書かれた、信長首塚伝承「郷土の歴史誕生」という資料を貸していただいた。

「富士暮らしの新聞社」に連載された、No.73から88まであるこの資料を、私は何回となく読み返してみたが、完全に理解することはできなかった。

不審な点もあるが、とりあえず紹介したい。

本能寺において信長と戦った原志摩守《はらしまのかみ》清安《きよやす》が、混乱の中から父と兄、それに信長の首を持ち出して逃れ、山道づたいに駿河にたどりつき、西山本門寺の裏手に三つの首を埋めたという。これは『原家蔵本』に記録されているらしい。

『原家蔵本』というのは水戸家の医官、原慶順《けいじゅん》が著したもので、この慶順は家康の臣・本多作左衛門に育てられ、はじめ小笠原忠兵衛久俊と名乗ったが、ゆえあって浪人し、その後水戸家へ医官として迎えられ三百石を賜ったとされる。この忠兵衛、すなわち原慶順は、本能寺で父と兄、そして信長の首を持って逃亡した原志摩守清安と同一人物らしい。

ところが、慶順の父は徳川家の家臣で高天神《たかてんじん》城を守っていた安西越前と記載されている。そしてその安西越前は、天正二年（一五七四年）、武田勝頼に高天神城が攻め落とされとき、落城の責めを負って切腹したという。となると、本能寺で討ち死にした父というのは、いったい誰なのであろう。

それに「信長と戦った」とあるが、本多家の家臣がなぜ本能寺攻撃に加わっていたのか。また信長側にいたならば、父と兄が討ち死にしたというのはわかるが、寝込みを襲った攻撃側なのに肉親二人も討ち死にするであろうか。よっぽど運が悪いのであろうか。

第一、信長の首を持って逃げる必要などさらさらないではないか。記述どおり明智軍に加わっていたとすれば、大威張りで光秀に渡せばよいのである。「信長と戦った」と記されているのは、もしかしたら一緒に戦ったという意味ではないか。

この記述に関しては、いずれにしても解しかねる。

それよりは、日順上人の記述のほうに、ずっと信憑性が感じられた。

西山本門寺第十八代貫主日順上人が、小笠原忠兵衛（原慶順）の子息であったことは、自筆の過去帳に記載があることからも確かであるらしい。

そして、この日順上人というのは〝変〟当夜、本能寺に在席していた本因坊日海の弟子である。その自筆過去帳（プライベートな過去帳で、寺に供えつけられる大過去帳とは異なる）に「碁天下無双本因坊日海・権大僧都《ごんのだいそうず》・元和九年正月」とあり、二日の項には「天正十年六月、惣見院信長、為明智被誅（あけちのためにちゅうをこうむり）」とある。

いうまでもなく、寺の過去帳とは寺内に葬られた人々の命日や戒名を記録したものである。私的なものであっても、信長とまったくかかわりのない日順上人が自らの過去帳に、それを記載している事実は重大な問題であろう。原慶順がまことに日順上人の父ならば、逆に日海、日順の線から〝信長の首〟埋葬の事実を聞き、その記述をカモフラージュして残したのかもしれない。

本門寺に残る首塚伝承は、代々密かに語り継がれてきたらしく、現在でもあまり知られてはいない。事実、私自身たいがいの信長関係の資料を見てきたつもりだが、それを知り得たのは偶然のなせるわざであり、その意味においても先程取り上げた霊能者らしき人たちの話に驚いたのである。

日順上人の私的過去帳に信長の命日が記載されているからといって、信長の首が本門寺の首塚に埋葬されているとは断言できないし、また首を持ってきた人物が本因坊日海であるとはなおさら言えないが、そこには非常に大きな繋がりを感じる。

山口稔氏は、日海は加納氏の出身で、一説によれば隠密であったといわれていると記している。加納氏とはどこの出身で何者なのか、隠密とは忍者という意味か、それともいずれかの勢力に所属した諜者ということなのか。

それを質すには、残念ながら時すでに遅い。本因坊日海の記録も、直接的資料はほとんどない。同氏も、平僧ではなく権大僧都という位を持ち、のちの碁界において最高栄誉の称号ともなった本因坊日海の記録が現存していないのはまったく不可解で、人為的に湮滅《いんめつ》された形跡すらあると記述している。

さらに一つ。信長暗殺に重大な鍵を握る人物が、「本能寺の変」後、この同じ駿河の地に逃亡している。

これを偶然の一致とみることはできない。

そろそろ〝少人数の暗殺部隊〟という者たちに、迫らねばならないだろう。

前述した『フロイス日本史5』に〝特別な任務を帯びた者〟という一文があったことを思い出していただきたい。兵士らとは明らかに一線を画して記述された、この何気ない一行……。

彼らの正体には、見当がついている。『信長公記』にも反信長としての彼らの敵対行動は随所に見受けられるのだ。

そして〝変〟に連動して起こした大規模な一揆……。

それだけで充分な証しではあるが、さらに確信を与えてくれたのは、信長が横井伊織に下した一枚の文書である。

夜襲

謀議の夜

「なうまくさんまんだ　ばざら　だんせんだ　まかろしゃだ……」

六尺ばかりの杉板に墨痕《ぼっこん》も鮮やかに「万《よろず》・武具承り」と書かれた店先で、総髪を肩まで垂らし、頭襟《ときん》を頭上に頂き、先達《せんだつ》らしき中央の者は白色、従う左右の二人は浅黄色の結袈裟《ゆいげさ》・鈴懸《すずかけ》（山伏の法衣）を着し、腰には引敷《ひっしき》（腰当て）をあてがい、笈《おい》を背負い、護摩刀《ごまとう》を帯び、手には金剛杖を握った山伏が、仁王立ちに立って不動明王の本尊真言《しんごん》を唱えている。

間口が一間半（約三メートル）ほどもあるかなりの構えで、今日が店開きらしい。おおかた繁盛開き、運開きの祈禱《きとう》でも願ったのであろう。

このところ、大店・小店の店開きが引きも切らずに続いている。さすが名にし負う「楽市・楽座」の岐阜城下である。

店の周りはもう二重、三重に通行人が取りまいて……いつの世も人は物見高い。店主にしてみれば、宣伝も兼ねてということであろう。

中央の山伏が首にかけた一連の念珠をはずし、高く低く唱ずる読経のリズムに合わせ、右に左に振り始めた。と、つられるように人々の体が左右に揺れ始めている。山伏たちは真言を唱えながら徐々に徐々に身を縮めていく。

「そわたや　うんたらた　かんまん」

身を縮めきった刹那、山伏たちは人々の視界から消えていた。

あとには三本の金剛杖が柱のように直立している。少なくとも人々の目にはそう見えた。

「おっとどっこい不動明王」

山伏たちは一声を発すると同時に、空中に高々と飛び、一回転して下り立ち、再び金剛杖を手にしたまでである。

しかし見物衆には、忽然と姿が消え、再び現われたように思えた。一種の集団催眠を施されている。

見事な術だ……読経はなおも続く。

この城下、夏は卯《う》の刻《こく》（午前六時）の鐘を合図に酉《とり》の刻（午後六時）の終了まで、人馬の往来、売買の掛け声、はては喧嘩・口論まで喧騒《けんそう》の絶える間がない。道幅が五間（約十メートル）という当時としては広い通りが、人や物で埋め尽くされるほどの賑わいである。

向こうの川沿いの辻では、夜の明けぬうちに獲った鮎や鯉、うなぎなどを商人に早変わりした川魚漁師が、声を張り上げながら売りさばいている。

「もうし、そこへ行く女房どの、素通りはいかぬ。この活きのよい魚を見てござれ」

声をかけられた女が振り向いた瞬間、ひょいと鯉を一尾すくい上げた。

水滴を撒き散らして、逆さに吊り上げられた鯉がはねる。

気合いというものであろう、引き入れられるように、女は漁師の前に足を運ばせた。

鮎とうぐい、鯉と鮒、うなぎにどじょう、というように種分けされて並べられた盥《たらい》を、すでに四、五人の先客がのぞき込んでいる。たびたび水替えをしているのであろうか、この暑い日中、盥に張った水が透き通るように澄んでいる。

「魚はいらぬ、猪《しし》を購《あがな》いたいのじゃ」

「亭主どのにで、ござるか？」

コクリと一つ、うなずいた。若女房らしく初々しい。

「これは女房どのとも思えぬ呆《ほう》けようじゃ、このくそ暑いのに猪の鍋など誰が喰らうものか。亭主どのこそ、ありがた迷惑ぞ」

そう言われれば、という顔になっている。

「この時期、精をつけるには、やはりこれじゃ」

盥の中で、二尺ばかりもあるうなぎが数匹泳いでいる。

「これを亭主どのが喰ろうたなら、お前さまの腰が抜けようぞ」

四十近い男の言葉はいつの世も露骨である。さすがに顔を赤らめた。周りの客たちもニヤニヤとヤニ下がる。しかし、これだから町中は面白いのだ。

「仕《し》よるのが面倒ならば、裂いて白焼きにして進ぜよう。どうじゃな女房どの、買うていきなはれ」

「これは、漁師どのとも思えぬ呆けようじゃ」

「なんと⁉」

「精をつけるに白焼きとは解せぬ。生き血も、生き肝もたんと喰ろうてもらいまするに」

「うへッ、これは一本取られ申した。腰が抜けるは、お前さまでは夢あるまい」

節目で切った竹筒に、水を少し入れるとうなぎをするりと押し込み、藁《わら》を丸めて栓にした。口と手が同時に動いている。鮮やかなものだ。

「さあさあ負け分は、一文引きと致しましょうぞ」

若い女房は竹筒を受け取ると代金を払い、去っていった。

「おあとのご入用《いりよう》は、どなたじゃ」

いままで大口を開いて笑っていた客たちは、このひと声で鮎だ、鯉だと購い始めた。この漁師、にわか商人《あきんど》とも思えぬほど、なかなかに商い上手である。

この辻から、丸山砦の搦《から》め手が望める。

長良川の川縁に張り出たこの砦は、岐阜城の出丸であり、川筋を見張る船番所の役目も兼ねている。

その搦め手に、たったいま船から陸揚げされた大量の荷と、警護の足軽たちが吸い込まれるように消えていく。

木の間越しに垣間見るその隊列を、客をさばきながらも、この川魚漁師の目は決して見逃すことはなかった。


連子《れんじ》窓に、残照が赤々と映えている。

庭は枯山水、築地塀《つきじべい》ひとつ隔てた向こうは竹林。

蜩《ひぐらし》が、かまびすしいほどに鳴きしぐれている。

岐阜城を背に、藤右衛門洞から伊奈波《いなば》神社をへて権現山《ごんげんやま》の山裾を廻り込むと、うっそうと茂る木々を割って急登な山道が現われ、登りつめたその鞍部にこの寺がある。

寺は土岐成頼の、早世した側室の菩提を弔うために建てられた。

御仏の　御手にも似たる五色雲　流るる果てに　身をぞ託さん

との辞世の句より、寺名を流雲寺という。

「いよいよで、ござりまするな」

「うむ」

庫裡《くり》の円座にどっしりと腰を据えているのは、城下で修法《しゅほう》を行なったあの白い鈴懸を着た山伏である。年のころ三十四、五か、引き締まった体軀が壮者の力と厚みを感じさせる。

下座に控えるのは、本寺の住職で名は義燕《ぎえん》。

「だが、弾正忠《だんじょうのじょう》殿（信長の官名）のお命、首尾よう縮め参らすこと、もし叶うたとしても……」

瞬時、山伏の顔に苦渋の色が走った。

「大和様、お忘れなさりまするな。この義燕とて甲賀の者、露《あら》われれば死ぬまでのことにござりまする」

瞳《め》に、笑みが一つ浮かんでいる。

義燕は、野洲川《やすがわ》と杣川《そまがわ》が合流する地点、甲賀の水口で生まれた。家は名門望月氏の支流で、望月家の里隠れとなるために仏門へ送られ、大岡寺《だいこうじ》にて八歳のときに得度《とくど》した。

修行五年ののち、叡山に登り近江宝塔院に学ぶこと十八年、権僧都の位を得て下山し、八年前より流雲寺の住職となっている。

すでに叡山は元亀《げんき》二年（一五七一年）に一山ことごとく灰となり、水口の大岡寺もまたこの年（天正二年＝一五七四年）兵火にかかり焼亡していた。

すべて、信長の手によるものである。

「それより、今宵は手傷を負う者があると存じます。しばらくはその者たちを潜み隠さねばなりますまい」

「造作をかけ申す」

「何を申されまする。この義燕など、いかほどのこともしてはおりませぬ」

すでに甲賀の三分の二は信長に服している。今宵よりのち、彼らの探索の目から逃れることは、まず難しいものと覚悟せねばならない。

大和と呼ばれた山伏の苦渋は、そこにある。

「揃うたようじゃの」

義燕は己れの不覚を恥じた。先程より蟬時雨《せみしぐれ》がやんでいる。声の途絶は人の訪れを告げていた。

「流石《さすが》は大和様、恥じ入りまする」

しばらくして廊下に人の畏《かしこ》まる気配がした。

「御館様、使者の方々、お着きなされました」

「本堂に皆を集めよ」

「すでに、控えておりまする」

さして広くもない本堂は、溢れるばかりの人で埋まっていた。

須彌壇《しゅみだん》の前だけがわずかな空間を保ち、そこに行脚姿の三人の僧が座っている。

釈迦三尊像《しゃかさんぞんぞう》を祀《まつ》るその須弥壇を背に山伏は着座した。

「それがし友生《ともお》作左衛門。これなるは我孫子《あびこ》兵衛《ひょうえ》、多田二郎と申しまする」

彼らは一礼したのちに名乗った。

「望月大和守兼重《かねしげ》でござる」

山伏は望月家の歴とした嫡流であった。祖・望月三郎兼家より数えて十七代目に当たり、当主として枝流九家を束ねている。

「これをご覧くださりませ」

こよりにした小さな紙片と、半分に割った銅銭を差し出した。銅銭は割符となっていて、大和の物とぴたりと合う。

「約定の義違《たが》わず、陣取り申し候。手筈《てはず》、固く守り候。委細、作左申す可く。

大和殿

十二評」

とだけ、こよりには書かれてあった。

「聞こう」

「船伏山より伊賀衆三百五十名余、長良川を下り子《ね》の刻には丸山砦、三の丸門へ打ち掛かりまする。鉄砲、火矢にて賑々《にぎにぎ》しく仕《し》てのけますれば、一刻《いっとき》ほどは充分に引き寄せまする。弾正忠殿のお命、その間《かん》に討ち取り候らえとのことにてござりまする。なお、引き揚げの合図は流星を高く上げますれば、それにて」

流星とは、矢の先端に火薬の筒と導火線を取りつけ、それに点火し、地に固定した円筒（節を抜いた竹や銅筒）より発射するもので一種のロケットである。

「相わかり申した。我らは、辰巳《たつみ》（東南）より仕《つかまつ》るとだけお伝え願おう」

「承りました。ではこれにて」

一同の者たちは、座を二つに割って彼らの帰路を作った。

今宵の計画を知る者は、ごくわずかしかいない。

だが、使者の応答がすべてを語っていた。大和守の左脇に座る武士が力のこもった声を発した。

「聞いたであろう。今宵、岐阜城に夜戦《よいくさ》を仕掛ける。皆々、命を捨てよ！」

「承った」

間髪を容れず、一同の唱和が響く。

「こと三雲衆は、ここを先途《せんど》と思え」

左脇の武士は、三雲蔵人《くらんど》という。佐々木（六角）承禎《じょうてい》を石部《いしべ》の城に迎え入れ、信長に対し頑強に抵抗していた三雲一族の一人である。

だが迫りくる信長軍に抗しきれず、つい二カ月ほど前に城を明け渡し一族は逃散《ちょうさん》した。帰るべき、寸土の地さえいまはない。蔵人以下十数名の者たちは、寄るべなき身を望月氏の本拠地、龍法師に寄せていた。

もう一人、この座に主要な人物がいる。

岐阜城下で魚を売っていた漁師である。その男、黒川右馬亮《うまのすけ》。偸盗《ちゅうとう》術では甲賀切っての手練《てだ》れと称されている。

兄、左馬亮は武田信玄に与力し、元亀二年、徳川家康の居城に忍び入ったが発覚し闘死を遂げた。

右馬亮がポンと一つ手を鳴らした。

「面白い。今宵の夜戦、甲賀武士の面目処《めんぼくどころ》じゃ、方々、腕を見せようぞ」

「オーッ」という勇み声とともに座の緊張が解《ほど》けた。

「じゃが、面白いとばかり言ってはおれぬ。弾正忠殿の側近くには伴や山中、岩室などの手の者が四六時中詰めている。無理とわかればさっさと引く。我ら忍び武者は犬死にはせぬものぞ、のう蔵人殿」

「心得おりまする。……かたじけない」

すでに陽は落ちて、本堂は外より暗い。しかし夜の戦士である彼らは、灯り一つ用意することもなく座している。

一同の高ぶりが静まるのを見て、大和守が立ち上がった。

「日和見《ひよりみ》の大兵衛、申せ」

「はっ。夜半、風が雲を呼びますれば月は隠れまする」

「うむ、それでは今宵の手筈を申し聞かす。我らはまず、松田尾砦と上格子門に挟まれた谷に潜む。伊賀衆が三の丸に押し寄せるのを待ち、上格子門を襲いこれを討ち破る。そこで三手に分かれ、城内の混乱に乗じ右馬亮殿は奥御殿へ、我が手の者は常の御殿へと駆け入る。蔵人殿は大手や二の丸より馳せ参じる侍共を迎え討ち、これを防いでもらいたい」

「かしこまって候」

右馬亮、蔵人が応じた。

「望月の御館様、おうかがいしたい儀がございまする」

池田党の与惣次という若者が、末席より腰を浮かした。

「申してみよ」

「信長殿の進退まさに神出鬼没とか、今宵必ずご在城ありまするか。また駆けつけよとの命により参じましたが、我ら戦装束《いくさ》の用意がありませぬ」

「弾正忠殿は五日ほど前にご帰城、武田殿との戦さ支度に追われていると、手の者より知らせが入っておる。今日も、堺よりの荷が丸山砦へ入った。おそらくあれは三尺九寸の十匁筒《もんめづつ》であろう。まず在城のこと間違いない。それと、二カ月ほど前より少しずつこの寺に運び入れて、必要な物はすでに揃えてある。大和守殿に抜かりがあろうか」

右馬亮が、代わって答えた。

「申しわけござりませぬ。そのようなれば、安堵仕り申した」

「仕度や持ち場など、詳しいことは小頭たちより聞け」

大和守に影のように従う山伏の一人が軽く頭を下げた。

「亥《い》の刻（午後十時）までにすべて整え、月の隠れを待って寺を出る。このこと、いま見張りに立っている者たちにも伝えよ。なお、引き揚げの合図を見たならば、ただちにその場より散れ！」

「承った」

低いが気合いの籠った一同の声が、再び響く。

「大和様、よろしゅうござりまするか」

柱の陰より現われたのは義燕である。

「今宵は、手傷を負うて長走りのできぬ者も出よう。無理と思うたら、この寺へ参りなされ。方々、必ず参りなさるのじゃぞ、よろしいな」

厚志に、皆深々と頭を下げた。

その厚志が義燕の身に何を招くかを、彼らはわかりすぎるほどわかっていたからである。


風が、木々を鳴らしている。

上格子門に沿って、V字形に刻まれたこの深い谷にも風が渡っている。

谷下には、七十名あまりの忍び武者が錏頭巾《しころずきん》をかぶり、鎖帷子《くさりかたびら》をまとい、一間半の槍を掻い込んで濃い闇の中に沈み溶けている。

遠くで銃声が、断続して響く。

やがて、馬の嘶《いなな》き、兵たちの喊声《かんせい》も風が運んできた。

そしてこの谷上の岩棚にも、あわただしい気配がはっきりと伝わり出したそのとき、木の下闇を割るようにゆらりと影が一つ浮かび出た。

それが合図であろうか、忍び武者たちは、じわりじわりと谷を登り始めた。

修練を積みに積んだ忍者は、整息《せいそく》の術を用いて寝鳥一羽起こすことなく移動する。

谷上の岩棚には、馬一頭がやっと通れるほどの石段が刻まれ、すぐに城壁が迫り出ている。これを瞬時にして越えねば、城壁に穿《うが》たれた狭間から鉄砲や弓の餌食となるのは明らかである。夜の戦士たちは、石段上に身をさらすと同時に、城壁に向かい身を躍らせた。

槍を支えとして、一つ、また一つ黒い影が飛んだ。

秘密部隊「麦刈りの番の者」

小説風に仕立ててみたが、これはフィクションではない。登場人物や設定などは私の創作ではあるが、事実としていまに残る記録なのだ。

天正二年六月六日の夜半、岐阜城が襲撃された。無論、目的は信長を暗殺するためである。

猶《なお》以って其元《そこもと》の儀、先日九右衛門かたより具《とも》に申し遣わすの条、由断あるべからず候、昨夜当城二段に至って敵忍び入り候、出合い追い崩すの由、尤《もっと》も以って神妙《しんみょう》に候、弥《いよいよ》由断なく、機遣《きづか》い簡要《かんよう》候に、殊《こと》に麦刈りの番の者共掛かり合い、手前に於いて道具已下□□□《欠字》の由《よし》、是又相意《あいこころ》え申し届くべく候、仍《よ》って遠州表《えんしゅうおもて》出馬の事、来る十四日に相定《あいさだ》め候、即時存分《そくじぞんぶん》に属すべく候条、開陣程《かいじんのほど》有るべからず候、当番の儀、無人候とも精を出すべき事専一《せんいつ》に候、

謹言

六月七日

横井伊織とのへ　信長（黒印）

（横井在時氏所蔵文書）

尾張衆の横井伊《い》織《おり》助《のすけ》時泰《ときやす》に宛てた信長の黒印状、いわゆる感状であるが、この文書の意味するものがいったい何であるのかを分析してみる。

信長在城時代、岐阜城が反信長軍に包囲され攻撃された記録はない。「昨夜当城二段に至って敵忍び入り候」とあるとおり、正規軍としての戦闘部隊ではなさそうである。また二度にわたる襲撃のあとに続く「出合い追い崩す」という表現から、人員的にもある程度の規模を想像させる。

結論を現代風にいうならこの夜襲の一団は特殊工作員による秘密《シークレット》部隊として編成されたものと考えられる。もちろん目的は信長暗殺だ。

問題はこの暗殺部隊の正体がいったい何者なのか、そしてどの勢力に属し、誰が命令し、実行させたかということである。

天正二年六月の時点での反信長勢力をみると、前年の元亀四年（一五七三年）七月に反信長戦線の黒幕、将軍足利義昭は京都から追われ、天正と改元された八月には、三好三人衆の一人岩成友通《いわなりともみち》も倒された。さらに十一月、三好義継《みよしよしつぐ》も同様の運命をたどり、十二月には義継と同盟していた松永久秀《まつながひさひで》が大和の多聞山《たもんやま》城を明け渡して再び降伏し、京都、大坂、奈良の畿内方面は完全に平定されていた。

越前でも八月に朝倉氏が攻め滅ぼされ、同時に北近江の浅井氏も滅んだ。頑強に抵抗していた南近江の佐々木承禎も翌天正二年四月、甲賀石部の城を立ち退き、信長の軍門に降っている。

信長にとって最大の敵・甲斐の武田軍団は、四郎勝頼に率いられ、天正二年五月十二日より徳川家康の属城・高天神城を猛攻している。「遠州表出馬の事、来る十四日に相定め候」とあるのは、家康支援のため出兵する日を六月十四日に決定したということである。

武田勝頼が暗殺部隊を組織し長駆、岐阜城を襲う余力があるとはちょっと考えにくい。それよりは信長軍と直接対決し、局所においては勝利さえしている一向宗門徒のほうが、可能性は大きい。

この年四月二日、石山本願寺門跡の顕如光佐《けんにょこうさ》は一時結ばれていた講和を破り、再び信長打倒の兵を挙げた。

これに先立ち越前では、織田軍の代官で守護代・前波長俊《まえばながとし》と富田長秀《とみたながひで》の内紛に乗じて一向一揆が蜂起し、四月十五日には朝倉景鏡《かげあき》らを平泉寺に攻め滅ぼし、越前一国を一揆衆が掌握してしまっていた。

しかし石山勢は畿内から出られず、越前の一揆衆も本願寺から若林長門守らが派遣されてはきたが、事後処理などの整理で手いっぱいの状況であったろう。

残るは、伊勢長島の一向一揆衆である。彼らは元亀元年（一五七〇年）に尾張小木江《こきえ》に居城する信長の弟織田信興《のぶおき》を攻撃しこれを討ち取り、元亀二年には押し寄せた織田軍の氏家朴全《うじいえぼくぜん》を戦死させ、柴田勝家に負傷させるなどさんざんに討ち破っている。

また天正元年（一五七三年）再び押し寄せた織田軍を敗退させたが、このとき撤退する信長をめがけて伊賀・甲賀衆が猛烈な攻撃を仕掛けていた。太田牛一《ぎゅういち》の『信長公記』に、多芸山《たぎやま》の戦いのこととして迫力ある筆致でその模様が描写されている。

「信長のかせられ候を見申し、御跡へ河内の好原《やつばら》、弓・鉄砲にて山々先々へ移りまはり、道の節所《せっしょ》を支へ、伊賀・甲賀のよき射手の者共馳せ来《きた》つて、さしつめ引つめ散々に射たをす事際限なし。（中略）信長公の一長《いちのおとな》林新次郎残し置かせられ、数度追払ひ、節所のつまりにては相支へ、火花をちらし相戦ひ、林新二郎《（※ママ）》并《ならび》に家子郎等《いえのころうとう》枕をならべ討死なり」

この戦いは信長軍の惨敗である。一長、すなわち首席家老ともいうべき林新次郎の犠牲のうえに信長は危機一髪で逃れられた。

ここで語られているのは、伊勢長島の一向衆徒ではない。〝伊賀・甲賀のよき射手の者共〟

なのだ。本来、一向宗とは無縁のはずの伊賀・甲賀の忍者集団が一向一揆に加わり、織田軍に敵対している……?

先の黒印状の文中にも「麦刈りの番の者共掛かり合い」とあるが、日本で初めて兵農を分離し、近代的軍隊へと脱皮した織田軍団に、麦刈り専門の部隊などは存在しない。

では、なぜ麦刈りの者なのか!

この場合、稲に対する麦、より低い価値という概念の蔑念により、使われている言葉と考えられる。また表の稲に対し裏作の麦、すなわち裏の者という意味にも解釈できる。

忍者を蔑視して〝草〟と呼ぶが、ここに現われる〝麦〟も語られている事実を考え合わせると、おそらくこの〝草〟と同義であろう。すなわち、言葉は違うが意味は同じという類義語と判断できる。

したがって「麦刈りの番の者共」は〝草(忍者)刈り部隊〟ということである。

当時戦国大名は、忍者をもって忍者を防いだ。毒をもって毒を制すである。

対・忍者部隊も、また忍者なのである。

この草刈り部隊が出動し、「出合い追い崩す」とあるように撃退したとあれば、襲撃者が正規の武士ではなく忍者集団であったことが推測できる。

そしてそれが忍者であるならば、組織力、位置的な問題、反信長としての結束力、また、前述した『信長公記』に見られる多芸山の戦いの記録などから、伊賀・甲賀の忍び武者以外には考えられない。

それと〝当城二段に至って〟という表現も、二度にわたりなのか、二方面からということなのか判然としないが、おそらく後者であろう。

いわゆる、陽動作戦である。

また、この夜襲には道具や機材など相当な準備が必要なはずで、一部欠け字となってはいるが「手前に於いて道具已下《いか》」云々という記述もそれを裏づけている。

これらのことを考え合わせると、どうしても寺院の存在が浮かび上がってくるのだ。

当時、人間の移動ということ一つを取ってみても、領国から領国、そして関所などを比較的自由に往来できたのは、僧、山伏、商人、芸人などのごく限られた人々であった。

しかも、その人たちが怪しまれずに門をくぐることができる建物は寺なのである。

物資を運び込み、隠匿《いんとく》し、連絡や集合に堪えられる場所は、この時代、寺以外にはない。それは背景として、伊賀・甲賀の忍者が宗教勢力と濃密な関係を保持していることを、指し示してもいる。

この夜襲が失敗に終わったことは明白であるが、信長が横井伊助織時泰に発したこの文書により、私は一つの指針を得た。

この文書が伝える意味は、きわめて大きい。

正と負の史実を探る旅

「本能寺の変」を分析してきた結果、厄介な存在が浮上してきた。

忍びの者……伊賀・甲賀の忍者たち。

彼らが歴史の表面に現われてくるのは、皆無とまでは言わないが、きわめて稀なことであろう。それに飛んだり、跳ねたり、手裏剣を投げたりのスーパーマン的イメージは、いまや世界に認知されているが、その実態はまったくといってよいほど知られてはいないのだ。

金銭をもって諸国の大名に雇われ、諜報活動や暗殺などを請け負う特殊技能集団。そのような定義づけがなされているが、はたしてそうであろうか？　それだけとも思えない。

もし彼らの価値観が金銭であるならば、信長に敵対することはない。なぜならば、当時最大の資金力を有する人物は、織田信長その人なのであるから。現に甲賀武士の一部である滝川一益《たきがわかずます》や山岡景隆、伴太郎左衛門などが信長に仕えているし重用されてもいる。

利をもって判断するならば、いまや戦国大名№1、破竹の勢いの信長に臣従する道を躊躇《ちゅうちょ》なく選定することであろう。それに、腑《ふ》に落ちないことがある。

これは私の勘だが、暗殺部隊が忍者であったとしても、彼らだけで「本能寺の変」を遂行することはできない。背後に、何者かが潜んでいる。

彼らがなぜ？　という問題と、陰に潜む者。その正体を突き止め、関連性を探り、なおかつ明確な証拠を提出する。はたして、そんなことが可能であろうか……。

物事を解決するに、まず必要とされるものはパッション（情熱）であろう。幸い、それだけはある。机の前にじっと座っていても仕方がない。

旅に出よう。彼らの真の姿を、探し求める旅に……。


岡崎を過ぎた。一九九三年四月二十八日、取材再開である。

東京を出てからすでに五時間半、ゴールデンウイークを明日に控えた高速道路は、首都高速も東名高速もやはり混んでいた。

上郷のサービスエリアで顔を洗い、遅い夕食をすませ、車のシートに身をもたせながら忍者の発生ということについて考えてみた。この問題は日本という国が成立してきた過程と深い関わり合いがある。まず日本は単一民族であるといわれているが、嘘である。それは明治の時代、天皇を中心とする統一国家を早急に創り上げる必要上、単一民族という概念を徹底して宣伝した結果である。

実際は、部族複合国家といった形態で発展してきたものと考えられる。もちろん中国や朝鮮半島から渡来した人々がベースとなっているのだろうが、東南アジア、シベリア、インド、ヨーロッパまで含めて、風俗・習慣・言語もそれぞれに異なるさまざまな民族が、吹き寄せられるように渡来してきた。

しかし、そのさまざまな民族も生活領域（テリトリー）という視点から考えると、およそ三つに大別されるのではないだろうか。

すなわち、農耕民族（江上波夫氏の騎馬民族征服王朝説なども可能性としてありうると思うが、日本にはユーラシア大陸に存在する大草原地帯はなく、結果的には彼らの生活特性も農耕民族への同化という道をたどらざるをえない）、海洋（海浜）民族、そして山岳民族である。

忍びの者のルーツは、その山岳民族の中に見出すことができる。狩猟、採鉱、冶金《やきん》、採薬を主とする山の民が、その発展過程において創生した修験道《しゅげんどう》においてである。

修験道とは、彼らが従来からもつ原始的な山岳信仰と、仏教の密教的要素とが融合して生まれたもので、その始祖は役小角《えんのおづぬ》といわれている。

『続日本紀《しょくにほんぎ》』によれば「役君小角《えんのきみおづぬ》を伊豆の島に流す。はじめ小角、葛木山《かつらぎさん》に住みて呪術を以って称せらる……云々」とある。実在したことは確からしいが、すでに伝説上の人物といってもよい。

舒明帝《じょめいてい》六年（六三四年）、大和の国南葛城《かつらぎ》郡茅原《かやはら》村に生まれ、生家は賀茂の神職であるというが、確かなことはわからない。ただいわれているところは、原始神道と密教の秘事を会得、神仏両極の修法を把握し、自在に顕現することができたとのことである。

また医薬に精通し、大峰山《おおみねさん》を修験の行場として初めて開創したともいわれている。最澄（伝教大師）、空海（弘法大師）が、密教を日本にもたらす百年以上も前のことである。これらの山岳修験の行者たちは、裾野に陣取る圧倒的多数の農耕民族、またそれを統轄する政府（大和朝廷）との接触において、武力衝突も当然あったろうと考えられる。

なぜならば、平地での政争に敗れた部族や反農耕者としての服《まつろ》わぬ民、またボートピープルのようにたどりついた漂泊《ひょうはく》の人々、そして犯罪者たちまでが合流していったからである。

四面を海洋に囲まれた日本では、山岳の奥懐に潜み隠れる以外、彼らの取るべき道はなかった。それらの二次的な要素が加わることにより、さらに山岳の民は圧倒的多数の平地の民、または勢力から異端の徒として〝排斥と差別〟という境遇へと落とし込まれていく。その必然的な闘争の中から、山岳で鍛え抜かれた肉体と修験道の呪術が重なりあった特異な闘技が、兵法として発達していった。

その行者兵法の中に、忍術の源流があったことは確かである。また、彼らに強い影響を与えたものに中国の兵書が考えられる。孫子《そんし》、呉子《ごし》、六韜《りくとう》、三略《さんりゃく》などの、古来より〝兵法七書〟と呼ばれているもので、中でも「孫子」は、論語や老子と比肩してもよいほどの高度な内容をもち、群を抜く。

始計《しけい》、作戦、謀攻《ぼうこう》、軍計、兵勢《へいせい》、虚実、軍争、九変《きゅうへん》、行軍、地形、九地《きゅうち》、火攻《かこう》、用間《ようかん》の十三篇より成り、中国の伝承として伝わる戦争記録を素材とし、その勝敗の原因と結果を詳細に分析し、論理的な考察を加えまとめあげたものである。著者は現在の山東省にあたる斉《せい》の国の人で中国の春秋時代（約二千五百年程前）の末期、呉の国王、闔廬《こうりょ》に仕えた〝孫武《そんぶ》〟と伝えられている（後孫《こうそん》の孫臏《そんぴん》または魏《ぎ》の曹操《そうそう》の著述ではないかとの説もある）。

その最後の篇にある「用間」は、すなわち〃間（間者）を用いる〃で、諜報の術である。この時代、早くも情報収集が重視され説かれている。

「敵を知り、己れを知れば百戦危うからず……」である。この「用間」の思想、すなわち遁甲《とんこう》偵察術が行者兵法に溶け込み、忍術へと発展していった。

平安中期以後、彼らは山伏として紀伊半島の熊野、大峰山、出羽三山、そして九州の英彦山《ひこさん》などを中心道場とし、また近江から伊勢に連なる鈴鹿山脈や信州、甲州までも活動範囲に加えていく。

したがって忍術は各地に発祥している。室町から戦国時代にかけて素破《すっぱ》、乱破《らっぱ》、細作《さいさく》、草の者などと称されて出現するものがそれである。

忍者の発生と成立という件については、あらまし以上のようなことであったろう。

ただ彼らが、歴史に対してどのような関わり合いをもったかという点に関しては、その性質上、解明がきわめて困難である。

しかし中には、歴史的局面においてその活動の記録が散見される集団も存在する。たえず政争の場となる京の都近くに位置する伊賀、甲賀である。

この世の中に位置するすべてのものは、正と負の要素を合わせもつ。歴史もまた例外ではない。

だが現在、歴史といえば表面に現出している正の史実であり、彼らが関わり合った水面下の歴史、すなわち負の史実は、いまだに取り上げられることはない。しかし、その負の歴史の中にこそ、隠された意外な事実が潜んでいる。秘められた負の史実を探し出すために、私はいまその地を目指している。

城郭建築の先駆者・光秀

坂本城こそ近代城郭の第一号

市内には、赤い路面電車が走っていた。岐阜ＩＣで東名高速を降りて北上し、国道二一号を横切って岐阜市郊外に着いた。

信長の天下布武の起点、岐阜城をまず見ておきたかったからである。

岐阜駅を左に見て新岐阜駅をすり抜けるように走り過ぎると、その赤い路面電車とすれ違いざまに山並みが右手に見えてきた。

権現山から金華山《きんかざん》へと続く山並みは、ちょうどよく発達した人間の上腕部を突き出したように見える。肘から二の腕にかけての筋肉が盛り上がり、手首のところで落ち、さらに大きな拳を作っている。その拳の部分が岐阜城のある金華山である。

山の先端は多少の傾斜を見せながら断崖となって長良川に接す。まさに要害の地といえよう。山麓は公園になっていて左側に図書館、右端に歴史博物館がある。

逸《はや》る気持ちを抑えて、歴史博物館へ寄ることにした。

「山城における高石垣《たかいしがき》と算木積《さんぎづ》みについて」（研究記要No.4、一九九〇年）という岐阜市教育委員会社会教育課の天木日出夫氏の小論文があり、注意を引いた。

それによれば近世以前の城は土の城であり、石垣を備えた城は皆無ではないが土留め程度の小規模なものであるという。戦国～織豊期《しょくほうき》に入り、初めて石垣で城郭全体を区画する近世城郭が出現した。その顕著な特徴が高石垣と算木積みであるという。

高石垣とは鉄砲の出現により防衛上石積みを高く長く構築することで、地形の制約を受けることなく縄張りすることが可能で、しかもその上の空間を居住スペースとして利用することができる。我々が、通常目にする熊本城とか、大阪城などの石垣がそれである。

算木積みとは石垣の隅角部《ぐうかく》における積み方の一種で、高石垣による隅角部にかかる過度の重量を支えるために、角石の長短をたがい違いに組み合わせて積み上げていく方法であり、その近世城郭の第一号は安土城といわれている。したがって安土城以前に築城された岐阜城には、その技術は導入されてはおらず、土塁の周囲に巨石を一段に立て並べただけのものであるという。

しかし安土城が築城開始される天正四年（一五七六年）以前の城でも、森三佐衛門可成《さんざえもんよしなり》の築城とされている宇佐山城（滋賀県大津市錦織町《にしごり》）の南東斜面には距離十八メートル、高さ約二メートルの高石垣が築かれていた。この城は元亀元年（一五七〇年）の築城とされているが、可成は朝倉・浅井連合軍に同年九月十六日に攻め入られ、九月十九日に討ち死にしている。したがってその時点においては、土を掻き上げた土塁でしかなかったであろう。おそらくは可成の没後、次の城主となった明智光秀が修復したものと考えられる。

これは光秀の丹波攻略後の、同地における築城の手腕から考えても、まず間違いない。翌元亀二年光秀は坂本に城を築くことになり、この城は廃城となったが、わずか十八メートルで終わった未完成の石垣は、光秀の手による何よりの証拠であろう。安土城に先駆けること六年も前にである。

光秀の坂本城は琵琶湖の水を引き入れた水城形式の城で、吉田神社の神官、吉田兼見の『兼見卿記』に元亀三年（一五七二年）十二月二十二日坂本に立ち寄り「城中天主作事《じょうちゅうてんしゅさくじ》」を見て感嘆したとあり、光秀の茶の湯の師匠、堺の豪商津田宗及《つだそうぎゅう》も『津田宗及茶湯日記』に、天正六年（一五七八年）一月十一日坂本城にて茶会が催され、終了後「御座船《ござぶね》を城の内より乗り候て」安土城へ向かったと記している。

高層の天守を持った水城など、よほどしっかりした石垣を築かなければならない。おそらく高石垣も算木積みもクリアしていたことであろう。

それに石垣といえば思いあたるのは、比叡山・延暦寺の三塔十六谷に散在する、堂塔伽藍の建築によって高く評価された穴太衆《あのうしゅう》の存在である。

穴太積みで名高い近江の穴太衆は、往古渡来した百済《くだら》系の石工技術集団で、江戸幕府創設時には各地の城造りに参画し、知らぬ者なしの存在になっていたが、当時その技術を正確に認識している者は稀であった。

光秀が、この穴太衆を坂本城築城の際に起用したことは、充分に考えられる。

またこの水城という形式で考えられることは、屋根は茅葺きではなく、瓦が使用されていたのではないかということである。

当時、城主の館など一部を除いて、寺院の建造物にしか瓦が用いられることはなく、織豊期に入り、初めて城郭全体の建造物に使用されるようになった。

少し歴史を書き改めなければならない。近世城郭の第一号は、坂本城であると。

これらの点を考え合わせれば、築城術に関して光秀は信長より一歩先んじていたことになる。信長は光秀から築城に関するノウハウを吸収したのではないか。彼の異例ともいえる超スピード出世の鍵は、このへんにも潜んでいるかもしれない。

それにしても、近江における光秀の情報収集能力とそれを活用できるネットワークにはちょっと驚いた。なぜならば石垣も瓦も、城郭建築よりも先行して寺院建築において使用されているもので、城は寺の長所を取り入れることにより発達完成してきた。寺院建築の技術やそれを施工するための技術集団の情報を、光秀は正確に把握していたということである。

そのことに、この天木氏の論文は気づかせてくれたのである。

歴史博物館を出て信長の居館跡へ足を向けた。

直径三十センチ以上もある太い木の格子門をくぐり階段を上ると、三メートルほどの土居が並んでいる。その下に、なるほど巨石が一列に立て並べられている。

このあたりは人工的なテラス状の地形で二、三段に分けられ、最上段は千畳敷、中段以下は千畳敷下と呼ばれている。この千畳敷下の左脇にロープウェイの駅があり、天守閣へ上ってみることにした。

岐阜城、標高三百二十九メートルの金華山山頂に三層、白亜の天守閣をもつこの城は、斎藤竜興《たつおき》の時代には稲葉山城と称され、その城下町も井口《いのくち》と呼ばれていた。

「美濃を制するものは天下を制す」。信長は天下統一の拠点として美濃を制圧し、この城を手に入れると岐阜と改めた。

現在の天守閣は鉄筋コンクリートで復元されたものではあるが、会津若松城や伊賀上野城などと同じ鉄筋コンクリート製の城に比べ、小ぶりなせいか古風なたたずまいを見せて好ましい。

最上階に上ると、面白いことに忍者の使用する道具類が陳列されている。伊賀東軍流、塚本勝氏と記名してあり、撒《ま》き菱《びし》、さまざまな型の手裏剣、火矢、忍び刀（直刀《じきとう》）、苦無《くない》、くろろ鉤《かぎ》、そして山伏の衣装、僧の持つ網代笠《あじろがさ》、正装ともいえる柿色の忍び装束などが並べられている。

また陳列棚の上には永禄十二年（一五六九年）にフロイスが日本人伝道師ロレンソを伴い、信長に布教の許しを得るために岐阜を訪れた際の記録、すなわちイエズス会総長宛に送った書簡が村上直次郎訳で掲示されていた。

「山は甚《はなは》だ高く又急にして城の入り口に一種の胸壁《きょうへき》あり。青年の武士十五人又は二十人昼夜を絶えず之《これ》を衛《まも》れり……」

有名なイエズス会宣教師ルイス・フロイスの日本史のごく一部である。

天守から眺めると山麓を掻き抱くように長良川が蛇行して流れていく。川が天然の堀となってこの城の防備を完成させていた。

岐阜城で、だいぶ時間を費やした。めざす甲賀はまだまだ遠い。にもかかわらず、道すがら現在調査している事柄とはまるで関わりのない関ヶ原へも、つい立ち寄ってしまった。私は三成が好きなのである。

石田三成陣跡と書かれた笹尾山《ささおやま》の頂上に立つと、斜め前方に家康の陣した桃配山《ももくばりやま》が、まさに指呼の間に望見できた。

この布陣一つを見ても、並々ならぬ性根のほどがうかがえて、家康も〝三成の意気や良し〟と肌の粟立つ思いがしたであろう。

戦いの最中に、松尾山の小早川秀秋が関東方に内応し、大谷吉継《よしつぐ》の陣に怒濤《どとう》のごとく押し寄せたとき、三成は〝すでに松尾山裏切りの上は、もはや動いて何の詮《せん》やある〟と呟《つぶや》いたそうである。この関ヶ原の戦いに関しても、新しい資料や現地調査などにより、少しずつその全貌が解明されつつあり、また新たな事実の展開が期待されるようである。

というわけで、二時過ぎにもなるというのに、まだ右に伊吹、左に鈴鹿の山並みを見つつ走っている。この国道二一号線は近江町あたりで分岐していて、中山道（国道八号）となる。右に北上すれば長浜市、鉄砲で有名な国友町、浅井長政の居城であった小谷《おたに》城址などに通じ、左に南下すれば米原、彦根、安土へと向かう。

私は、この中山道を南下することに決めていた。甲賀には彦根から鈴鹿山脈沿いの三〇七号線に入ったほうが近いとは思うのだが、安土城を見過ごすことはできない。

意外に早く彦根を抜けた。

パーキングに車を停め、ゆるい傾斜を登りつめた。

いま安土山頂から、細流がそこかしこに走る水郷特有の田園風景を、眼下に眺め下ろしている。

この山頂に、五層七重の天守閣が聳《そび》え立ち、城下は殷賑《いんしん》をきわめたというが、その面影は現在はない。

ただ偲ぶよすがとして、石垣だけが残っている。

滴る緑の田畑、それに遠霞《とおがすみ》に続く琵琶湖の湖面。信長が初めてこの地に立ったときも、おそらく今日とあまり変わらぬ景色が広がっていたであろう。

安土城について、語るべきことは多い。だが、さまざまな事柄に関連して展開することになりそうで、ここでは一つの推論を述べるに留めたいと思う。

琵琶湖の入江にも似た西の湖《にしのこ》のほとりに聳える安土山に、天正四年（一五七六年）より三年の歳月をかけ完成させた梯郭式《ていかくしき》平山城が安土城である。

当時の地形は現在と異なり、安土山は琵琶湖に突出した半島で、城の東・西・北は湖水に囲まれた典型的な後《うしろ》堅固の城であったという。

しかしこの城、規模や豪華さなどは別として地形的に見た場合、防御力においては天険を利用した岐阜城のほうが遥かに優れている。

梯郭式の平山城などというより、段々畑を想い起こしてもらったほうが早い。すなわち階段状に山の斜面を切り取り、その上に郭《くるわ》を建て、頂上（天守閣）にまで連ねる方式の城が、断崖絶壁の急峻な地形に構築される山城に較べて、防御力が劣るのは当然である。

確かにこの時点では近江を制圧し、反信長勢力は隣の伊賀以外には存在しない。とはいえ、いまだ戦乱の真っ只中にある信長が、このような城を安土に築いたことは満々たる自信の表われとして興味深い。

地図を広げて見ると、安土城を中心として光秀の坂本城、秀吉の長浜城がほぼ等距離に位置している。ちょうど戦闘機の両翼に備えつけられた機銃のように、南北から安土城を固めている。この二城の存在が、安土城の安全にきわめて重要な役割を担う。そして彦根には、小城ながら丹羽長秀の佐和山城が中山道に目を光らせ、さらに内陸部の岐阜には、嫡子、中将・信忠が控えている。この城々の配置を見れば、攻めるどころか敵は近づくことさえ不可能であろう。そのせいか、復原模型などを見ても、比較的、開放感のある城であったことが容易に想像できる。

信長が信頼したのは一に光秀、二に秀吉

この安土城の防衛シフトに、不思議な点を一つ発見した。それは、林、柴田などの古参の重臣がこのシフトから外れていることである。

それが意味するのは、信長の家臣に対する評価や信頼感にきわめて顕著な偏向が見られるということである。

自らが居住する城の周辺に光秀、秀吉、長秀を配置し、重臣である柴田らの城を置かないと

いうことで、両者に対する信頼度に一段の差があるのは明らかであろう。

では、その相違はいったい何であるのか？

それは武闘派と官僚派の違いである。

前者はわりに単純な面があり、戦場では勇猛果敢な働きも見せるが、同時に些細なことで不平不満をもちやすく、人に利用されやすい欠点をもつ。後者の官僚的性質は、上位者の命令に対し従順で、しかも忠実な実行者であるというのが特徴である。

つまり中世的土豪体質の重臣たちに対し、光秀たちは組織体制によって動く近世的な官僚資質を有していたのである。

信長は、官僚的資質をもち、しかも才能豊かな人物を重用した。

英傑は、自分一人で充分なのである。

偏りは、これにとどまらない。信長は天正三年（一五七五年）、自ら朝廷に奏上し、光秀は惟任日向守《これとうひゅうがのかみ》に、長秀には惟住《これずみ》の姓、そして秀吉には筑前守《ちくぜんのかみ》とそれぞれ授けたのに対し、佐久間、林、柴田、滝川などにはなんの名誉も与えてはいない。柴田勝家、滝川一益の両名には長年の労苦に報いはしたが、佐久間信盛（近江永原城城主）、林通勝などは後年追放の憂き目にあっている。

のちに、光秀は丹波に、秀吉は播磨と但馬《たじま》に所領と城を持ったが、その時点においても信長は、坂本と長浜を両名から取り上げることはなかった。

この一事を見ても、信長の光秀、秀吉に対する信任の厚さをうかがい知ることができる。

歴史に限らず物事の探求において、何がポイントかと問われれば、迷わず〝インスピレーション〟と私は答えるであろう。

一種のひらめきが、重要なのである。

例として適切であるかどうかわからないが、この山頂から眺める景観にしても、その営みは明らかなのである。

山の樹木が天の慈雨を留め蓄え、地に滲《し》み入り、岩の亀裂より湧き出して泉を作り、やがて川となって流れ、下流ではその水を引き田畑を育む。それぞれが役割をもち、それが見事に関連し合う様を我々に教えてくれる。

この明らかな営みに年月という霧が覆い、それに加え、時には人為的な悪性のスモッグさえ立ち込めて、さらに視界を妨げているものが、たとえていえば歴史というものであろう。

史跡や文献などの歴史的事物（というより痕跡というほうが適切かもしれない）を、矯《た》めつ眇《すが》めつし、耳を近づけて鼓動を聴き、手触りを確かめ、時には高みから眺め下ろす。その一連の作業の中で、必ず訪れるものが〝ひらめき〟である。

〝防御に主眼をおいた城ではない〟というのが、安土城での〝それ〟であった。

場所、地形、様式（形態）から、むしろ水路、陸路を利用できる交通の利便性や都市としての機能性、そして居住性や信長の天道思想を表現した宗教的な内装・外観などに重点がおかれている。

日本で初めての平山城は、信長の先見性だけで建てられたものではない。必ずそれに代わる防御施設がなければならない。

そこで地図を広げ、防衛シフトを確認し、対する家臣の配置、重臣の排斥などが現出してくれば、おのずと信長の頭の中をノックしてみたくなる。

信長の理想とする家臣像、それを完璧に満たす二人の人物（光秀と秀吉）、目指す権力構造（絶対君主制）などが、それによりクローズアップされてきた。

佐久間や林の追放は、「古い落ち度」や「働きが悪い」などはあくまでも口実で、家臣団の再編成という明確な方向性、また目指す意志のもとに、信長の明らかな営みとして行なわれているのである。

また主だった家臣たちは、それを理解していたことも推察できる。なぜならば、洋の東西・古今を問わず、トップの意向を下の者はきわめて敏感に察知するからである。

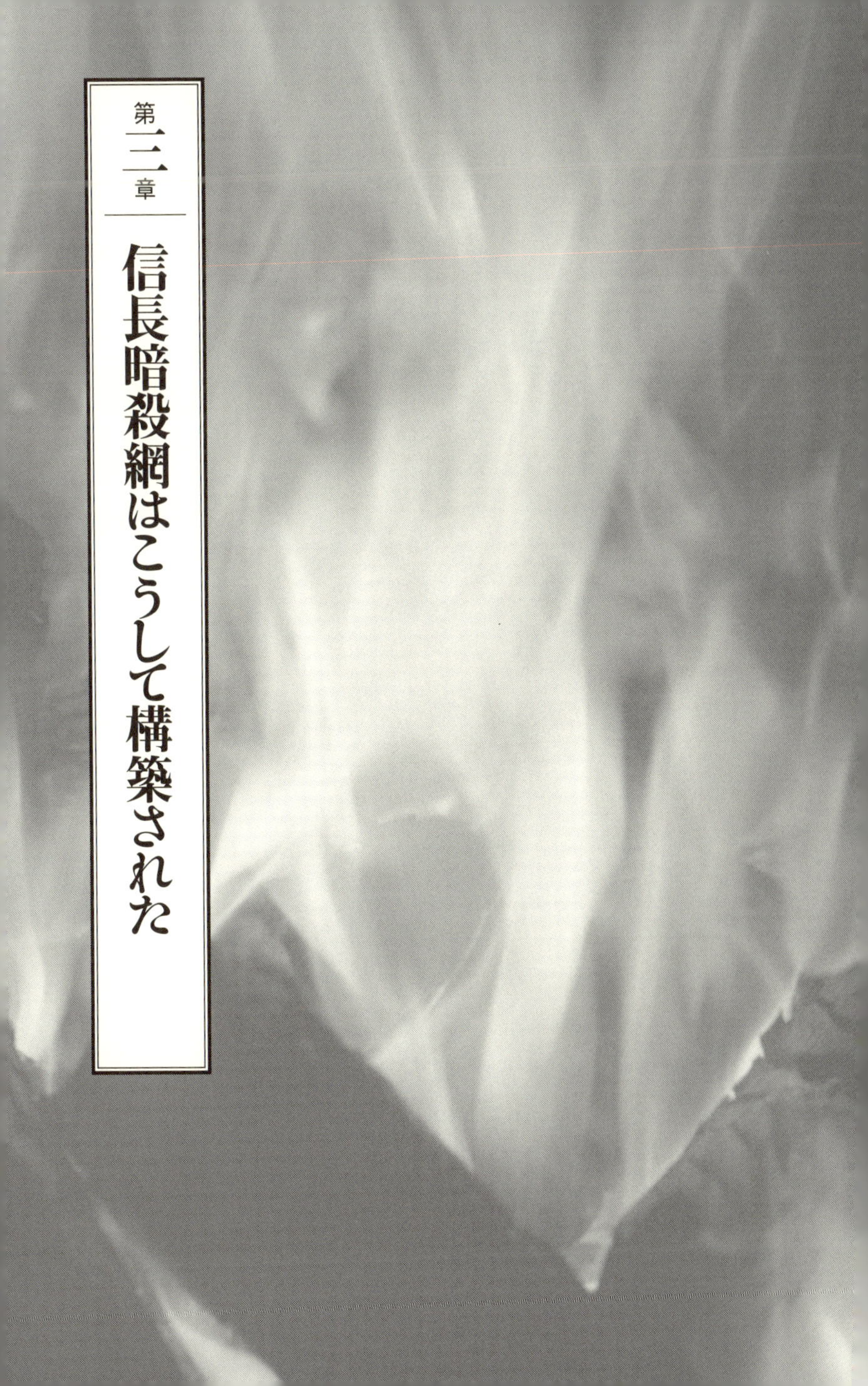

第二章

信長暗殺網はこうして構築された

暗躍する忍びの者

信長、危うく難を逃れる

「よろしかったですなぁ」

「はぁ、たすかりました」

朝食の膳を片づけながら、この屋の女将が言った。

京言葉とまではいかぬが、やはり関西らしくイントネーションがやわらかい。

結局、着いたときは夜になってしまい、宮野温泉へ泊まった。地図上でいえば甲賀郡甲南《こうなん》町杉谷《すぎたに》（現・甲賀市）である。

温泉といっても旅館は一軒しかなく、ゴールデンウイークに予約もなしに飛び込んだが、キャンセルが一つあり、なんとかもぐり込めた。

おかげで温かい食事にありつき、温泉につかり、手足を伸ばしてゆっくり休めた。女将がいうように運がよかった。

本題に戻ろう。

この杉谷は、望月氏の本拠地・龍法師の目と鼻の先にある。

そしてこの地から、千草峠において信長を鉄砲で狙撃し、記録に名を残す〝暗殺者〟が出現した。杉谷善住坊《ぜんじゅぼう》という。

出身地から、望月氏配下の忍びの者であることは間違いない。それに善住坊という名が示すように、表の顔は山伏と思われる。

きわめて異例なことに、この暗殺未遂事件は依頼主まで判明している。永禄十一年（一五六八年）に足利義昭の上洛を阻み、信長軍に居城を追われたが、それまでは観音寺城にあって近江半国を領した佐々木（六角）承禎《じょうてい》といわれている。

京よりの信長の帰路を狙った単純な狙撃事件と見られているが、『信長公記《しんちょうこうき》』をひもとくとなかなかに根が深い。

元亀《げんき》元年（一五七〇年）五月十九日の条に、「浅井備前鯰江《なまずえ》の城へ人数を入れ、市原の郷一揆を催し、通路止む行《てだて》仕《つかまつり》候《そうろう》」とある。

このとき、信長の身辺に手勢は少ない。近江各地の土豪・地侍の一揆に悩まされ、各城々に押さえの軍勢を配したためである。

当時、千草越えには三路があったが、岐阜へ帰る最短ルートは私が通って来た国道四二一号（八風《はっぷう》街道）で、八日市市～永源寺町～黄和田、そして八風峠を越え三重県員弁《いなべ》郡に出るコースである。

文中の鯰江は八日市市のすぐ隣にあり、市原は現在の東近江市市原野《いちはらの》町である。いずれも八風街道の要所を押さえ、信長の通行を阻止している。

このため信長は、最短ルートの八風街道を避け、日野城主蒲生賢秀《がもうかたひで》らの警護のもと、日野から甲津畑《こうづはた》～根の平峠を経て三重郡菰野《この》町付近に出る中道筋を通らざるをえなかった。

その途次、千草山にて後門の狼ならぬ鉄砲を携えた善住坊が待ちかまえていたのである。浅井（備前）長政、佐々木承禎をはじめ各地の土豪・地侍、そして忍びの者が加わっての緊密なフォーメーション・プレー（陣型配置）を、そこに見ることができる。

まさに用意周到に、事は運ばれているのである。

しかしその周到さも信長の強運の前には抗しえず、弾はわずかにその身を掠めただけで、五月二十一日無事岐阜に帰陣した。

ここまで書いてきて、ふと疑念が湧いた。本当に、撃ち損じたのであろうか？

射程距離五十メートル以内では、火縄銃は意外なほどの命中精度を発揮する。

しかも鉄砲の名手といわれた者が、十二、三間（約二十一～二十四メートル）の距離から、二ツ玉を込めて狙撃したというのに……。

確かに、天下の信長を狙う指先が緊張のために震えたことも充分にありうるが、それよりも影武者の存在は考えられないだろうか。

伊勢の興亡を記録した『勢州兵乱記』の永禄十二年（一五六九年）八月の条に「阿坂城（松阪市）を攻め給ふ先陣、羽柴築前守秀吉なり（中略）大宮大丞《たいじょう》、弓の上手なり秀吉の左の眼を射られ給ふ」とあり、同様に『信長公記』には「二十六日あざかの城木下藤吉郎先懸《さきがけ》いたし攻められ候て、堀きわへ詰よせ、薄手をかふむり罷《まかり》退《の》かれ」とある。

左目を射ぬかれたのと薄手（浅手）とはだいぶ違うが、記録されるぐらいであるから、衆人環視の中で負傷したことは事実と思われるが、それにもかかわらず、秀吉は翌々日の大河内城攻めに参加している。当時、秀吉は信長の一武将にすぎないが、危険度の高い城攻めの先陣の将として影武者の存在が匂う。

まして信長である。この帰路が危険なものであることは、充分に承知していたであろうし、その対策として、影武者を用意することぐらいは当然考えるはずである。無論、そういう記録はない。だが可能性としては大いにある。ただ、その類のことは記録としては残らぬことも、また自明の理であろう。

ともあれ、信長は虎口を脱し、暗殺者善住坊は三年後の天正元年（一五七三年）九月に高島城にて捕らえられ、土中に首だけを残して埋められ鋸引《のこぎりびき》の刑に処された。

善住坊の狙撃事件が元亀元年、先に述べた岐阜城の夜襲が天正二年（一五七四年）、約四年の間があるが、この二つの事件の性質はまったくといってよいほど似通っている。共に信長暗殺を目的として、甲賀・伊賀の忍びの者が暗躍している事実だ。

足利義昭が策動し、元亀三年（一五七二年）に武田信玄、浅倉義景、浅井長政、三好養継、松永弾正、本願寺の顕如光佐などで構成した大規模な信長包囲網と同時に、これは〝信長暗殺網〟が密やかに張りめぐらされていたことを物語る。

繰り返すことになるが、〝信長暗殺網〟が甲賀・伊賀の忍び武者たちだけで組織されているとは、私には思えない。必ずやその裏に潜む〝陰の主役〟が存在するはずである。

だが現在のところ、残念ながら、いまだその顔を垣間見ることさえできないでいるのだが……。

幻の〝共和国〟

「そうですか、それでI編集長が私を……」

訪問の趣旨を聞き終えて、柚木《ゆのき》氏が初めて口を開いた。

東京・丸の内にユニークな社名で知られる歴史関係の出版社、S社がある。

歴史月刊誌も出していて、そのI編集長に伊賀・甲賀に詳しいという柚木氏を紹介してもらった。

柚木俊一朗氏。滋賀県文化財保護指導委員であり、また郷土史家としても著名で、甲賀忍術村を運営する甲賀観光開発㈱の代表取締役でもある。

長い髪を後ろで結び、茶系の細身のスーツを着こなした柚木氏は、陶芸家かデザイナーのような印象を受けた。

「私に、わかることでしたら……」

冷め切ったコーヒーを口に運びながら、〝どうぞ〟というように柚木氏は微笑んだ。

途中、私が間違えて「甲賀忍術村」のほうへ直接行ったために、甲賀駅まで出迎えてくれた柚木氏とすれ違いになり、駅近くの喫茶店でやっと会うことができた。

だいぶ、お待たせしてしまったらしい。

「天正伊賀の乱に関して調べ始めたのですが、その過程で〝なぜ〟という疑問がたくさん出てきたのです。まず伊賀・甲賀の忍者が信長に対してなぜあれほど執拗に抵抗したのか？『信長公記』や『武功夜話』を読むと、抵抗というよりもむしろ積極的に攻撃を仕掛けていますす。彼らを駆り立てたものはいったい何なのか、その思想的背景や利害などがどうしても掴めないのです」

最大の疑問点を、一気に話した。

「〝惣《そう》〟をご存じですか？」

「ええ、地縁、血縁による同盟、一種の連合体ですよね」

「そうです。同名中惣《どうめいちゅうそう》というのは血縁による一族集団で構成されたものですが、この同名中惣がほかの同名中惣と連結して地域連合惣となり、その集合体が甲賀郡中惣として成立します。それが当時の甲賀です。もっと端的にいえば甲賀は惣の国なのです。それに〝甲賀（こうが）〟と呼ばれていますが、正しくは〝甲賀《こうか》〟です。にごりません」

「そのー、いま一つハッキリとしないのですが……」

「ハハハッ、これだけでは、おわかりにならないと思います。つまり同名中惣＝地域連合惣＝甲賀郡中惣と規模が拡大していきますが、最小規模の同名中惣も最大規模の郡中惣もその運営システムはまったく同一です。

私が、昭和四十五年（一九七〇年）に『万川集海《ばんせんしゅうかい》』の復刻資料の収集をしていて勝井家から発見し、岡山大学の石田善人教授に鑑定と解読をお願いした『定同名中与掟条々《さだめどうめいちゅうくみおきてじょうじょう》』は三十二条の定文で、それには驚くべき運営システムが記載されていたのです」

柚木氏はあらかじめ用意してあったのか、その部分のコピーを渡してくれた。

同名中、諸事談合《しょじだんごう》のとき、我人多分《われらひとたぶん》に付きて、
同心《どうしん》中べく候、少分《しょうぶん》にして、破議《はぎ》申す可《べから》ずこれあり候、
万一、相紛《あいまぎれ》し事これある者、其時《そのとき》打入籤《くじ》にて相果すべき事

「同名中惣の諸事の談合のときには、同じ考えの者が多数であれば少数の者が破議を申してはいけない。万が一、同数で決着がつかないときは〝打ち入れくじ〟で取り決めることという意味です」

多数決の原理を用いた民主主義が、日本に入ったのは明治時代とされている。しかしこれを見ると四百数十年前に、甲賀では民主主義国家がすでに実現しているのだ。

もちろん、完全なものではないかもしれない。しかし、基本的な理念は変わらない。

驚いたことに、フランス革命が成立する二世紀も前にである。

「びっくりしたでしょう」

「ええ、じつに驚くべき事実ですね」

「ですから、同名中惣においては、本家と分家の区別もなく、ほとんど同等に扱われています。運営にあたっては惣寄合《そうよりあい》（全体会議）を最高機関とし、そこで選出された者が奉行として決定事項を執行します。このシステムは、前にもお話ししたように、甲賀郡全域を連合した甲賀郡中惣にも適用されていて、まったく同じです」

「現代風にいうならば、全体会議で議員を選出し、選出された議員たちが執行機関を構成するということですね」

「そのとおりです。多数決原理を基盤とした同名中惣→地域連合惣→甲賀郡中惣という〝甲賀共和制〟ともいえる共和制社会を生み出していたわけです」

「共和国ですね」

「はい。甲賀は〝武将三千人にして、一国の動きあり、されど一国にあらず〟といわれるゆえんがそこにあります」

「なるほど、国主を認めぬ武士の国ですか」

「近江の守護である六角氏（佐々木氏）の制定した〝六角式目〟に、守護が非道なことをなし、家臣を保護しない場合は、家臣は忠誠を尽くす必要はない、という意味の条文がありま す。これは従来、中世合理主義の現出である、などといわれてその方面（学界）で重視されてきましたが、じつは六角氏の軍事力の大半を占める甲賀武士がその条文を加えさせたもので、明らかに甲賀共和制という基盤から発生したものです」

「では、伊賀は、どのような形態だったんでしょう」

「細かい運営システムまではわかりませんが、おそらく同じような構造になっていたと思います。というよりも、もっと意識のうえでは強烈だったかもしれません。ご承知のように伊賀は東大寺の荘園として発達してきましたので、もともと、国主不在の自治の国です。『伊乱記』はお読みになりましたか」

「ええ、一応は目を通しました」

「『伊乱記』自体はうらみ・つらみの物語で大したことは書いてないのですが、あの中で伊賀を代表する十二人の評定衆という人たちが出てきますね。彼らもやはり入れ札により選出されています。したがって伊賀惣国一揆衆《いがそうくにいっきしゅう》という存在が確認されていて、この伊賀惣国一揆衆と甲賀郡中惣一揆衆《こうがぐんちゅうそういっきしゅう》は同盟を結んでいます。そして甲賀・伊賀の国境で幾度か野寄合《のよりあい》を、まあ野外会議ですが、開催している記録があります」

「お話の意味が、ようやくわかってきました」

「でしょう。京都町衆や堺衆、そして一向一揆衆の自治と類似はしていますが、甲賀・伊賀の共和制は支配者層の武士が母体で、町衆や宗教を母体にした自治とは、本質的に違う政治形態ですから」

「つまり、絶対専制君主を目指す信長という人間とは、どうしても対立せざるをえない宿命にあったということですね」

「と、思います」

伊賀・甲賀の忍者といえば、各地の戦国大名に金で雇われ、己れの技術だけを頼りに陰惨で非情、信義を重んじる武士道精神のかけらもない、非人間的な社会の代名詞のように思われてきた。しかし、虚偽で象《かたど》られた面《おもて》の下に、温かい人間性が脈々と流れる、まったく知られることのなかった彼らの素の顔を、いまここに見ることができた。

太平洋戦争の終了後、日本もアメリカの占領により、民主主義国家の一員となったが、主体的に民主主義を導入することなど、日本の歴史の中で何人もなしえず、また思いもしなかったであろう。

四百数十年前に、共和制をすでに実現した彼らに私は驚く。なぜならば、多数決の原理による合議、いわゆる民主主義は〝皆、同じである〟という基本的認識、すなわち平等の概念が先行して存在しないかぎり発想されるはずのないシステムを、彼らがもちえたからである。いや、むしろ山岳民族としてのルーツをもつ、彼らゆえにこそもてたのかもしれない。

風俗、習慣の相違や少数者であるというだけで、常にいわれのない差別を受け続けてきた、その差別に対する憎悪の念が、かえって平等意識を育てたのだとも考えられる。

それは先程の柚木氏の、同名中惣においては本家と分家の区別がなく、ほとんど同等であったという話にも証明されている。

当時としては、本家と分家は主従関係以外の何ものでもなく、分家が同等の存在として認められることはない。

もちろん、これは伊賀・甲賀のきわめて限定された地域でのことであり、その成立における特殊事情は考慮されなければならないとは思うが、〝惣〟という形で共和国的なレベルにまで発展させていた事実は驚嘆に値する。

柚木氏のような人々の地道な努力により、新しい事実が一つずつ浮かび上がり、実体として把握することができる。感謝しなければならない。

「この甲賀共和制が崩壊するのは、やはり……」

「ええ、信長によってです。元亀元年、天正二年と二度にわたる甲賀征伐で壊滅しました。そして信長の軍門に下った甲賀武士は〝天正伊賀の乱〟では、かつての同盟軍であった伊賀惣国一揆衆を攻撃せざるをえない羽目に陥っています」

「ただ、信長と甲賀武士は、わりに密接な繋がりをもっていますよね」

「信長配下の武将となった者に和田惟政、滝川一益《たきがわかずます》、岩室長門守、そして本能寺で討ち死にした伴太郎左衛門などがおります」

「ということは、親・信長派と反・信長陣営があったということですか？」

「それは、どこの世界でも同じで、新しい力を受け入れる者と最後まで抵抗する者とが、必ず存在します。滝川一益は甲賀五十三家の一つ大原氏の出身ですが、元亀元年の甲賀攻めに総大将となったために甲賀武士の系図から彼の名は永遠に抹消されることとなりますが、〝滝川左近将甲賀反逆のとき〟という書き方で残るようになります。また山岡美作守《みまさかのかみ》などは、信長の上洛を六角氏が阻止したときや足利義昭が信長に反旗を翻した際にも、反信長軍として行動しましたが、いずれのときも降伏し許されてのち、近衛軍として組み込まれています。

当初から信長陣営に属した者、抵抗し屈服したのちに臣従した者など、個々の動きを見ればさまざまです」

おぼろげながら、忍びの国の輪郭が摑めてきた。

約百年間、戦国乱世の時代にのみ成立し存在した〝幻の共和国〟が崩壊する姿は、おそらく世に知られぬ血塗られた抵抗の歴史でもあったろう。

なぜ伊賀者は参集可能だったのか

質問を変えてみることにした。

「第二次の天正伊賀の乱（天正九年九月＝一五八一年）で伊賀は信長軍により殲滅《せんめつ》されましたよね。不思議に思うのはその翌年、天正十年六月二日に『本能寺の変』が起きたとき、堺へ遊山に来ていた家康は、伊賀越えをして領国の三河に帰り着きますが、そのとき、服部半蔵正成の手引きにより二百人の伊賀者が家康を護衛し、無事に送り届けたということです。滅亡したはずの伊賀になぜ二百名もの伊賀者を召集することができたのか？　報道機関も通信手段もない時代にです」

「『三河物語』ですね」

「ええ、大久保彦左衛門の著した『三河物語』や、まだ実際には読んではいないのですが『伊賀者大由緒記』などに書かれてあるそうですね。それと同時に、〝変〟の翌日六月三日にはすぐ伊賀で一揆が起きていますが、これも不思議な気がするのです」

「はじめの問題に関しては簡単なことです。伊賀の乱に際し、一戦も交えず信長軍に降伏した者たち、伊賀の立場から見ればいわゆる裏切者、『伊乱記』では裏返衆《うらがえりしゅう》という言葉で表わされている者たちが家康を守ったのです。彼らは伊賀の乱においても無傷ですから、二百人くらいの人数はただちに揃えることができたでしょう」

「なるほど」

「ただですね。伊賀忍者といえばすぐ服部半蔵が出てきますが、ちょっと毒されていますね。伊賀越えにおける論功行賞が記録されている『東照宮御実紀』付録巻四には半蔵の名はありません。これは徳川家の公式記録ですから〝家康の伊賀越え〟に半蔵が参加していたとは思えないのです。それともう一つ、私自身は家康は伊賀を越えたのではなく〝甲賀越え〟だと考えているのです」

「⁉」

「それについては、資料を収集中なのでいまはまだお話しできませんが、いずれは発表できる機会がくると考えています」

「そのへんは、研究不足で私にはまったく判別ができないのですが……」

「フフフッ。まあ、そうでしょうね」

どうやら、私はテストに合格したらしい。

柚木氏の口調に、打ち解けたものを感じた。

〝席を変えましょう〟という柚木氏の言葉で、私たちは錦茶屋という割烹料亭の小座敷に座を占めることにした。酒肴が運ばれて、柚木氏は話の穂をつなぐように切り出した。

「先ほどのお話、〝変〟の直後に起きた伊賀の一揆ですが、これはちょっと難しいですね。いや、どういうふうにお話ししたらよいのか、見当がつかないという意味でです」

「善住坊の千草峠での襲撃や、岐阜城における夜襲で……」

「ほーお、岐阜城が夜襲されたことがあるのですか？」

「ええ、それに対する信長の感状が残っています。この二つの事件には、伊賀・甲賀の忍者たちが深く関与していたことは明らかです。まだ、ほかにも怪しいなと思う事件など数多くありますが、とにかく私は、彼らを実行部隊とする信長暗殺網が存在したと思っています」

「ふむ……」

「その観点から、『本能寺の変』を起こした明智光秀についても調べてみました。『鈴木叢書』の明智系図によると、光秀には内治麻呂という天正十年（一五八二年）の正月に生まれた男の子がいますが、その母は伊賀の柘植《つげ》城主、喜多村出羽守保光の娘となっています。もっとも、光秀研究の第一人者として名高い高柳光寿《たかやなぎみつとし》氏によれば、明智系図はどの系図もまったく信用できないと言われてはいますが、もしかしたら光秀は、伊賀となんらかの関係があるのではないかと疑っているのです」

　柚木氏は杯を口に運びながら、ただ黙って私の話を聞いていた。

「光秀が伊賀・甲賀に繋がりがあるとすれば、〝変〟の原因も、直後に起きた伊賀の一揆も辻褄が合うと見ているのですが……」

フロイスが記した「彗星」の正体

「光秀は、やっていません」

　軽々とした調子で、答えが返ってきた。

「私は、そう考えています」

「………」

　いままでの饒舌《じょうぜつ》が消え去り、一瞬、沈黙が広がった。

「それに、そんな単純なものではないと思いますよ。『本能寺の変』をとりまくあの禍々《まがまが》しさには、ただならぬものが感じられます」

　柚木氏の瞳《め》に、強い光が宿っている。

　背筋にゾクッと悪寒が走った。

　私と同じ見解をもつ人が、ここにもいる。期待感が私の身を乗り出させた。

「まず、不吉な前兆として彗星《すいせい》が出現したことはご存じですか？」

「フロイスの日本史、多聞院英俊《たもんいんえいしゅん》の日記などにありますね」

「〝変〟が起きるひと月半ほど前、天正十年四月二十一日に信長が武田を討滅して安土に帰城したその日、フロイスの日本史には、夜空に九時ごろから一つの彗星が現われ、長い尾を引きつつ消えて、しかもそれは数日にわたって運行したとあります。また、彗星とも花火とも思える物体が安土に落下したとも記載されています。『本能寺の変』の不可解さを象徴するような事件ですよね」

柚木氏が、何を指し示しているのかが、すぐに理解できた。

それは私自身、この事件に一つの可能性を推論としてもっていたからである。

「柚木さんはもしかしたら、この彗星事件はなんらかの人為的な工作によって生じたものではないか！　そうお考えなのでは、ないですか？」

「と、言いますと……」

「忍者の使用する道具の中に、流星という火薬を利用したロケットのようなものがありますね」

「この地方では、流星は、いまでも花火として使われていますよ」

「それです。現われたという彗星は忍者が使う、その流星ではないかと思うのです。〝花火とも思える〟というフロイスの記述を見たとき、ピーンときたのですけど」

「〝花火とも思える〟というより、花火そのものだというわけですね」

「ええ、まあ。それと〝数日にわたって〟というのも人為的な匂いがするのです」

「面白いですね」

「もちろん、現われた彗星を実際に見たわけではないので、あくまでも推論なのですが、火薬の質や量、調合方法などによって、飛距離や光の具合などもそれらしく見せることが可能なのではないかと思うのです。それに、流星はもともと矢に装着して使用するものですから、方向や角度は問題ありません。たとえば山の頂から大型の円筒や弓を固定して、大型の流星をどんどん飛ばし、空中で引火させれば……などと想像をたくましくしているのですが」

「その目的とするところは……」

「通信です。一種の通信手段ではないかと考えています。奈良の多聞院英俊がその日記に記しているくらいですから、当時、ニュースとして人から人へと伝わっていったことと思います。テレビも電話も郵便もない時代ですから、散り散りになっている仲間の忍者たちに何かを伝えるには、噂として人の口にのぼる、それがいちばん早い伝達方法だった。ということかなぁーと」

「………」

「とくに『本能寺の変』のひと月半ほど前に起こった天変地異というのが、どうしても引っかかるのです。まあ偶然の一致かもしれませんが」

柚木氏は、この件に関してはもう何も答えなかった。

そして……。

「質問に対する私の答えが、一つ保留になっていますね」

「……?」

「〝変〟の直後に起きた、伊賀の一揆についてです」

「ああ、そうでしたね」

「なぜ、それを疑問に思うのですか？」

「いや、一揆とはいえ戦闘集団ですから、それを組織するには準備が必要なのではないかと思っただけです。武器、弾薬、兵糧、それらを集積しておくための場所、そして構成人員。情報を入手し、たった一日でこれらのことをクリアして一揆を起こすというのは、まず不可能ではないかな、と。この伊賀一揆は、光秀が山崎の戦いに敗れ、敗死したあともまだ続いていた大規模なものですし、しかもわずか九カ月前に殲滅された伊賀で起きていること自体に、不思議を感じるわけです」

「伊賀の忍者たちは、『本能寺の変』を事前に知っていた」

「そう考えたほうが、自然なのではと思っています」

「では、あなたも、光秀がやったとは思っていない」

「先ほどもお話ししたように、伊賀となんらかの繋がりがあったのではないかと疑っているだけです」

「視点が、よくわかりました。つまり『本能寺の変』において、情報が漏洩していたのではないか、ということですね」

「………」

「そういう意味でいえば、〝中国大返し〟にしても、家康の〝甲賀越え〟いや、まあ〝伊賀越え〟にしても、あまりにも手回しがよすぎます」

この伊賀越えの途次、穴山梅雪はご丁寧にも別行動をとり、一揆衆に殺害された。これなどは、家康の事後の行動と照らし合わせると符丁が合いすぎる。〝変〟後のそれぞれの行動には、不可解な動きが多い。柚木氏によれば、中でも瀬田の橋を焼き、安土城へと向かう光秀の通行を阻止した瀬田城主・山岡美作守の動きなどは、その最たるものだと言う。

自分の城も領地も捨て、一族郎党のすべてを引き連れて家康のもとに走り、伊勢まで送り届けるその動きは迅速をきわめていた。

これなどは〝光秀は天下を取れない〟との読み、というより確信がなければ取れない行動である。混乱した状況下で決断を導き出すためには、確実な情報が必要で、一歩踏み外せばそれこそ身の破滅となる。

「彼の動きには、ある種の情報を摑んでいた節がうかがわれますね。瀬田は京の都にも近いですしね」

「あのぅ、看板なんですけどぉー」

気がつくと、店の女の人が遠慮深げに立っていた。

詫びを入れながら、そそくさと勘定を払い、店を出た。

そして三軒目。スナックでは、カラオケが唸る中でも話し続けた。

忍者の基本は入虚術《にゅうきょじゅつ》であるとか、安土宗論《あづちしゅうろん》は信長の宗教政策として利用されたとか、村山知義氏の『忍びの者』は本能寺における忍者の関与をほのめかしているとか、やはり酒も回っている。

二人とも話し疲れたか、場所が場所であったからか、会話はとりとめのないものとなってきた。柚木氏が予約してくれていた近江屋という旅館に入り、ぬるい湯につかり、床に就いたときはすでに四時を過ぎていた。

眠れない、やはり興奮しているのかもしれない。

眠れぬままに、天井に広がる波紋状の板目を見ていた。波紋は広がる一方で、決して中心へとは向かってはいない。

ふと、不安に思えてくる。この板目のように波紋の襞《ひだ》をぐるぐると回り続けるだけで、その中心を探り当てることなどしょせん無理なことではないのか……。

いや、それ以前に何が中心なのかさえ、見失い始めているような気がする。

共和国、安土の怪、伊賀の一揆、そして情報の漏洩……。

今日語られた事柄が、シグナルのように頭の中で点滅していた。そして同時に、一つの言葉も浮かんでいる。

シェークスピアの代表作『ハムレット』の中でそれは語られる。

「ホレーショよ、君の哲学など思いも及ばぬことが、この世には多々あるのだ……」

夜は白々と、明け始めてきた。

しかし舞台の闇は、その濃度を一層深くしていくように思われた。

神の変化《へんげ》か悪魔の化身か

各時代ごとに区分けされ、記録の解説を絶えず反復し塗布することにより、日本の歴史は舗装された道路のようになってしまっている。本来、道であるべきはずのものに砂利を敷き、アスファルトを流し、コンクリートで固めてローラーをかけたようなものである。

定説が、層となって定説化している。

かつて道には、赤土に黒土そして粘土や砂礫《されき》までも入り混じっていたが、いまでは赤土があるなどといえば、飛び上がるばかりに驚くであろう。

確かに、タイルやレンガで模様までちりばめられ、舗装を通り越して表装された道路から、道の温もりを感じること自体、至難の業である。

打ち壊し、引きはがし、取り除いて、圧し潰され沈潜した人々の足跡を探し出さなければ、Ｗｈｅｎ《いつ》、Ｗｈｏ《誰が》、Ｗｈｅｒｅ《どこで》、Ｗｈａｔ《何を》という教科書的な記録としての史実が存在するだけである。

その道はどこを起点としてどこへ続くのか、史実は道しるべとして何を指し示すのか、それが知りたいのである。

歴史は、未来に対する指針となるべきものであり、「温故知新」は何も格言や逸話の世界にのみ生きるわけではあるまい。

だが温《たず》ねるべき故《ふる》きに、Ｗｈｙ《なぜ》に関しての解明がなければ、〝新しきを知る〟よしもない。時代の結晶としての史実は、純化されたものだけで構成されているわけではなく、さまざまな不純物も混合して凝固しているはずである。

したがって、この〝なぜ〟という問題は、Ｈｏｗ《いかにして》を探り出さなければ解きようもなく、それには多角的な視野に立っての考察が必要であり、また、時代に生きた人々の体温を測り、鼓動を聞き、心の動きさえも知らなければならない。

共和制を成立させる前提として、皆同じであるという平等意識が先行し、それが不当なる差別に対しての、反発の結果としてもち得たものであることは先に述べたが、さらに一歩踏み込んで考えれば、彼ら個々人の心にはすでに強烈な自我が内包されていたと考察される。

〝己れ〟ということである。

一般庶民の間には、まだ自我など芽生えている時代ではない。しかし彼らは、差別に対しての反発、山岳で鍛えた肉体と忍びの技、そして修験道と密教の奥義、この心・技・体の修行を支えとして〝己れ〟を生み、育てたことは想像に難くない。絶対的な権力者であろうとする信長と、対立するはずである。

時代が変動する際には、時として、神の気まぐれではないかと思える鬼才の人物を誕生させるが、信長はまさにそれであった。

理解力、判断力、分析力などが抜群で、しかも芸術的な感性にも優れ、安土・桃山文化という絢爛豪華《けんらんごうか》な世界を創出し、歌舞音曲の才も有し、幸若舞《こうわかまい》の敦盛《あつもり》などは玄人はだしに舞うという多彩さである。

とくに異能と思われるのは、自己の行動を完全にイメージし、それを確信することができた点である。よく知られる〝桶狭間の戦い〟などは、その典型であろう。

二万五千人の大軍に対し、わずか二千の軍勢で勝利をイメージし、確信をもち、実行する能は常人にはない。

この戦いの考察は旧・日本陸軍参謀本部が設定した〝奇襲迂回説〟がよく知られているが、近年ではこれに疑念が挟まれている。

戦いに参加した生き残りの古老から、尾州徳川家が聞き書きを行ない作成した『桶狭間図』によれば、あらかじめ戦場となる地点（桶狭間）を想定し、地形・地質・気象情報などを分析し、それによる相手の行動までを予測して、目標を定めた一点集中攻撃の可能性が強い。それは『信長公記』の記述ともよく一致する。

その目標の一点が、今川義元の首であることはいうまでもない。

加えて生来のカリスマ性と独自の美意識により、彼の一挙手一投足が、〝行動の美学〟ともいうべき華麗なる演出効果を生んでいる。

後世に、映《は》え映《ば》えとした魅力として語られるゆえんでもあろう。

詳細は後述するとして、以後の信長を大ざっぱに摑んでみると、岐阜城を制して天下布武を宣したころを起点として、彼自身何度かの自己変革を成し遂げている。

もちろん、当初は権力欲も功名心も物欲もあっただろうが、その変革の過程で徐々に希薄となり、突き動かすエネルギーの源泉はある種の使命感のようなものへと変わっていく。

そこがのちの秀吉や家康と一線を画するところで、透明な印象と高潔さを保持している。

その使命感とは、中世的権威を破壊し尽くすことによって生まれる、新しい価値による新しい世界の創設である。

すでに彼の脳裏には、具体的な像まで描かれていた節が見受けられ、目的に対する明確な意志と果断な行動力において、信長は日本史上類を見ない真の革命家として位置づけられるであろう。

しかし、彼は途上におけるジェノサイド（集団虐殺）により、当時も史上においても、世の指弾を受ける運命にある。

だが、既存の権威や価値、既得権益などを叩き潰さなければ革命など成立するはずがなく、成し遂げるに大量の血が流れるのはむしろ必然ともいえる。

善悪を超えて述べることが許されるならば、常の人間がもちうる視点に比べ、身が馬上にあるように高く、そして遥かに遠いということであろう。

そのジェノサイドを見ることにより、彼が〝最も嫌悪し恐れを抱いたもの〟は何か、という問題が解ける。

信長は、人が〝何か〟をもつことを極度に嫌った。

といっても、富や名声、地位といったこの世の栄達とされる、所有という領域のものではない。その例は、有能と評価した者には逆に惜しみなく与えもし、伝えられるほどケチではない。では、何をもつことを嫌悪したのか。

それは人の心に芽生えるもの、そして確固として根を張るものにである。おそらく、恐怖さえ感じていたのではないかと思える。

怠惰や高慢、強欲に吝嗇《りんしょく》、そして狡猾《こうかつ》などの性向といえるような比較的軽いものから、深いところでは主義、思想、信仰、愛憎、さらには自我さえも、決して許そうとはしなかった。

前者については嫌悪の範疇であるが、合理性、能力主義、強烈な自尊心、持ち前の潔癖さなどが作用している。

その端的な例として、浅倉義景を討伐した際、風雨に紛れて退去する浅倉勢を信長は先陣を切って追撃した。

この追撃戦に柴田、羽柴、滝川らの諸将は、今夜必ず浅倉勢は退陣するから機を逃すなとの再三の指令が通達されていたにもかかわらず、まさかこの暴風雨にと油断し、皆後れを取った。信長の読みの鋭さを、信じえなかった失態である。

当然、戦闘終了後、彼らに辛辣な叱責《しっせき》が飛んだ。

そのとき、佐久間信盛が「左様に仰せ候とも、我々程の内のもの（家臣）は持たれまじく」と弁疏《べんそ》したが、この一言が信長の真の怒りを呼んだ。「其方は男の器用を自慢にて候き。何を以っての事、片腹痛き申様かな」と痛烈な言葉をもってこれに返している。

おそらく最初の怒りは、本気ではなかろう。予測が的中し、自身追撃の先駆けを為《な》し、結果は大勝利である。機嫌の悪いはずはない。

しかしそのままでは、命令違反の者たちに示しがつかず、のちのちのこともあるとの心づもりでもあろう。ただ、信長の叱る言葉には容赦がない。佐久間としても、家老であり年長でもある立場上、諸将の気持ちを代弁したまでだが、信長にそういう斟酌《しんしゃく》はなく、心に慢心があると取られた。

それは増上慢《ぞうじょうまん》の振る舞いとして、彼の脳裏から忘れ去られることはなかった。

後年、佐久間が追放される際に吝嗇が指摘されているが、驚くべきことに罪状の一つとしてこの一言が取り上げられている。

信長の猜疑《さいぎ》は、〝奴の心には〟という一点に絞られ、このように些細なことでも、その触角に触れれば結果は悲惨である。

人は神にはなれぬが、信長は神に最も近い存在と自己を規定していた。その不遜が、人間を二つに区分けさせた。

自分を認め、服従し、それ以上に畏怖し、心の隅々まで信長一色となりうる者か、それとも打ち滅ぼすべき衆愚の輩《やから》か、である。

それだけに、有用とみなされたほうも大変である。

主人が根っからの働き者ゆえに、それ以上の働きを見せねばならず、また受け持つ専門的分野においてはプランやアイデアを提供し成功させ、しかも猜疑のセンサーに捕らえられぬそつのなさがなければならない。

柴田や秀吉や光秀などの重用された者たちは、すべての難儀な障壁を乗り越えてきたが、信長は佐久間がもつようなある種の〝人のよさ〟を見抜くことができず、それゆえに人間のもつ純な部分を信じることはなかった。

まして樹木が大地に深く根を下ろすように、心の中に確とした思想や信仰などをもつ人々の存在を許すはずもなく、理解のしようもなかったであろう。

信長にとって、一向宗徒や忍者などは、殺しても殺しても立ち上がり向かって来る、物の怪《け》か摩訶《まか》不思議なる〝変化《へんげ》の集団〟とも思えたに違いなく、人間として認めていなかったのではないかと推測される。

このあたり、すでに信長自身〝一己《いっこ》の変化〟と化している。

当然、彼らとしてもその自衛本能と情報ネットワークにより信長の性癖を見破り、ある時期から積極的な攻撃へと方向を転じている。

信長の支配を認めることは、〝己れ自身〟またはそれに匹敵するものを崩壊させることとなり、決して甘んじることはできなかった。

その反抗の結果が、比叡山の焼き討ちや伊勢長島の一揆皆殺し、伊賀の殲滅などのジェノサイドへと繋がっていく。

また、彼らはどちらかといえば中世的な色彩の中に身をおく人々で、信長にとっては二重の意味において粉砕すべき必要があった。どちらにとっても、悲劇である。

信長は、万人に秀でる頭脳と天賦の才を合わせ持ちながら、〝人の心を支配することは何人にもでき得ぬ〟という明白な理を、最後まで悟ることがなかった。

いや悟っていればこそ、恐れたのかもしれないが、それにしても不思議な気がしないでもない。

おそらくは、神がこの世のすべての叡智を彼に与えられるつもりで、たった一つ忘れた結果かもしれない。

人を、人として許容するという心を……。

鈎《まがり》の陣

闇の戦士・伊賀忍者

山並みというほど高くはなく、かといって丘陵地帯と呼ぶには間隔が狭まりすぎているようだが、とにかくその連なりを走り抜ければ伊賀に入る。

甲賀から伊賀へと続く道は、まさに山一つ越せばの近さである。

途中、甲南町龍法師にある望月家の忍術屋敷に立ち寄ってみた。

元禄年間に望月出羽守が建てたというこの屋敷は、外観は庄屋クラスの屋敷となんら変わりはないが、内部構造はかなり複雑で、平屋と見えたものが、じつは中二階を含む三階建てとなっている。

しかも二重廊下や床下の抜け道、どんでん返し、隠し梯子、落とし穴など、さまざまな仕掛けやカラクリが施されている。

団体の観光客にまじり、屋敷の人の説明を聞いていたが、はてな？　と思った。

元禄といえば徳川五代将軍・綱吉の時世で、すでに戦乱は治まり泰平の世を迎えている。その平和な時代に、なぜこのような建物が建てられたのか、〝治にいて乱を忘れず〟ということかもしれないが、それにしては少し物々しすぎる。もしやこれは、信長によって内部分裂した甲賀の後遺症ではないかとも思えた。

一般に、対外的な戦いよりも内部抗争の傷は深く、そして癒えにくい。お互いに知らぬ仲でもなく、怨みがのちのちまで尾を引くからである。

おそらくは水面下での陰湿な戦いが、まだ続けられていたのではないか、などと考えながら主人の居室に足を踏み入れた途端、唖然としてしまった。なにしろ、天井から床の間、壁、そして分厚い板襖《いたぶすま》に至るまで内部が真っ黒に塗られているのだ。おまけに、窓一つない。

いうまでもなく、これは昼の光を遮るためで、板襖を閉じれば鼻を摘まれてもわからない暗黒の部屋へと変わる。

忍者の世界の異常さを、まざまざと見た思いがした。

照明設備の発達した現代でも、人は陽の光を欲するものである。

冬に春を焦がれるように、朝の輝く光を望むものである。

それが、昼に闇を創り出し、そこに居住する感覚は通常の神経の持ち主ではない。訓練としての意味かもしれないが、部屋の印象は闇を慕うとしか到底思えない。

部屋自体の不気味さに比べれば、どんでん返しなど子供じみていて、どこか可笑しみが感じられる。

柚木氏に、忍術の基本は入虚術であると教えてもらった。夜は、人の心に虚が生じやすいという。いや、昼の実に対し、夜そのものがすでに虚である。

その虚に身を浸し、息づく彼らには、やはりうかがい知れない一面がある。

まさに、闇の戦士なのであろう。

これまでは、主として文献上から、彼らを探求してきた。

狩猟・採薬の山の民、原始的な山岳信仰と密教が混合して生まれた修験道（山伏）、採鉱・冶金・木工の技術者、そして戦国期に入り暗殺のプロという戦闘集団としての面、また多数決原理を採用した共和制という運営システムなど、それにより浮かび出てきたわけであるが、同時にそれは、時代とともに変貌する彼らの顔でもあった。その変貌の過程として、この奇怪な建築物を実体として見ることができた。

望月屋敷は、信長が斃《たお》れて百年以上、大坂夏の陣（一六一五年）から数えて七十数年を経た元禄時代のものである。にもかかわらず、この屋敷は暗殺に対する恐怖に満ち満ちている。

必要が生じぬものは存在しないという平明な論理に従えば、この手の込んだ仕掛けやカラクり自体が、戦国期から以後における彼らの過酷で凄惨な状況を雄弁に語っていると考えられるからである。

服部一族と望月一族の秘密

車は、すでに滋賀と三重の県境を越えた。

甲賀を去るにあたり、望月家が残してくれたもう一つのものを考えてみたい。伝承である。望月家の伝承を考えることにより、また一歩、忍者としての甲賀武士に近づくことができるかもしれないからである。

もちろん、時代が下るにつれて記録として残るものもあり、決して根も葉もないということではない。

望月氏の遠祖は、長野県北佐久郡望月町に起こったといわれている。

平安時代の代表的歌人で『古今和歌集』の撰者でもある紀貫之《きのつらゆき》の一首に、

逢坂の　関の清水に影見えて　今や引くらむ　望月の駒

と歌われたように、御料の牧（朝廷に献上する馬を飼育した牧場）として知られていた所である。

ただ、甲賀における望月氏の祖は諏訪《すわ》大社の大祝《おおはふり》（神職の上級位）、諏訪佐衛門尉・源重通の三男、諏訪三郎兼家と伝えられる。この三郎が、望月氏を称し平将門《たいらのまさかど》の反乱、すなわち承《じょう》平天慶《へいてんぎょう》の乱（九三六〜九四一年）に大功を立て、近江国の甲賀郡を拝領し、名も近江守甲賀三郎兼家《かねいえ》と改めた。

兼家は、甲賀郡司として朝廷の信任も厚く、その後さらに伊賀の半国をも賜ったと『甲賀史伝』にある。

ところが、その兼家が突然行方不明になるという事件が起きるのである。伝承は、その間の事情を物語る。

兼家の出世を妬んだ二人の兄は、ある日遠出に誘い、言葉巧みに騙し、古井戸に突き落とす。地中深く埋もれた兼家は、やがて大蛇となって地の底から這いずり出て、兄たちに復讐を遂げ、天空高く舞い上がり再び戻ることはなかったという。

古代ギリシアの詩人、ホメロスの作といわれる二大叙事詩『イリアス』と『オデュッセイア』を解析し、トロイアの遺跡発掘で世界的に著名なドイツの考古学者シュリーマン博士以来の比較神話学の力を借りれば、この問いはわりと簡単に解けそうである。

古井戸や地底は死の世界を暗示し、大蛇に身を変えたことは〝死〟そのものを指す。復讐は、この事件によって起きた以後の闘争であり、天空に消えた意味は、おそらくこの事態の解決もしくは終結であろう。

もう一度整理すると、兼家は何者かにより暗殺されたために敵討ちの争いが起き、なんらかの条件または約定により、双方が矛を収めたと解釈できる。

なるほど、先祖に暗殺伝説をもち、しかも信長による分裂抗争の残滓が存在する状況下であれば、あの忍術屋敷の過剰な仕掛けやカラクリも、納得がいくというものである。

主題に戻って、ではなぜ兼家は、暗殺されなければならなかったのか。

それについては、当時の伊賀・甲賀における情勢ないしは権力構造に目を向け、探らなければならないであろう。

兼家に率いられた望月一族は、戦功によって朝廷から甲賀を与えられ入領したもので、いわば外来の新参者である。当然、その地には古くから土着している氏族たちがおり、中でも服部一族は北伊賀を中心として多大な勢力を保持していた。本来、小宮神社が服部氏の祖神であるが、同時に伊賀の一の宮である敢国《あえくに》神社の祭祀《さいし》権を握っていたことからも、その勢力の大きさをうかがい知ることができる。

一の宮とは、国中《くになか》におけるいちばん格式の高い神社を称し、その神事を司るということは、周囲が地域代表者として認めたことである。

龍法師に拠点を定めた兼家とその一族は、服部氏との無用の対立を避け、おそらくは懐柔策をもって接したことであろうが、兼家が伊賀の半国をも領したことにより事情が変わった。

兼家は妻子を龍法師に残し、少数の部下を引き連れて伊賀の佐那具《さなぐ》に居館を構えた。

伊賀は古来より寺社の荘園が多く、中央の拘束力がおよびにくい自在の地である。そこへ、中央政府の地方長官として、兼家が乗り込んできたのである。しかも佐那具は服部一族の本拠地で、これには多大な脅威を感じたことであろう。

兼家に従うことは、そのまま望月氏の被官となることであり、また武力で敵対すればそれは中央政府に対する反逆とみなされ、まだ勢力基盤の弱い望月一族に勝つことはたやすいとしても、いずれは政府の派遣軍により討伐される運命となるであろう。

この板挟みの状態にあって、服部一族はどちらの愚も犯さなかった。

彼らの最も得意とする手段により、この危機的状況を切り抜けようとしたに違いない。すなわち、兼家の暗殺である。

状況証拠は以上であるが、物的証拠らしきものもないわけではない。ただ、これはかなり勝手な想像を要する。

それは甲賀三郎兼家の廟《びょう》が、服部氏が守護する敢国神社に祀られていることである。

日本の神は、荒ぶる神・祟《たた》り神の性格が非常に強い。下世話にも〝触らぬ神にたたりなし〟という諺《ことわざ》があるように、怨念をもって死んだ者を鎮めるために祀る。

神事とはその鎮魂の儀式であり、神社とは清浄な神域に魂を封じ込めるための結界、あの世とこの世の境界と考えてもよい。したがって、この国では加害者が被害者を祀るケースがきわめて多い。

一例を挙げれば、日本最古の神社である大神神社《おおみわ》（奈良県桜井市三輪山、別称・三輪神社）には大物主大神《おおものぬしのおおかみ》、大己貴神《おおなむちのかみ》が祀られているが、これは先住民族・出雲族の神々であり、大己貴神は大和を征服した天孫族に国を奪われた大国主命《おおくにぬしのみこと》で、大物主大神も同神・別名ではないかといわれている。勝者が敗者を、その征服地において祀っているのである。

さらに、もう一つの嫌疑として、祭祀権を握る服部一族の合意がなければ敢国神社に兼家の廟を祀ることは、絶対にできないという事実である。

また、兼家の本拠地、龍法師に距離的にもずっと近い、甲賀の一の宮・油日《あぶらひ》神社や修験道のメッカ飯道山《はんどうさん》に、なぜ祀られなかったのかにも疑問が湧く。

いずれにしても、服部一族が兼家暗殺になんらかの関わりがあったということだけは確かであろう。

望月一族と「真田十勇士」の謎

望月氏の次なる登場は、伝承の世界ではなく記録としてである。

時代は平安から室町に下がり、長享《ちょうきょう》元年（一四八七年）〝鈎の陣〟が起きる。

近江の守護・六角高頼《たかより》は、近在の公家や寺社の荘園を押領したため、足利幕府に六角氏の非を訴える苦情が相次いだ。

幕府は、再三にわたり返却命令を下したが、六角高頼はこれを無視した。業を煮やした九代将軍・足利義尚《よしひさ》は、高頼討伐のために近江国栗太《くりた》の庄に、自ら諸国の大軍を率いて陣を敷いた。

武者・三百九十一騎、八千の軍勢を前にし、不利を悟った高頼は、その主城である観音寺城を捨てて甲賀の山間部に拠を移し、ゲリラ戦を展開した。このとき、甲賀武士は高頼を助け夜討ち朝駆けし、幕府軍を大いに苦しめたという。

戦さは長引き、義尚は義熙《よしひろ》と改名して、下鈎《しもまがり》に真宝の館を築いて居住した。

そして延徳元年（一四八九年）三月二十六日、この館で陣没する。

ながらへば　人の心も見るべきに　露の命ぞ　はかなかりけり

辞世の和歌三首のうちの一首である。

義熙は、緑髪《りょくはつ》将軍とうたわれ、〝御容顔いとも美しく、すきのない玉の御姿《みすがた》〟と記されているように、美しい若者であったらしい。

出陣したときが二十三歳、その二年後、わずか二十五歳の若さで世を去った。まことに露の命である。

幕府側の記録によれば、義熙の死は酒びたりの生活からきた病死とあるが、甲賀に伝えられるものと相違がある。

この前日、すなわち三月二十五日は、日暮れ時を過ぎるころから雷鳴がとどろき、夜中には激しい風雨が吹きつけ始めた。

その嵐にまぎれて、甲賀の忍び武者数百名がこの真宝の館を急襲したのである。

襲撃は義熙の寝所まで達し、近習の者も懸命に防いだが、義熙は深手を負い、そのために翌二十六日巳《み》の刻《こく》（午前十時）に落命したという。

いずれの記述が真実か、すでに確かめようもないことではあるが、両者とも義熙の死が急死であったことだけは告げている。

主を失くした幕府軍は、義熙の遺体を守り、京に引き揚げた。

高頼方に参じた甲賀武士は五十三家、中でも抜群の働きを表した者が二十一家。これが後に、甲賀五十三家または甲賀二十一家などと称されるゆえんとなった。

この二十一家の中に、望月出羽守の名が見える。出羽守は、変幻自在に霧をあやつり、幕府軍を大いに悩ませたといわれている。

鈎の陣は信長の生まれる四十七年前、実質的な下克上を予見するような事件である。義熙以後、足利氏は七代続いたが、ただ一人として京の都で将軍職を全うした者はいない。

結果として、この戦さは甲賀武士の武勇を、そして忍術という不思議な術を天下に知らしめることとなった。

おそらくは忍者という存在を、人々が認識した最初の出来事であろう。

忍術なり忍者という存在が、室町中期に認知されたとするならば、その事跡を知り得たキッカケはいったい何であったろう。

江戸時代に〝児雷也《じらいや》〟とか〝滝夜叉姫《たきやしゃひめ》〟（平将門の娘という俗伝があり、江戸後期の戯作者・山東京伝が取り上げる）など、草双紙《くさぞうし》や歌舞伎の世界でそれらしきものが演じられている。児雷也は中国の明代に現われる我来也という怪盗の物語を、日本風に翻案したものであるが、その児雷也は面白いことに、胸の前で九字《くじ》を切り印《いん》を結んで大蝦蟇《がま》を出現させる。

印を結ぶとは、臨《りん》、兵《びょう》、闘《とう》、者《しゃ》、皆《かい》、陣《じん》、裂《れつ》、在《ざい》、前《ぜん》の九字を順に唱えながら、指で定められた形を表わし、切るとは手刀で、やはり定められた形を空中に描く。

印には、それぞれ示す意味があり、たとえば最後の〝前〟は隠形《おんぎょう》で、摩利支天《まりしてん》・文殊菩薩《もんじゅぼさつ》である。神仏との交信を得るために、九字の印を結び、そのあとで刀印を切る。これを「九字《くじ》印契《いんけい》」という。

この九字印契は、大摩利支天九字の秘法といい、密教行者の祈禱経《きとうきょう》であり、修験の流れをくむ忍術の中にも取り入れられて、精神の統一などに用いられた。

児雷也や滝夜叉姫などの妖術使いに、必ずこの九字印契が結ばれることで、忍術の影響をうかがい知ることができる。

しかし、マスメディアに乗って我々の前に登場したのは、やはり〝立川文庫〟で展開された『猿飛佐助』が最初かと思われる。

著者は、講談師、玉田玉秀斎《たまだぎょくしゅうさい》。明治末年から大正にかけて大阪の立川文明堂が出版したこの文庫本は、当時の子供たちばかりか大人までも熱中させたという。

甲賀忍者・猿飛佐助、伊賀忍者・霧隠才蔵《きりがくれさいぞう》をはじめとして望月六郎、海野六郎、根津甚八、三好清海入道ら真田十勇士が、主人である真田幸村を助けて活躍する痛快無比の物語である。

おやっと思うのは、この中に望月六郎という望月姓の人間がいることである。

真田幸村以外はまったく架空の人物、つまり〝お話〟の世界といわれているが、不思議なことに真田十勇士の登場人物は、望月家の家系および伝承と奇妙に一致するのである。

望月氏の系図によれば、望月・海野・根津はもと〝茲野一家《しげのいっけ》なり〟とある。つまり茲野家という祖を同じくする者が、十人中三人までも入っている。いや、真田氏は海野氏の分かれであるから、主人の幸村まで入れればじつに四人までもが望月氏と同族である。

余談にはなるが、さらにもっともっと遠い時代にさかのぼれば、諏訪氏も茲野氏も望月・海野・根津・真田の各氏も、共に大和朝廷に国を奪われた大国主命を祖神とする出雲族である。

望月氏の故地、長野の望月町には茲野家がいまだに残り、代々山伏を務めて、先々代までは現役であったそうである。

幸村が、秀頼に招かれて大坂へ入城した際に、山伏姿で現われ皆々を驚かせたとあるが、なるほどとうなずける。

次に主人公の猿飛佐助だが、彼は信州戸隠山に拠を構える戸沢白雲斎に忍術の教えを受ける。なぜ甲賀の猿飛が信州に関係があるのか不審に思うが、これも信州戸隠山と甲賀飯道山が修験行者のルートで結ばれていることで説明がつく。

そして霧隠才蔵は、鈎の陣で霧を自在にあやつり幕府軍を悩ませた、あの望月出羽守がモデルとなっているような気がする。伊賀忍者となっているのは、忍者といえば伊賀と甲賀、すなわち一対ということを考えたからであろう。

著者である玉田玉秀斎は、なぜこういう登場人物を配したのであろうか？

決して偶然とは思えない。ここに、一つの推論が生まれる。

望月家は、甲賀忍術丸という薬を製造販売する製薬業を営んでいる。それは忍術の時代から現在まで、営々と続けられてきた望月家の本業であるが、そこで考えられることは、この忍術丸を売り歩く際に販売に携わる者たちが、先祖の伝承をセールストークとして活用したのではないかということである。

テレビも新聞も雑誌もない時代、町や村々は情報に飢えていた。他国の人が訪れ、話を聞くことは最大の楽しみの一つでもある。同時にその反面、人々のもつ排他性は、余所者《よそもの》である旅人にとってかなり危険なものでもあった。その危険を避け、販売の促進を助けるためにも薬を行商する望月家の者たちは、先祖から伝えられている活躍談を面白おかしく語って聞かせたことであろう。さぞかし、薬もたくさん売れたものと思われる。

とくに、大坂は全国の薬種問屋が集まっている所でもあり、当然、望月家とも取引はあっただろうし、販売員も数多く出入りしたはずで玉田玉秀斎は、このあたりから材を採ったのではないかと考えられる。

平時においては、忍者も我々となんら変わりない暮らしぶりである。

望月氏の持つ伝承や記録そして系図などは、忍者の実態を探求するモデルケースとして、絵に描いたような痕跡をとどめている。

遠祖は大和朝廷に国を追われた出雲族であり、生きる道を求めて山岳へと向かい、山の民と合流または同化し、狩猟や採薬を業《なりわい》とすることによりその糧を得た。製薬業は、その延長線上の果実でもあろうか。

そして、修験道で培われた特異な武技を発揮し、軍功により甲賀に土豪として定着した。さまざまな顔を持ち、しかもそれは時代とともに変貌していく。

いまに残るその変貌の過程は、忍者の譜をたどる一例として、まさに貴重な史料といえるであろう。

服部一族

「松尾芭蕉忍者説」の根拠とは

参道が両端にあり、向かって左側に「敢国神社」の石碑が建っている。そちらのほうへと進んだが、道がだんだんと細くなっていく、どうやら表参道は右側だったらしい。

かまわずに行くと、やがて弧を描くようにゆるやかな傾斜を見せて上りとなった。左手には木立を割って、祭神も明らかでない小さな白木の社がポツリ、ポツリと鎮座している。

その社の階《きざはし》のあたりでチョッ・チョロッと動く生き物が見えた。供物でもねらうネズミかなと思い、足音を忍ばせて近づいて見るとリスだった。驚かすつもりはなかったが、私に気づいてあわてて樹上に駆け上がった。野生のリスを見るのは初めてで、なるほど愛くるしい顔をしている。

神社の森は、ドングリのなる櫟《くぬぎ》や椎、銀杏など実をつける木々があるので、住みやすい所なのかもしれない。いまは、山や林といっても植林された杉ばかりで、野生の生物たちにとっては生きづらい世の中となっている。

しばらくすると、社殿の屋根が見えてきた。

社殿は、この脇参道の眼下に見える。結局また下ることになるらしい。

やはり下って境内の横手に出た。そのまま正面の朱の鳥居もくぐらず本殿の前に出てしまう。観光客が来るようなこともないらしく、ゴールデンウイークといっても参拝客は初老の御夫婦らしい一組と中年の男性だけである。その中年の男性は、神前にピタリと向かい、玉砂利の上に直立不動の姿勢で立ち、何事かを唱えながら一心不乱に祈りを捧げている。

その前を遮り、参拝することに少し躊躇《ためら》いを感じ、待つことにした。

長い祈りが続き、そのうちに体がゆらゆらと揺れ出し、前後に傾き始め、いまにも倒れそうになってきた。

完全に〝憑きもの〟状態である。

これは待っていられない。その中年男性の後ろにそっと回り、拝礼して社前を立ち去ることにした。今日は、いろいろなものに出くわす日である。

伊賀の一の宮・敢国神社の主祭神は少彦名命《すくなひこなのみこと》と伝えられる。

医薬に通じ、酒を造る技術を伝えた小人神で、室町時代の御伽草子《おとぎぞうし》に登場する〝お椀の舟に箸の櫂《かい》〟という一寸法師の原形ともいうべき神様である。

『古事記』『日本書紀』に記される大国主命の国造り伝説では、出雲の御大《みほ》の御埼《みさき》でカガイモの舟に乗り、蛾《が》の羽の衣をまとった小さな神と大国主命はめぐり逢う。

誰も名を知らなかったが、多邇具久《たにぐく》（ヒキガエル）と久延毘古《くえびこ》（カカシ）に尋ねると、神産《かみむ》巣日神《すびのかみ》の御子で少彦名命と判明する。神産巣日神に、二人は兄弟となりて力を合わせ国を造れと指示され、国造りに協力し合う。

この説話からわかるように、出雲族と非常に関係の深い神である。

それに〝金《かね》にして火《ひ》を主《つかさ》どる〟という採鉱・冶金《やきん》の女神、金山比売命《かなやまひめのみこと》が合祀《ごうし》されている。

いずれも、山の民が信奉する神様である。「伊賀之祖神《いがのそじん》・大彦命《おおひこのみこと》」という小冊子によれば、じつは主祭神は大彦命であるという。非売品なので名前は伏せておくが、著者は敢国神社の禰《ね》宜《ぎ》を十六年も務めた人なので間違うはずがなく、〝伝えられる〟とはじめに書いたのもこのゆえにである。確かにもう一神、大彦命が祀られている。

しかし、最も古い記録の『天平風土記』には少彦名命、次の『延長風土記』には金山比売命が合祀され二座、江戸時代初期の古地誌『伊水温故《いすいうんご》』にも本宮《ほんぐう》二座少彦名命・南宮《なんぐう》金山比売命とある。

それに大彦命といえば、実在の天皇として考えられる十代崇神《すじん》天皇の御代で、その十年九月に「大彦命を以って北陸に遣わし」とあるように有名な四道《しどう》将軍の一人である。

同じ記紀の世界でも三世紀末～四世紀初頭と考えられ、神代の伝承より時代はずっと下る。

まあ、とにかく甲乙なく三神をお祀りしているということであろう。

そして、十一面観音座像に霊儀《りょうぎ》して甲賀三郎兼家も祀られている。

この敢国神社の祭事の一つに、服部氏を祭主として黒党祭《くろんどまつり》というものが行なわれていたらしい。

祭の全容はすでにわからないらしいが、伊賀各地の武士たちが黒覆面に黒装束という出で立ちで、深夜敢国神社の境内に参集し、御輿を奉じて服部川の河原にくり出し、飲食を神とともにする。この間、一切無言で行なわれる儀式で、それが終わると、七日間にわたり歌舞や流鏑馬《やぶさめ》を催し、神に奉納したという。

これを一聞して頭に浮かぶのは、御霊会《ごりょうえ》の祭ではないかということである。

服部川の河原というのも、川や海に御霊《みたま》を流す精霊《しょうりょう》送りに似ているし、一切無言とあるのも、死してのちも秘するという意思表示のようにも思える。正体も目的も明かさず死ぬことは、忍び武者にとって最高の名誉でもある。姿を変え、何者であるかを秘し、他国の土となった幾多の人々の霊を、哀悼の意を込めて送る祭事と考えたい。そのような実例も二、三ある。

〝名もなく〟の事跡を追うことは難しいが、後世に名を残す人の中には、疑惑を秘めた人物も数多く見受けられる。

松尾芭蕉忍者説などもその一つであるが、確かに、彼が徳川家の要請を受け、伊達藩の情報を収集したことはまず間違いないであろう。記すまでもなく芭蕉は伊賀の人であるが、だからといって飛んだり跳ねたりの忍者ということではない。

すでに知られていることではあるが、忍術には隠忍《いんにん》と陽忍《ようにん》があり、映画やテレビで見る忍者の姿はすべて隠忍である。いわゆる黒装束に身を包み、というスーパーマン的なイメージのものである。

しかし、実際には陽忍のほうが断然多い。陽忍とは、最も得意とする芸を生かして放下師《ほうかし》(曲芸)、連歌師、猿楽師《さるがくし》などに扮するものや、僧、山伏、商人、そして常の姿（武士）として堂々と姿を現わし、情報収集や謀略にあたる。

職をもち、それを表の顔として現実の生活を営んでいる者も数多く、また必要に応じてそれらに扮装し他国へ出ることを「七方出《しちほうで》」と呼ぶ。放下師や連歌師などは警戒心を抱かせないためであり、僧や武士などは相手に重く用いられるためである。

忍術の秘伝書として、藤林長門守の子孫、藤林佐武次《さむじ》が著した『万川集海《ばんせんしゅうかい》』には、如影《じょえい》術、身虫《みのむし》の術、里人《りじん》術、山彦の術など、術の名を聞いただけでも察しがつく陽忍の術が延々と記述されている。

世阿彌《ぜあみ》も伊賀者であった

また芭蕉に限らず、南北朝時代に活躍した楠木正成《くすのきまさしげ》も楠流忍術の始祖といわれているし、猿楽から日本の「能」を完成させた世阿彌元清《もときよ》にもその嫌疑がかかる。

庶民芸能であった猿楽を〝幽玄の世界〟にまで高め、「能」という一大芸術を完成した世阿彌は室町幕府三代将軍・足利義満の寵愛を受け、芸能における最高位、醍醐寺楽頭職《だいごじがくとうしき》にまで昇りつめたが、その世阿彌をさまざまな悲劇が襲う。

伊賀上野の旧家、上嶋《うえしま》家で発見された『観世《かんぜ》福田系図』は、観世家に残る『観世系図』とほぼ内容が一致し、きわめて信憑性が高いと評価されている。

そして、さらに詳しい記載から、思いがけない世阿彌の出身地とその背景が浮かんできた。世阿彌の父は観阿彌清次《かんあみきよつぐ》といい、大和の結崎《ゆいざき》で初めて観世座（猿楽の座）を建てたといわれているが、これもじつは伊賀の小波多《こばた》という所で旗揚げをしたらしい。この『観世福田系図』によれば、観阿彌ははじめ観世丸三郎の名をもち、父は伊賀の国浅宇田《あそうだ》の領主上嶋慶信入道《けいしんにゅうどう》景守《かげもり》の次男で治郎左衛門元成という人である。

元成は『能優須知《のうゆうすち》』などの古文書によると服部元成とあるので、服部一族ということになる。『伊水温故』にも荒木・観世は服部党とあるから確かであろう。

また、『観世系図』では母を楠木正遠《まさとお》の娘と伝えていて、正遠は南朝の忠臣で千早城の攻防戦で名高い勇将、楠木正成の父である。

つまり、世阿彌の父観阿彌は服部一族の父と楠木氏の母（正成とは姉か妹）とをもち、伊賀で生まれたわけである。

この時代、日本が南朝と北朝に分かれて争い合う中で、河内も伊賀一国もともに南朝方として足利氏の北朝に対抗している。

そのことにより、発生も系統も違う二つの忍者集団が地下水脈のように繋がっているのだ。

この服部一族と楠木氏の血縁も、なんらかの目的をもって行なわれたものであることは想像に難くない。それを証明するかのように「父母の家筋を秘して鹿苑殿《ろくおんどの》（足利義満）の前にて能座立つるなり」と観世系図は語っている。

観阿彌は至徳《しとく》元年（一三八四年）五月十九日、五十二歳のときに、巡行先の駿河において急死している。死の原因については判明していないが、決して病死ではない。このとき、同年・同月・同日、場所も同じ駿河で、足利氏の一族であり室町幕府の柱石《ちゅうせき》ともいうべき駿河の領主今川範国《のりくに》が死んだ。この二つの死には、おそらく関連がある。

そして義満の死後（一四〇八年）、世阿彌と楽頭職を引き継いだ長男の元雅《もとまさ》は職を解任され、突如京の都を追放される。

さらに元雅は、伊勢の津で足利将軍の家臣斯波《しば》兵衛《ひょうえ》三郎という者に暗殺されたと『観世系図』にある。世阿彌自身も永享六年（一四三四年）、七十二歳の高齢で政治犯の流刑地・佐渡へと流された。世阿彌の運命の転変に、南朝の影が潜むことは明白であろう。

古代末〜中世まで、年貢を免除される代わりに土木作業や交通・運搬・掃除などの雑役に服した人々や、特定地域に住む住人または土地を持たずに定着しない民、それに世阿彌のような遊芸を業とする者たちは、散所者《さんじょもの》と呼ばれ賤民《せんみん》視されていた。

楠木氏も河内に本拠を置く車借《しゃしゃく》・馬借《ばしゃく》（運送業者）の長《おさ》であったらしく、服部氏も伊賀という特異な地域（寺社の所領を耕作する住民は、田地に対する権利をもたず卑賤視された）でわずかな土地しか持たぬ技術集団である。

いま思えば不思議な気もするが、農耕至上主義の当時の日本にあっては、彼らは〝所を散じる者〟あるいは〝所を散じた者〟として、特殊な人々という不当な差別を絶えず受け続けてきた。彼らの心の中には、差別から解放され同化したいという欲求と、これまでの処遇に対する怨嗟《えんさ》や反発が二律背反として同居する。

歴史が動くとき、彼らの姿が見え隠れするのは、その二律背反を刺激し、彼らの力を巧みに利用する輩が必ず現われるからである。

世阿彌に限らず、歴史の裏面において人知れず非業の死を遂げた彼らの仲間は、おそらく枚挙にいとまがないほどであろう。

黒党祭という仰々しい祭は、鎮魂・葬送の儀式であるとともに、彼らにとって〝誰知らずとも我ら知る〟という強い自己主張を込めた一大セレモニーであったのかもしれない。

世阿彌の書き著した『風姿花伝《ふうしかでん》』の一節を引用すれば、「秘する花を知るべし、秘すれば花なり」ということか。

伊賀といえば、服部氏について考述しなければならないであろうが、しかしこの一族を書き始めたら紙数がいくらあっても足りない。簡単に触れておくことにしよう。

服部氏は機織りを職とする技術集団で、中国より渡来した帰化人である。古くは、ハトリと呼ばれ、ハトリとはハタオリのわけでそれが後世ハットリと読みならわされたらしい。南は九州の沖の島から、四国・山陰・山陽・近畿・東海はもちろんのこと、北陸・関東・東北まで日本全土に広がる大族である。

伊勢・伊賀・志摩の地誌を著した『三国地志』には「秦人《はたびと》の末裔と為すは非なり」とあるところを見ると、一般に伝わっている泰氏祖先説は信用できないらしい。伊賀の服部氏に限って見れば、『伊水温故』に「服部氏は三流にあり、漢《あや》の服部《はとり》（中国は漢の時代に渡来）は平氏也、呉《くれ》の服部（中国の呉《ご》の時代に渡来）は源氏也、敢国服部は一の宮神事を勤むる族《やから》にして源姓也」とある。

『盛衰記』に、その武勇を称えられた服部平内左衛門尉家長《じょういえなが》は、漢服部《あやはとり》を祖とする。

家長は平知盛《たいらのとももり》の家人《けにん》で、平家が滅亡した壇ノ浦の合戦では、知盛とともに鎧《よろい》の上に碇《いかり》を負い、海底に沈んだが、まだ平家全盛のころ、六条院《ろくじょういん》の清涼殿《せいりょうでん》の弓場において誉れに浴し、褒美に院より真羽《まば》の矢・千本を手車に積んで下賜された勇武の士として、知らぬ者なしの武士である。これにより平氏・服部一族は矢筈車《やはずぐるま》の紋を一族の惣紋《そうもん》とした。

また、頼朝に対抗し、吉野山に陣した義経に合流せんとする源有綱《みなもとありつな》（頼政《よりまさ》の嫡子・仲綱の次男）を討って義経追討に大功のあった服部六郎時定は、源氏を称し呉服部《くれはとり》を祖としている。紋は巴紋《ともえ》である。伊賀の服部氏の大かたは、この二流の末《すえ》であると名乗っているが、あまり当てにはできないとも『伊水温故』にある。

三河の服部氏を見ると、「将軍・義晴臣服部半三・保長、三河に来り松平清康に仕ふ、その子石見守《いわみのかみ》半蔵《はんぞう》・正成《まさなり》・遠江国《とおとうみのくに》八千石を領す」とあって、これが「半蔵門」にその名を残す有名な服部半蔵であるが、父の代からの三河暮らし、しかも戦場での槍働きで徳川十六将の一人に数えあげられるほどの人で、忍者の世界とはあまり深い関係をもっていないように思われる。

二百人の伊賀者の長となったのも、伊賀の名門服部氏の出身ということからのようだ。柚木氏の〝伊賀はちょっと半蔵に毒されていますね〟という言葉に、私も賛意を表したい。

第四章

悪魔の所業か、伊賀攻めの惨劇

天正伊乱

信長はなぜ伊賀を攻めたのか

第三章でも触れたが、伊賀に入った以上、天正伊賀の乱について詳しく記さなければならないだろう。

ただ、どこから手をつけるべきか多少戸惑いもあるが、前提として、とりあえず信長の伊勢攻略あたりから始めてみることにしよう。

伊賀と境を接する伊勢には、国司として北畠《きたばたけ》具教《とものり》が存在している。『神皇正統記《じんのうしょうとうき》』を著した南朝方の公家・北畠親房《ちかふさ》は、伊勢を拠点として足利尊氏に対抗した。親房の長男・北畠顕家《あきいえ》は奥州十万騎を率い、各地で北朝方の足利勢と戦って和泉《いずみ》の国でついに力尽き敗死したが、三男・顕能《あきよし》はよく伊勢を守り、南北朝の争乱が終結したあとも、その子孫は代々国司として君臨した。

しかし、八代・具教の時代になるとその勢威も弱まり、南五郡を北畠氏、北八郡を工藤氏（曽我兄弟の敵討ちで有名な工藤祐経《すけつね》を祖とする）と関氏、それに北方諸侍連合というように勢力分布が四分割し攻めぎ合う状態であった。

その混乱に乗じて信長は、永禄十二年（一五六九年）八月二十日伊勢平定の兵を発し、八月二十六日阿坂（松阪市内）の城を攻め、二十八日大河内（松阪市大河内町）の城を囲み、十月四日には信長の次男・織田信雄《のぶかつ》を具教の養子とし、北畠の名跡《みょうせき》を継承させることを条件に北畠具教の降伏を許している。

これ以後、信雄は伊勢の国主として北畠信雄と名乗ることとなった。

まさに電光石火の進撃であるが『勢州兵乱記《せいしゅうへいらんき》』によれば、信長はこの二年前の永禄十年（一五六七年）ごろから武力や調略等により、工藤一族や関氏を味方につけ、残るは北畠氏のみという状況であり、永禄十二年の出陣は、その締めくくりとしてなされたものである。

信長はそれ以後、元亀《げんき》二年（一五七一年）に伊勢の名流神戸氏の当主・神戸知盛を無理やり隠居させ、三男・織田信孝《のぶたか》に跡を継がせて神戸信孝とし、また天正四年（一五七六年）には北畠具教を謀殺して名実ともに伊勢を支配下に置いた。

余談とはなるが、この他家を継がせるという支配システムは巧妙である。信長は嫡子・信忠を世継ぎとして早くから決定していたらしく、無用の家督争いを避けるには、他家の養子とすることがいちばん手っとり早い。しかも武力制圧した地域における元の支配者の家名を存続することは、占領地の宣撫《せんぶ》工作としても抜群の効果がある。

しかし、どう転ぶかわからないもので、「本能寺の変」において信長・信忠ともに討ち死にし、織田家の後継者を決める清洲会議の席上、信雄・信孝は他家を継いだ者にて継承資格はないと秀吉に主張され、信忠の子供でわずか三歳の三法師が織田家を相続した。秀吉はその後見役におさまり、思うがままに操り、ついに豊臣政権を樹立してしまった。

すべてによしというものはありえぬ、という見本のような実例である。

それは別として、伊勢の国主となった北島信雄の松ケ島（現松阪市）の居城へ、伊賀・名張の土豪下山甲斐《しもやまかい》という者が訪れたことから第一次・天正伊賀の乱が始まると『伊乱記』及び『勢州兵乱記』は告げている。

「伊賀は無主《むしゅ》の地にて、各地の土豪ども勝手気儘《きまま》に威を振るい、いまだ統制が取れませぬ。願わくば信雄卿が軍を率いて伊賀へ御出馬下されば、及ばずながらこの甲斐が御先導つかまつります」と下山甲斐は信雄に伊賀侵攻を説いた。

信雄これを聞いて大いに喜び、功名心にかられて伊賀征伐の軍を起こしたことになっているが、事の発端はこのような単純なものでは決してない。

両書ともに下山甲斐の名を挙げていることから、彼が内通者であったことは事実であろう。

しかし、甲斐の言葉に乗せられて、信雄が伊賀に侵攻したわけでは断じてない。その証明のためにも、ここで伊賀の乱に関する文献について少し触れる必要がある。

まず『信長公記《しんちょうこうき》』『伊水温故《いすいうんご》』『兼見卿記《かねみきょうき》』『多聞院日記《たもんいんにっき》』そして『勢州兵乱記』などにその記述は見られるが、いずれも記事的な記載で、全体像を描いたものは私が知る限り『伊乱記』ただ一つである。

著者は伊賀の人で菊岡如幻《にょげん》。乱より百年ほど後に書かれたもので、『伊水温故』（伊賀における神社・仏閣・氏族・伝承などを記録した古地誌）も如幻の手によるものである。ただ、『伊水温故』がわりに実証的に書かれているのに対し、『伊乱記』は軍記という性質上のためか、作家的想像力が多分に作用している。

しかし、乱の経過や活躍した人物などを知るには、なにしろこれ一つしかなく、それらを記述する際には『伊乱記』に沿う。

そしてもう一つ、当事者・信雄側からの記述として『武功夜話《ぶこうやわ》』を取り上げたい。『武功夜話』は前野文書《まえのもんじょ》とも呼ばれ、信長の側室〝吉乃《きつの》〟の実家・生駒家と婚姻関係にあった前野家の子孫の人々が書き残し、近年発見され話題となった文献である。

「先祖武功夜話は拾遺《しゅうい》にて候。元亀・天正のころは戦乱相続き（中略）それがし先祖前野党は古来より弓箭《きゅうせん》の家たれば（中略）織田上総介信長殿旗下に参じ」と、永禄初年より信長に従い、さまざまな事歴を記録している。

夜話には吉乃（嫡子・信忠、次男・信雄、五徳姫を産む）をこよなく愛した信長の知られざる一面、秀吉との出逢い、蜂須賀小六の氏素性、事件や合戦の模様、そして先祖の武功や運命などが次々と綴られていく。

その中には、新しい事実とみなされる事柄も多く含まれ、とくに生駒・前野・蜂須賀の三家が直接携わった事歴についての記述には、高い信憑性が感じられる。

伊勢を平定した際に、信長から信雄に付けられた家来衆には前野家と関わり深い生駒家長、小坂雄吉（前野長康の兄）などがおり、信雄の状況および行動に関しての貴重な証言を残してくれている。

『武功夜話拾遺《しゅうい》』巻六、織田信長公、北畠信雄を叱咤の事。には「北畠殿　伊賀の国に一揆騒乱あり勢州に御帰陣に相成る。然れど伊賀の一揆の輩《やから》根強く御手向い候、仲々の仕草《しぐさ》に候」とあり。

『武功夜話』巻八、播州《ばんしゅう》御陣《ごじん》・親助六尉《おやすけろくのじょう》申し語り候事。では「御内府信長公安土より御出馬、荒木の居城伊丹の城近々に御陣取り、北畠信雄卿御同陣に付き御共仕《つかまつ》るところ、勢州甲賀、伊賀一揆騒乱に付き、急々摂津を御引き払い勢州へ御帰陣候」とある。

つまりこれは、天正六年十月に摂津一国の守護、荒木村重が信長に対し反旗を翻し、そのために信長は大規模な村重包囲陣を敷いたが、その摂津攻めに加わった信雄が、伊賀の忍び武者たちの伊勢攻撃により、自領へ戻らなければならなくなったことを告げている。

信雄は天正七年（一五七九年）四月十二日まではこの摂津陣に参加しており、同年四月二十九日における在陣諸将の顔ぶれに信雄の名が見えないので、この十六、七日間のうちに急遽《きゅうきょ》陣を引き払い、伊勢へ帰国したものと考えられる。

さらに同巻九には「摂州陣御引払いの節、重々国境いを固め取手（砦）を堅固に相固め、これに人数を留め置くべく申し付け候」と信長から国境を固めて、相手になるなとの指示が出されており、それにもかかわらず「国表へ罷《まか》り帰り候ところ、伊賀一揆ども大坂門徒衆と相通じ手強く手向い候。敵方の誘いに乗じ思わず深入り候」と、敵の罠にはまり、大規模な戦闘に引きずり込まれたと述べている（このことにより、再度の摂津参陣に遅れた信雄は、信長から親子の縁を切るといううきつい叱責を受けることになる）。

それに、注目すべきは大坂の石山本願寺・一向宗門徒と相通じているとの記載があることだが、一向宗徒ばかりでなく、おそらくは荒木村重とも気脈を通じ、摂州包囲の一角を崩すために起こした戦闘行動と思われる。このように、信雄の野心に駆られた一方的な侵攻と記す『伊乱記』とは、随分と相違が生じている。

だが、第一次天正伊賀の乱（一五七九年）より五十八年後の寛永十四年（一六三七年）の記載がある『武功夜話』には、「吉田与平次、前野新衛門、同清衛門、今もって健在に候」と、当時摂州陣に加わった人々がまだ存命していた。

百年以上ものちの如幻には、その間の事情を知ることは不可能であったかと思われる。

ただ裏切者・下山甲斐の名はのちのちまで語られ、〃坊主憎けりゃ〃の類で、甲斐の手引きにより伊賀の乱は始まったということになっていたのかもしれない。

これまで、たびたび主張してきたように、伊賀は決して被害者的立場ではなく、積極果敢な攻撃を機会あるごとに信長に対し仕掛けていたことが、この『武功夜話』によっても明らかにされている。

伊賀は「十二評定衆」の合議制国家

乱の経過を追ってみよう。

摂州陣を引き揚げた信雄を待っていたものは、北畠具教の遺臣をも加えた伊賀勢の再三にわたる伊勢乱入であった。堪《たま》りかねた信雄は、天正七年九月十六日伊賀征伐のために松ケ島の居城を発向した。信雄は軍勢八千余騎を従え、道を伊賀街道に取り、長野峠へと向かう。

これに別働隊として、勇将の誉れ高い柘植《つげ》三郎左衛門が日置大膳亮《ひおきだいぜんのすけ》を副将に一千五百をもって難所・鬼瘤《おにこぶ》峠を越え馬野口《まのくち》へ、さらに秋山右京太夫、長野左京太夫の両名は一千三百余にて青山峠へと、伊勢と伊賀を隔てる布引《ぬのびき》山脈へ怒濤《どとう》の如く進撃した。

これを迎え討つ伊賀勢に、統率者としての国主はいない。いや正確にいえば、仁木右京太夫義視《よしみ》という国司が享禄二年（一五二九年）に迎えられたが、一年ほど前に追い出されている。

伊賀は、各郡・各庄から選出された評定衆の合議により運営されている。

この時点での評定衆は、議長ともいうべき長田庄の百田藤兵衛《おさだももた》、朝屋庄は福喜田将監《しょうげん》、木興庄・町井左馬允《さまのすけ》、河合・音羽の両庄からは田屋掃部介《かもんのすけ》、音羽半六宗重、島ケ原は富岡忠兵衛、佐那具《さなぐ》・小泉左京、比土《ひど》・中村助左衛門、布生《ぬのお》・布生大膳、そして柏原からは滝野十郎吉政、阿波・槇田豊前守、西の沢・家喜《いえき》右近である。常に十二名にて構成されたことから十二評定衆と呼ばれていた。

評定衆は、南は天童山無量寿福寺、中央は上野山平楽寺、北は長福寺、大光寺の四カ寺を評定所とし、評議によりすべてを処理していた。

寺は庁舎であり、裁判所でもあり、戦時においては城ともなる。三方面から押し寄せる信雄軍に対し、評定衆は大日如来を本尊とする真言宗の寺、上野山平楽寺を本陣と定め、各方面への人員配置と指揮官を決定し、これを迎え討つ構えを示した。

一般に統率者のいない軍隊は弱い。命令系統が一貫せず、戦後の論功行賞を決める人物がいないということは、戦意の喪失を生む。しかし、一国の命運がかかったこの一戦で、土豪連合ともいうべき伊賀軍には相当な覚悟と準備がされていた。しかも、敵情探索はお手のものであり、逐一正確な情報を入手している。したがって、戦意は高い。

まず、長野峠を越え阿波七郷へ攻め下ろうとする主力の信雄軍八千に対しては、槇田豊前守を主将とし、家喜右近を配して鳳凰寺を前線本部とした。

上阿波、下阿波の土豪連をはじめ、上・下の服部党、河北衆などがこれに加わり、長野峠を中心として山々谷々に潜んだ。布引山脈の伊勢側は裾野を長く垂れ、傾斜はきつくともまだ越しやすいが、伊賀側に入ると途端に狭隘《きょうあい》となり、険山切所の難所へと変わる。

この伊賀へ下る山岳の至る所に罠を仕掛けた。落とし穴を掘り、断崖絶壁へと続く迷路を作り、高所には石落としを設けるという、まさにありとあらゆる仕掛けを施した。

九月十七日早朝、信雄は軍を七手に分け、眼下に見下ろす阿波七郷へと攻め下った。飛んで火に入るとは、まさにこのことである。それにこの日は厚い雲がどんよりと垂れこめ、山中には霧が湧き出でて、忍び武者たちには願ってもない戦日和《いくさびより》であった。

前後左右を飛び回る忍び装束の人影に気づいたときはすでに遅く、信雄軍壊滅の序幕が上がり始めていた。樹上から矢が雨のように降り注ぎ、木立の陰に避ければ藪の中から槍が突き出され、撒《ま》き菱《びし》が足を貫き、落とし穴へとはまる。

岩陰によって息づけば上から石が落とされ、遮二無二《しゃにむに》道を探して走れば、行き着く先は断崖絶壁となり追い落とされる。しかも彼らは一切無言で、鬨《とき》の声ひとつ上げずに攻撃してきた。

信雄軍は恐怖し、混乱し、算を乱して潰走《かいそう》した。

ほかに、青山峠へと向かった秋山右京太夫以下の一千三百余の軍勢も同様の山岳戦に持ち込まれ壊滅的な打撃を蒙り敗走した。

残る柘植三郎左衛門の率いる一千五百の精鋭部隊だけが、無事に布引山脈を越えた。

三郎左衛門は伊賀の名家、柘植一族の一人である。したがって、伊賀軍の作戦も多少は読め、不利な山岳戦の誘いにも乗らず、密集隊形をとって鬼瘤峠を一気に駆け降り、伊賀の内懐とも呼ぶべき奥馬野《おくまの》へと進出した。このまま、無闇に突出すれば孤軍となる。

柘植隊は、本隊の到着を待たねばならない。斥候《せっこう》を四方に放ち、伊賀軍の手が入らない樫山と呼ぶ小山を背にして、その山麓の高所に陣を敷いた。

馬野という地名は狭間という意味で、山間《やまあい》のわずかに開けた平地を指す。

この狭隘な地に一千五百の軍勢が高所という高所に陣取り、しかも背後に負う樫山の頂上付近に別隊を配したその布陣は、鉄壁の様相を呈した。

対する伊賀軍は千名ほどで数のうえからいっても不利な状況であったが、『伊乱記』に「この攻口に向入る伊賀軍には、馬野村に馬野氏、坂下村に福持《ふくもち》氏、喰代《ほうじろ》村に百地丹波」とあり、この百地丹波守は、忍者の首領として名高い百地三太夫（架空の人物）のモデルとなった人で、友生七郷を治め喰代に百地砦を構える伊賀有数の忍家である。

彼らが、正攻法で戦うわけがない。

戦いは、昼時ごろから始まった。朝からの時雨《しぐれ》が強い雨に変わり、鉄砲が使えないことを好機とばかりに、小部隊が入れ替わり立ち替わり、攻めると見せては退き、退くと見せては攻め、柘植勢の注意を前面に集中させた。

その間、別働部隊は大きく迂回し、背後の樫山へと忍び寄った。

不意をつかれた山上の部隊は、あっという間もなく敗退し追い落とされ、伊賀勢の別働部隊は、その勢いをもって山頂から逆落としに柘植勢の本陣へと攻め下ったのである。前面で飛び回り、駆け回りしていた主力部隊も、この機逃さじと浮き足立った柘植勢に総攻撃を仕掛けた。あとは凄惨な白兵戦となり、鎬《しのぎ》をけずる戦いがそこかしこで繰り広げられた。

まず、山上から駆け下った一隊が後備《うしろぞな》えを破り突き入れば、正面の伊賀勢も山麓を駆け登り、まっしぐらに本陣を目指す。前後から敵を受けた柘植勢は、馬廻りの侍、旗本衆など五、六十騎が兵を叱咤し必死に防戦するが、我先にと押し寄せる伊賀勢をとても防ぎ切れず、ついに本陣突入を許した。

すでに大将の柘植三郎左衛門自身が、太刀を抜き払い、打ちかかる武者と切り結ぶという状況であった。

このとき、馬野一党を率いて正面の堅陣を突破した馬野三左衛門が馬を踏み入れ、「御大将、御覚悟あれ」と陣太刀を振りかぶるなり、柘植三郎左衛門に切り込み、初太刀をつけた。これを見て〝御大将危うし〟とばかりに、馬廻りの侍共が槍ぶすまを作って遮れば、それにまた別手の伊賀勢が襲いかかるという、入り乱れ立ち乱れての大乱戦となった。

しかし本陣にまで突き入れられては勝ち目はなく、また脱出の機会も失い、柘植三郎左衛門は、乱戦の中に岡野養尊《よしたか》に首を討たれた。将を失くした柘植勢は総崩れとなり、この方面における戦いも伊賀軍の勝利に終わった。

伊賀勢、信長軍を討ち破る

第一次伊賀の乱は、九月十七日のたった一日の戦闘で、すべてが終わっている。三方面から侵攻してくる北畠軍を、各個撃破した伊賀勢の大勝利である。装備、兵力、統制と、すべてに勝る北畠軍に対し、なぜに圧倒的な勝利を収めることができたのであろう。その勝因を分析してみよう。

まず第一に、地侍の寄せ集めであった伊賀が、土豪連合を組織し、一つに結集したこと（内通者は下山甲斐ただ一人というのは驚異的である）。第二は、北畠信雄の侵攻を予測し、事前に相当な準備を整えていた。第三には、予定戦場は伊勢との国境だけで、兵力を集中させることができた。第四として、伊勢から伊賀へ攻め入る場合は険阻《けんそ》な布引山脈を越えなければならず、山岳でのゲリラ戦にもち込めた。そして第五に、当日の悪天候が味方し、北畠軍は視界もきかず、鉄砲も威力を発揮できずに彼らの術中に陥った。

この五つのことが、勝因として挙げられるであろう。もちろん、これらの勝因の基本に彼らの情報収集能力というものが、存在することはいうまでもない。

皮肉にも、この勝利が伊賀滅亡へとつながっていく。第二次伊賀の乱が起きるまでの二年間に、状況は大きく変わっていった。

その主なものを挙げれば、天正七年十二月十三日、信長は荒木村重に従った武士たちの女房・子供百二十二人を尼崎《あまがさき》の七松にて磔《はりつけ》に架け、つき従っていた女中衆や若党などの奉公人五百十余名を生きながらに焼殺し、同月十六日には村重の妻子をはじめ眷属《けんぞく》のことごとくを打ち首に処し、荒木村重の反乱は終結した。村重自身は毛利氏を頼り、ただ一人落ち延びている。

さらに信長は、翌天正八年三月に、最大の強敵であった石山本願寺と和睦（事実上の降服）することに成功した。十一世門跡《もんぜき》・顕如光佐《けんにょこうさ》は大坂の城を、我が子教如光寿《きょうにょこうじゅ》に渡し紀伊鷺の森へと退いたが、教如は父の命に従わず再度の籠城を決意し、あくまで信長と戦う姿勢を見せた。だが、すでにその力はなく同年八月二日にやむなく退城するに至る（このときの父子対立が、のちに家康の政策もあって東西の本願寺に分立する）。

信長は元亀元年（一五七〇年）～天正八年（一五八〇年）までの十年間におよぶ一向宗徒との争いに、終止符を打つことができた。しかも全面的な勝利としてである。この天正八年から信長は変わった。一向宗という癌を取り除き、初めて余裕と絶大な自信が生まれたのである。

一向宗徒が癌細胞だとすれば、伊賀の忍び武者は喉に刺さった小骨である。勝利の美酒を飲み干そうとするたびにチクリと痛みを与える厄介な代物ではあるが、トゲで死ぬようなことはない。放っておいてもいずれは自滅するか、場合によっては踏み潰せばよい。また、そこまで手が回らなかったことも確かである。

信雄が惨敗したことは、彼にとってみればまったくの計算外で、馬鹿息子が勝手なことを仕出かしたいわば不祥事ともいうべきものである。しかし、荒木村重の乱に際しての伊賀の妨害工作は、その認識を一変させた。

単独で対抗する力がなく、たえずほかの反信長勢力と結合して反抗を繰り返してきた伊賀は、元来、一向宗徒との繋がりもきわめて薄い。にもかかわらず、事あるごとに連帯している。

とくに今度の村重の反乱では、伊賀と村重という結びつきが薄いはずの者たちが密接な連携を成立させ、信長による村重包囲網の一角を崩している。おそらく、信長は疑問をもったに違いない。

来るべき第二次伊賀の乱は、信雄の名誉回復という親心が第一義であるが、同時に伊賀を殲《せん》滅《めつ》する必要性を痛切に感じたのではないかと思われる。

鋭敏な信長が、伊賀の背後に潜む何者かの存在を察知しないわけがない。

かくして、天正九年（一五八一年）九月三日、北畠信雄を総大将として、第二次伊賀征伐の軍勢は出立した。

まず伊勢地口より信雄、織田信澄《のぶずみ》をはじめとして一万余騎、柘植口には伊勢の関から鈴鹿山脈を越えて滝川一益《たきがわかずます》、丹波長秀の一万二千余。近江日野城から玉滝口へと向かうは蒲生氏郷、山岡主計守《かずえのかみ》ら七千余騎、京都と伊賀を結ぶ御斎峠《おとぎ》の多羅尾《たらお》口には、堀秀政、多羅尾光弘の二千三百余が二手に分かれて、大和方面では筒井順慶《つついじゅんけい》の三千七百余が笠間口、同じく大和の初瀬口には浅野長政、新庄駿河守率いる七千余騎。四万～四万五千ともいわれる千軍万馬の将兵が六カ所七口より頽《なだれ》を打つように攻め入った。

柘植口の緒戦を、『伊乱記』により見てみれば「当方の案内者上柘植村の住人福地伊予、勢《せい》陽加太《ようかた》の住士、鹿伏兎左馬之助《かぶとさまのすけ》、同左京先駆《さきがけ》し所々を導引せり。先陣は滝川左近将監《しょうげん》承り、後陣は丹羽《にわ》五郎左衛門（中略）上柘植の駅舎を焼払い七郷に乱入して寺社民屋悉《ことごと》く放火せり」とある。

ここで目につくのは、すでに三名の土豪が信長方に与《くみ》していることである。同様に、玉滝口に耳須《みみす》弥次郎、多羅尾口には増地《ますぢ》小源太が先導役を務め、国境近くの土豪の中には一戦も交えず降服した者たちも数多い。

織田の大軍を前にして、一枚岩の団結を誇った伊賀土豪連合も多少の崩れを見せ、裏返衆《うらがえりしゅう》（裏切者）を現出した。

とくに福地伊予は『伊水温故』に「定成《さだなり》千石の熟田を所持す。一国の福人也」といわれ、城は上柘植の福地城で現在本丸跡は芭蕉公園となっているが、その規模からみても有力な土豪であった。信雄に従い、第一次の伊乱で討ち死にした柘植三郎左衛門も福地家の出身である。

しかし、この約九カ月後に「本能寺の変」が起き、伊乱の残存勢力による一揆が蜂起したために福地一族は伊賀を追われ加太《かた》に潜んだが、家康の伊賀越えを知り、これに合流し護衛を務めた。

信長軍は前回の敗戦に懲りて、徹底的な焦土作戦、皆殺し作戦を取り、寺社や民家はもちろんのこと一木一草まで焼き払い、老若男女を問わず、動くものは犬猫の類まで容赦なく撃ち殺した。

織田軍は破竹の勢いで伊賀を席巻し、最後に残った滝野十郎吉政の居城、柏原城《かしわばら》へと押し寄せた。城には百地丹波守をはじめ、各地で敗退した伊賀武者たちが籠り奮戦したが、雲霞《うんか》のごとき大軍の前にはしょせん蟷螂《とうろう》の斧《おの》の一振りにすぎず、あえなく落城した。

和議を結び開城したと『伊乱記』にはあるが、実際は闇夜にまぎれて逃散《ちょうさん》したらしい。

この柏原城の攻防を最後に、約一カ月ほどの戦いで伊賀は潰滅した。

柏原城の落城を『伊乱記』では十月二十八日、『多聞院日記』では九月十七日伊賀一円落居、『信長公記』では九月十一日各郡御成敗と記述がまちまちで、一カ月〜一カ月半ほどのずれがあるが、伊賀検分のために信長が敢国《あえくに》神社に参着した日は十月十日で、三書とも一致しているところから、九月四日の戦闘開始から約一カ月ほどで平定されたものと思う。

個々の戦いの経過を記す余裕はないので、『伊乱記』『伊水温故』にある興味深い事柄を二、三取り上げてみたい。

まず第一として、敢国神社の祟《たた》りである。敢国神社の神威により、信長は原因不明の高熱を発し、そのために伊賀へ出陣できなかったという。しかし、信雄の名誉回復のためには、総大将はあくまでも北畠信雄でなければならない。したがって、信長の不出馬は当然と思うが、こういう話が記述されているところが非常に面白い。

伊賀としても、ただ攻められるのを手をこまねいて待っていたわけでもなかろう。手練れの忍びを組織し、信長暗殺に躍起となったはずで、この話はそのささやかな結果を指し示すような気がしてならない。

第二の事件として、伊賀征伐の検分のため十月十日敢国神社に参着した信長は、すぐに国見山へ登ったが、その途次の山中において三名の忍者に狙撃された。

弾は近習の者に当たり、信長自身は無事であったが、忍者たちは霞のごとく消え去り、松の木に打ちつけられた張り紙には、

「右府《うふ》殿、御首御洗い置き候へ。来夏《らいか》参上《さんじょう》」

と書かれてあったという。

三名の忍者は土橋村住人・原田杢右衛門《もくうえもん》、印代判官《いじろほうがん》・服部甚左衛門《じんざえもん》、音羽村住人・城戸と伝えられる。この音羽の城戸は忍術の名人で柘植の四貫目《しかんめ》、湯船《ゆぶね》の耳無《みみなし》、岩尾の愛染明王《あいぜんみょうおう》と並び〝伊賀の四鬼《しき》〟と称された一人である。

それにしても、来夏参上とは……。

「本能寺の変」は天正十年六月二日（大陽暦七月一日）、まさに来夏に当たる。

軌跡

伊賀探究の道程

服部川を越えた。

敢国神社をあとにし、国道二五号線を東へと向かう。途中、服部町にある小宮神社（服部氏の祖神とされる）を見て、いま服部橋を渡ったところである。

すぐ右手に、初代藤堂《とうどう》藩主・藤堂高虎《たかとら》が築城した上野城の天守閣（再建）が見えてきた。伊賀上野は服部川、柘植川、木津川、久米川と四川《しせん》に囲まれ、しかも上野城は高台となっていて城を築くにはもってこいの地といえる。

城の見える右手方向には、近鉄伊賀線の上野駅があり、駅前の通りを抜ければ荒木又右衛門の仇討《あだう》ちで有名な「鍵屋《かぎや》の辻」がある。それに、ちょっと戻ることになるが、近鉄伊賀線を左に見て西へ下れば関西本線の伊賀上野駅に出る。

私は逆に、東北のほうへと進まなければならない。このまま国道二五号線で、上野市街は農人町の交差点まで走り、左折してすぐの車坂を右に入る。

このあたり、城下町の面影を残して、ちょっとややこしい。しかしあとは道なりの一本で、順に下《しも》・中《なか》・上《かみ》の友生《ともお》を通り蓮池から百地砦のある喰代へと続く。

市街を抜けると、周りの景色は田畑に小川、そして丘陵という山際によく見られる田園風景へと変わってきた。中友生を過ぎると久米川がぐっと近づき、その流れを右手に見つつ走っている。

じつは、伊賀に来たのはこれが初めてではない。仕事も兼ねて、これまでに何度も訪れている。上野市だけでなく、名張市や役小角《えんのおづぬ》が開いた修験の地で現在は観光名所となっている赤目《あかめ》四十八滝、上小波田《かみおばた》の福田神社跡に立つ〝観阿彌《かんあみ》創座の地〟の記念碑、そして柘植の福地城跡もすでに訪れている。

福地城本丸跡が芭蕉公園となっているのは、俳聖・松尾芭蕉が裏返衆・福地家の出身だからである。「本能寺の変」後に、一揆勢の攻撃を受けた福地氏が加太へ逃亡したことは先に述べたが、以後密かに帰郷し、一族の松尾姓を名乗った。後世、その松尾家から芭蕉が生まれたというわけである。それと第一次伊賀の乱の激戦地、奥馬野にも関西方面への出張の合間に立ち寄ったことがある。

バスの運行もない所で、伊賀神戸からタクシーで向かったが、通れるのかなと思うような山路を走り、幾度かヒヤヒヤさせられた。しかも、かなり距離があった。このときは折悪しく、きわめて懐中が心許《こころもと》なかった。帰りの切符は買ってあったが、このタクシーで伊賀神戸まで戻れるかどうか、気が気でなかった。幸いなんとか間に合い往復できたが、東京までの帰路を飲まず食わずで帰った覚えがある。

誰でもそうであると思うが、私はとくに現地を見ないと駄目なのである。つぶさに見て、あれやこれやを想い、帰って来てしばらくすると〝ああ、そうか〟となんとなくわかったような気がしてくる。少しニブイのかもしれない。だが、とにかくこれで百地砦を見れば、伊賀の主要な地はすべて網羅したと思えるので、妙な安心感が生まれている。

いや、正確にいえば一つだけ、丸山城跡を見落としている。

丸山城は永禄十二年七月、北畠具教の館として築城されたと伝えられている。しかし、信長の伊勢侵攻のために途中で築城を放棄し、打ち棄てられていた。それを下山甲斐の進言により、信雄が滝川三郎兵衛を奉行として、天正六年（一五七八年）七月、再度の築城に取りかかったものである。

だが、同年十月二十五日伊賀勢の焼き討ちにあい焼亡し、滝川三郎兵衛は伊勢へ逃げ帰ったという。これが伊乱の遠因となったとされているが、この事実はほかの文献には一言一句の記述を見ることもできず、さらに敵対する伊賀の領国内に城を築くなどは不可能に近い。

天正六年における信雄の行動を追ってみると、四月に大坂の本願寺攻めに加わり、五月からは播州の志方《しかた》城を囲み、十一月には村重謀反のために摂州陣に参加と、各地に転戦している。とてもそんな余裕があるとは思えず、どうもこの話には疑問が多く信憑性がきわめて薄い。あえて取り上げることを避けたしだいである。

それよりも、今回の取材で残念だったことは、元上野市長で忍術研究家としても著名な奥瀬七郎氏に会えなかったことである。

高齢でもあり、少し健康を害されているとのことなので、遠慮せざるをえなかった。したがって、この伊賀で話をうかがうことができるような人は誰もいない。

〝犬も歩けば棒に当たる〟という気持ちで、いま百地砦へと車を走らせている。

ところで、道がだんだんと細くなっていく。バス停があることで辛うじてそれとわかるが、この細い道をよくバスが通行するものだと感心してしまう。どうやら、喰代に入ったらしい。

低い山の連なりを背負い、服部川の支流藤野川が流れている。

その藤野川に架かる橋の手前、岬のように突出した小高い丘があった。百地砦跡である。村道脇の空き地に車を停め、砦跡地に向かった。

道路際に、丘へ上る一本の細い歩道が続いている。その道をたどると、石垣が三メートルほどの高さで積まれ、中央に石段が刻まれている。ひと跳びに駆け上がった。上は小広い境内で、正面に本堂が見えている。

この寺は永保寺《えいほうじ》、無住であるが百地氏の請託《せいたく》により、永保元年（一〇八一年）白河天皇が勅願《ちょくがん》を発して建立されたと伝えられる由緒正しい寺である。

白河天皇といえば、藤原氏による摂関政治を押さえるために、初めて院政を開始した天皇として知られる。百地氏は、その平安中期ごろから喰代に勢力を張る土豪であったらしい。

宗旨は真言宗で、本堂の裏手には四国八十八カ所を模した札所《ふだしょ》のミニチュアがあり、かわいらしい石像が並んでいる。右手に鐘楼《しょうろう》があり、釣鐘《つりがね》には友生村庄屋・百地儀十郎ほか数人の寄進者名が銘記されていた。

この永保寺は、百地砦の西南に位置し、裏山は砦と地続きになっている。要するに、ラクダの背中にある二つのコブのように百地砦と永保寺が連結しているのであるが、元亀・天正の時代にこの地に存在したわけではなく、砦とはなんの関係もない。もともとは、同じ喰代地内にある遠峯山《とおみねさん》より享保《きょうほう》元年（一七一六年、紀州家から徳川吉宗が八代将軍として迎えられた年で江戸時代中期）に現在地に移築したものといわれ、その際、山の斜面を削りとって建立したと考えられる。

念のために、地形や石垣などを調べてみたが、とくに防衛上の配慮がなされているとも思えず、それ以前にほかの建築物があった可能性は薄い。やはり、当時は斜面の勾配が強い、雑木が生い茂るただの小山であったろう。

隠し砦に「忍び」がいた

永保寺を下り、全体の地形を眺めながら百地砦へと向かった。

百地砦は隠し砦である。

周囲を篠竹や雑木がびっしりと覆っているが、その後ろを透かし見ると土居《どい》が構築されているのがわかる。土壁が桶の箍《たが》のように、四面をぐるりと取りまいている。

山の真横まで進むと、ちょっと奥まった所に砦への登り口が見えた。そこだけは石垣が積まれ、石段がつけられているが、予備知識がないかぎり入口がどこにあるのか、いまでも迷うのではないかと思われる。なにしろ登り口は二メートルほどしかない。

ちょうど、ドイツ菓子のバウムクーヘンの周りを五ミリ程度切り込まれた隙間を探して、アリが徘徊《はいかい》しているとでもいえば、理解してもらえるだろうか。

とにかく、その隙間を登ることにした。

登り切ると右手に墓地、左手には庫裡と本堂が一緒になったような小さな寺があった。百地家の菩提寺で、臨済宗の青雲禅寺である。

砦跡へ行くには寺内を通らなければならず、声をかけたが応答がない。人の住む雰囲気があるので、無住とも思えずしばらく待つことにした。墓地の脇に池が見える。丸形池という。水面《みなも》はどんよりと静まり、さざ波ひとつない。ふっと、パンフレットに書かれてある祟りの話を思い出した。

昔からこの砦のある山は祟りがあるといわれ、村人は山の木々には絶対に手を触れなかったそうである。その祟りは、しまいには所有者にまでおよび、そのために持ち主が転々とし、最後に砦跡一帯の地域が青雲禅寺に寄進され、やっと治まったという。

どういう祟りがあったのかは書かれていないのでわからないが、確かにあまり気持ちのよい所ではない。じっと待っていることが苦痛になってきた。勝手に入り込んで申し訳ないとは思うが、砦跡へ行ってみることにした。

竹林を突っ切り、螺旋状に巻き込むような山道を登り詰めると、野面積みの石垣に囲まれた敷地が現われた。三百坪ぐらいの広さだが、百地丹波守城址と書かれた細長い石柱があるだけである。石柱には百地末孫・辻弥三郎と裏に建立者名が刻まれている。ほかには何にもない。ただただ、荒涼とした気配が漂うだけである。

少し風が出てきたが、直下に見下ろす竹林の笹先が揺れ、サワサワと鳴り始めてきた。静寂もここまでくると、真昼の妖気が忍び寄るようで、早々に退散することにした。

砦の下方に、百地家の子孫が現在も住んでいる。このまま帰るのではちょっと拍子抜けの感じもするので、話でもうかがえればと思い、訪ねてみようと思った。

登り口まで戻ると、二十メートルほど先で草刈りをしているお婆さんが、小首を傾げてこちらを見ている。

「すみません。百地砦の跡を見に来たのですが、青雲禅寺にはどなたもいらっしゃらなかった
ものですから、無断で見せていただきました」

お婆さんは、しばらくキョトンとしていたが、ようやく意味がわかったらしく、

「そりゃ、おりませんわなぁ」

と答えてくれた。

「お寺は無住なのですか？」

「いんや、私だけですから。私ずっと草むしりしておったんで、そりゃおりませんわなぁ」

思わず駆け寄ってしまった。

「すると、お婆さんはこのお寺の方なんですか」

「ハア、連れ合いが住職しておりましたさかいなぁ」

「では、ご主人は」

「ええ、もう亡《の》うなりましたから、私一人で墓守《はかもり》していますぅ～」

「そうですか」

「あんたはん。どこから来なはった？」

「東京からです」

「そら遠い所から来なはったんやなぁ～。ちょっと寄っときなさい。お茶入れてあげましょ」

大きいのと、小さいのと、二つの草刈り鎌を左手に抱えるように持ち、被っていた手拭いを

取るとお婆さんは先に立った。

腰がほとんど直角に曲がってはいるものの、足取りはしっかりとしている。登り口の石段をトッ、トッ、トッと登って行く。私が登るより、ずっと軽快な感じがするのには正直驚いた。道々、お歳をおうかがいしたが、八十一歳ということである。

玄関を入ると、「ここで、ちょっと待っといておくれやす。手ぇ～洗って、お茶入れますよってな」と奥へ上がってしまった。

突っ立っているのも何か変なので、上り口に腰を下ろし「どうぞ、おかまいなく」と声を張り上げたが、聞こえなかったらしくシーンとしたままである。しかし、静かな所だ。鳥の囀《さえず》りさえここにはない。毎日騒音の中で暮らしている私には、静かすぎてなんだか落ち着かない。しばらくボーとしていたら、お茶を入れて持って来てくれた。じつを言うと、このあたりには自動販売機もなく、喉がカラカラに渇いていた。お茶がとても美味しかった。

「ご馳走さまでした。ご造作をかけてすみません」

「なあ～んの、手数なことなどあらへん。空茶で申し訳ないがのう。あんたはんは丹波さんのこと調べていやはるん？」

「ええ、知りたいですね」

「なら、これあげましょ」

三重県上野市観光協会が発行している「伊賀流上忍・百地丹波守」というパンフレットを渡

してくれた。私は事前にその小冊子を手に入れていたが、ありがたくいただいておくことにした。

「砦跡には、何も残っていないんですね」

「伊乱でね。全部焼けてしもうたですから」

「それにしても、ここは静かすぎますね。一人で住むには、ちょっと寂しくないですか」

「な〜んも寂しいことおまへん。ときどき、あんたはんのようなお若い方が、やっぱり丹波さんのこと調べに　見えますよってな。話し相手さしてもろうていますし」

（確かに、お婆さんから見れば私は若いが）

「それにね。毎朝ね。下の百地の家で、しぼりたての牛乳を熱くして飲ましてくれるんですわ。そのとき、お話しもしますよって。私が墓守しているんで、安心してられるっていつも言うてくれはるさかいに」

（その百地さんのお宅を、お訪ねするつもりなのだ）

「百地さんのお家は、この下の川沿いにあるお宅ですか?」

「はぁい、ポツンと一軒あったでしょうが。あの家ですわな」

「系図が残っているんですよね。拝見させてもらえますかね」

「それがね。あの家のお祖母さんが持ち歩いていて、どこかになくしてしまってないんですわ」

「ほかに、古文書とか手紙とか書付《かきつけ》など残っていませんか」

「当時のものは、矢羽紋が付いた提灯箱《ちょうちんばこ》があるだけですわなぁ」

（提灯箱を見ても仕方がない）

「いまはね、なんもないんですわ」

百地家の家紋は七曜星に二枚矢羽違《ちが》い紋で、矢羽紋を使用していることから、百地氏が服部一族の出であることは明らかであろう。

いただいた小冊子の中に、青雲禅寺に残る徳川期の過去帳についての記載が紹介されている。それによれば没年不明、本覚了誓禅門《ほんがくりょうせいぜんもん》、百地三之丞《さんのじょう》先祖とあり、これが丹波守の戒名と推定されている。鞆田《ともだ》村正覚寺（藤林氏の菩提寺）にある没年不明の供養墓（百地丹波守と勢力を二分した伊賀忍者の長、藤林長門守の墓と推定されている）にある戒名が本覚深誓信士《ほんがくしんせいしんじ》であるところから、百地・藤林同一人説が濃厚視されているとある。

どういうことかといえば、伊賀では同一人物を別々の場所で供養する場合には、戒名を一字違える風習があったらしく、過去帳に載る三之丞が丹波守とすれば、了と深の一字違いで同一人物ではないかと考えられているわけである。

この推測に従って展開されたのが、村山知義著の『忍びの者』である。

過去帳のことを聞いてみた。

「このお寺に過去帳がありますよね」

「三之丞さんの戒名のことだっしゃろ」

察しが早い。

「ちょっと、引っぱり出すの大変なんですわなぁ」

当惑げなお婆さんの顔を見て、すぐに諦めた。

『伊乱記』に百地丹波の活躍はめざましいが、二分する勢力を誇った藤林長門守については何も記載されていない。伊乱において藤林砦も焼滅しているが、その頭領たる長門守の生死は定かではなく、まったくの行方不明である。

百地・藤林同一人説は、かなり信憑性が高いと思われる。いずれにしても、両者は服部一族の分かれであるから縁戚関係はあったものと考えられよう。

「ここには、丹波さんのお墓はないんですね」

(つい、私も丹波さんになってしまった)

「ありません」

「墓地に並んでいる七つの墓石は、どなたなのですか?」

「一つは、丹波さんの奥さんやないかといわれていますけど、それもわかりませんのや」

（下の百地家を訪ねても、しょうがないようだ）

「ここには、何もないんですわ。丹波さんのお墓があるとしたら、高野山じゃなかろうかのう」

「高野山！　あの弘法大師（空海）の高野山ですか」

「はぁい。伊乱で追われて、高野山へ逃げたんですわ。昔から、そう言い伝えられておりますんでな。だから……」

お婆さんの声が、一瞬遠ざかってしまった。頭の中が高野山でいっぱいになってしまっている。そうか、そうだったのか！　なぜ、気がつかなかったのだろう。

まったく、頭の回転がニブイと我ながらいやになった。

この小冊子の中にも「なお、百地丹波は、伊賀乱の時最後にこもった柏原の落城前に紀州に亡命している（大和龍口、百地家系図）」と書かれている。確かに、高野山とは一言も書かれてはいないが、この時点で気づくべきである。

いままで、甲賀・伊賀の後ろでチラチラと見え隠れしていたものが、ふいと目の前に現われたような気がした。

伊賀と高野山は、因縁浅からぬものがある。

伊賀に初めて、四十九カ寺を開いたのは空海と伝えられ、その空海は役小角と並び修験道の元祖的存在である。

何度も述べているように、空海が唐から持ち帰って伝えた密教と、従来からの山岳信仰が混合して修験道が生まれ、その修験道に遁甲偵察術《とんこうていさつじゅつ》の要素が強く影響したものが忍術である。したがって、忍術の底流には密教があり、甲賀が最澄が開創した比叡山・延暦寺の台密《たいみつ》（天台密教）ならば、伊賀は空海が開山した高野山・金剛峯寺《こんごうぶじ》の東密《とうみつ》（真言密教）である。しかも、この二つの流れは、一枚のカードのように表裏の関係をなしている。

それゆえに、伊賀には真言宗の寺が圧倒的に多い。服部氏の菩提寺、地福寺も真言宗であり、伊賀の乱で作戦本部となった天童山無量寿福寺、上野山平楽寺もやはり真言宗の寺である。それに百地氏が請託した永保寺も真言宗ではないか。

なるほど、と一人合点したら現金なもので、もう尻が落ち着かなくなってきた。

伊賀の山々を、暮色が包み込もうとしている。

青山峠から布引山脈を越え、久居《ひさい》市に出て伊勢自動車道路へ乗ったが大渋滞である。食事をすましてきてよかった。もう一時間近くもノロノロ運転が続いている。だが、そのおかげて夕日に染まる伊賀の山並みに、たっぷりと別れを惜しむことができた。いまはそれも、半ば以上闇の中へと沈んでいる。車の左後方遥かには、名張市があるはずである。そして百地丹波守たちが、最後に籠った柏原城も同一方向にある。

奈良との県境に近いその城は、赤目四十八滝や女人高野として名高い室生寺《むろうじ》などの室生・赤目・青山国定公園の山々を背負っている。

落城前夜、落武者たちがその山路を越し、高見山地の山裾をたどり、和歌山街道（国道一六六号線）へ出て西へ向かえば、桜の名所として知られる吉野から五條市へ、そして高野山へと一直線の道である。

もし織田軍によりその道を遮られたとしても、高見山地から台高《だいこう》山脈へと分け入り、修験道の聖地大峰山のあたりから高野山を目指したのかもしれない。

三重・奈良・和歌山にまたがる紀伊山地は日本有数の大山岳地帯ではあるが、役小角以来の修験の地でもあり、早くから山岳修験の行者ルートが存在していた。

おそらく柏原城の者たちだけではなく、運よく逃れた忍者たちは高野山へと落ちて入ったはずである。すでに天正五年（一五七七年）の雑賀《さいが》攻めで、紀伊の雑賀衆も根来寺《ねごろじ》の僧兵も、名目上とはいえ信長の軍門に降り、とりあえず従っている。

考えてみれば、高野山以外に彼らの落ち行く先はない。

二泊三日のあわただしい取材ではあったが、それなりの成果は得たと思う。

甲賀・伊賀という点であったものが、ようやく線を描き始めたからである。

この軌跡を追わなければならない。真言宗の総本山「高野山・金剛峯寺」へと……。

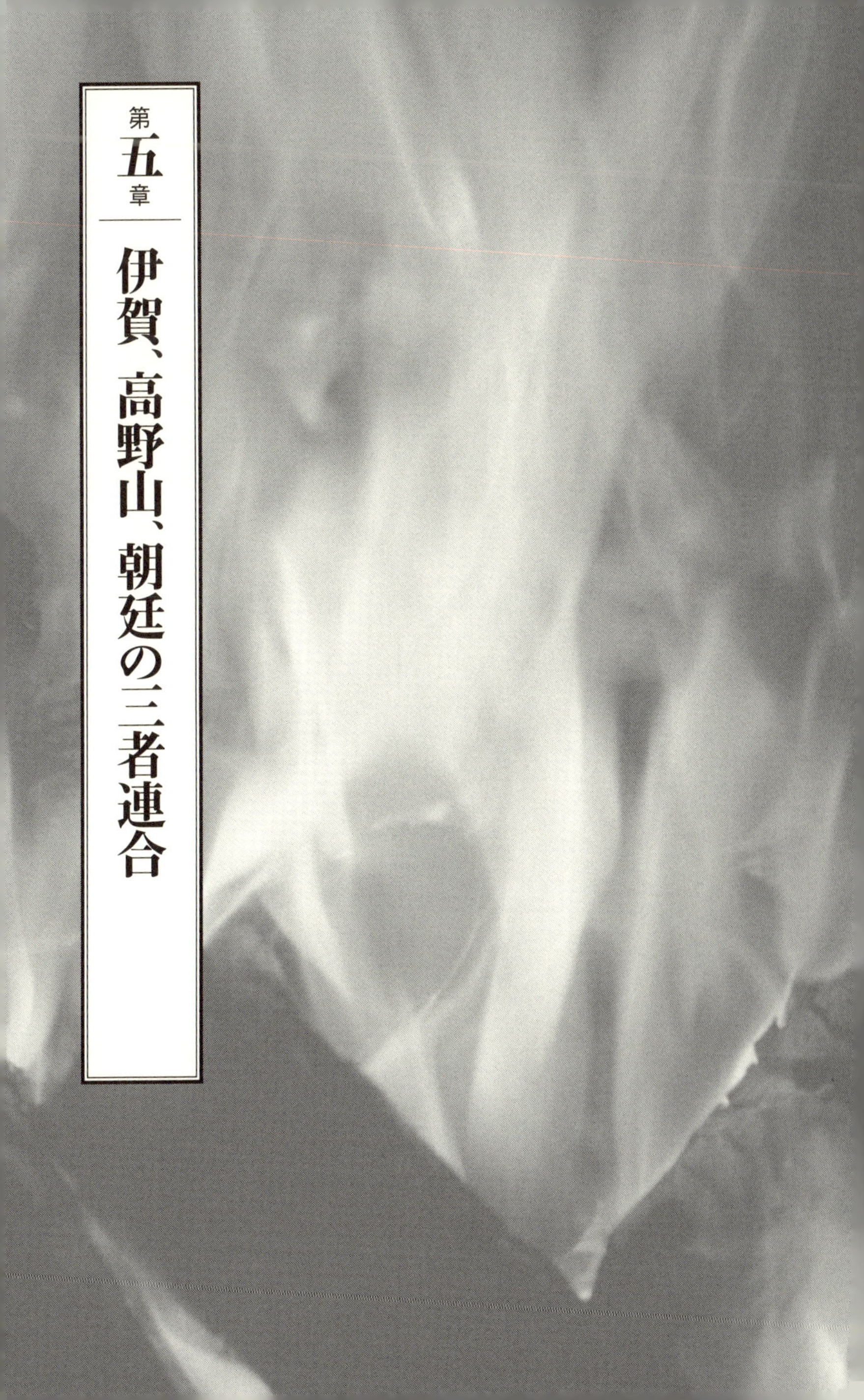

第五章

伊賀、高野山、朝廷の三者連合

安土宗論《あづちしゅうろん》

比叡山と高野山

春が去り、梅雨が明け、夏が終わっていった。

伊賀の取材から、もう五カ月近く過ぎようとしている。高野山への道は、依然として閉ざされたままである。さして交友関係が広いわけでもなく、しかるべき方々への取材ルートがまったくなかったからで、ただ百地丹波《ももちたんば》の墓を探しに行くのではあまりにも芸がなさすぎる。

それに、本業にも追われる日々でもあった。しかしこの間、私に欠落していた宗教という分野を、多少とも補うことができた。

高野山は、ちょっと虚を衝《つ》かれた感があり、ウサギの穴を掘っていたら思わぬタヌキが顔をのぞかせたようなもので、当然、空白な部分が多い。大急ぎで補足をしてみたい。

南都六宗という。平城京に花開いた三論《さんろん》、成実《じょうじつ》、法相《ほっそう》、倶舎《ぐしゃ》、華厳《けごん》、律《りつ》の各宗で、このうち日本に最も早く伝わったのは三論宗、広い影響力をもったのが法相宗である。

天平勝宝《てんぴょうしょうほう》四年（七五二年）、東大寺の大仏開眼会《かいげんえ》に列席した僧侶の数は一万名にも上り、この翌年六度目の渡海にやっと成功し、十二年の歳月を費やして鑑真和上《がんじんわじょう》が唐より来日した。

仏教がいかに隆盛していたかをよく物語る。いずれも戒律を重んじ、自己一身の深化を追求する小乗仏教であった。

大仏開眼会から数えること四十二年後、桓武《かんむ》天皇によって平安京が開かれ、千年の王城の地・京都の歴史が始まる。

新しい都で、新時代を迎えた仏教界にも変革の波が押し寄せた。日本仏教の開祖ともいうべき二大聖人、最澄と空海の出現である。

この二人は同時代の人でもあり、共通点が多い。

最澄が比叡山に入山した折に書き表わした願文《がんもん》に「伏して願わくば解脱《げだつ》の味《あじわ》ひ、独り飲まず、安楽の果《か》、独り証せず。法界の衆生と同じく妙覚に登り、法界の衆生と同じく妙味を服せん」との一文がある。

自らを救い、ほかも救われる。自ら行ない、ほかをも教化する。一切衆生《いっさいしゅじょう》、ともに救われんという自利・利他の二利、すなわち大乗仏教の教えによっている。

乗とは中国での乗り物を指し、仏の慈悲である悟りや救いに至る道に、賢愚、巧拙、遅速などの区別があろうはずはなく、すべての人々、すべての生きとし生ける物が一乗によりあまねく救済される。

万物は平等とともに権利をも有するという一乗止観《しかん》（止は心の散乱・動揺を止め真理に住し、観は不動心をもって事物を真理に即して観察することをいう。仏教語大辞典）を唱えた。対する空海は、永遠であり、かつ絶対な理法の化身、大日如来を説く。

仏教の真理を現世にもたらした釈迦は、本来恒常的に世界に存在しているもので、いわばこの宇宙を貫く永遠不滅の摂理が一種の必然として現出したもので、摂理の提供者、具現者である絶対の釈迦こそ全宇宙の生命の根源であり、森羅万象あらゆるものに現われ宿る大日如来にほかならないとする。

したがって、すべてのものが大日如来の摂理、必然によって存在しているわけで、人間生命はもちろんのこと万物ことごとく肯定されている。

最澄は顕教《けんぎょう》の天台宗、空海は密教の真言宗であるが、それまでには見られない衆生救済という新しい理念をともに抱き、朝廷の要望である鎮護国家についても、両者は絶大な期待をかけられていた。

しかし、この新しい二宗派にしても、最澄が桓武天皇、空海が嵯峨《さが》天皇の厚い信任を得なければ宗門の存立を確保できなかったように、いまだ国家管理宗教であったという趣は免れない。

いずれにしても日本独自の宗教理念、真に民衆を受容する宗教が生まれてくるのは時の経過を待たなければならない。

時代を経て、律令体制というシステムが崩壊し、武士の政権が誕生した。鎌倉幕府の成立である。この間時代は源平の争乱を経験し、養和《ようわ》元年（一一八一年）には全国的大飢饉に見舞われている。

そのありさまを鴨長明《かものちょうめい》は『方丈記』の中で、わずか二カ月間に都の左京の路傍にころがる死体だけでも、じつに四万二千三百余を数えたと書きとめている。

末法思想（仏の教えが滅び、世に戦乱や悪疫がはびこり、人々は救われず最後に滅亡するという）が蔓延するのも無理からぬことである。

鎌倉幕府が開かれた建久三年（一一九二年）から、その終焉までの約百四十年間に、この危機的状況を踏まえて新しい宗派が台頭してきた。

年代順に記すと、第一期が法然の浄土宗、栄西の臨済宗、第二期は親鸞の浄土真宗（一向宗）、道元の曹洞宗、そして最終期に日蓮の日蓮宗（法華宗）、一遍の時宗で、これを鎌倉六宗と呼ぶ。

叡山において、〝知恵第一の法然坊〟と称えられた法然は、難業苦業の自力修行をすべて雑業であると排除し、阿彌陀如来の本願（修生救済の請願）をひたすら信じることにこそ信仰の本質があると悟り、他力本願、専修念仏《せんじゅねんぶつ》を提唱した。

阿彌陀如来の極楽浄土だけは、どんな人でも、いかなる世にても「南無阿彌陀仏」と念仏を唱えるだけで阿彌陀様のほうからやってきて救ってくれるという。

この浄土宗のもつ易行性《いぎょうせい》、平等性、寛容性は現世と浄土との断絶に恐怖する末法の世に、頼もしい教えとして身分を問わず人々の心を捉えた。

徳川家の先陣に立てられた旗印として知られる〝厭離穢土欣求浄土《おんりえどごんぐじょうど》〟とは、穢《けが》れた世を厭《いと》い離れ、浄土を求めるという意味である。

法然に師事し浄土真宗を開いた親鸞は、愛欲に苦しみ「聖《ひじり》であって念仏できないのであれば妻帯して念仏せよ。妻帯して念仏ができぬのならば聖になって申せ」という師の言葉を信じ、僧でもなく俗でもない非僧非俗の生活を実践して、自らを「煩悩具足《ぼんのうぐそく》の凡夫」と規定した。

その親鸞が「信心の定まるとき往生《おうじょう》また定まるなり。来迎《らいごう》の儀式を待たず」として、阿彌陀如来の本願を信じ一向他力に念仏する人は、その瞬間から往生が決定し、凡夫のまま仏に等しい存在と化すと説いた。この悟りが、死に際し阿彌陀如来が来迎し、浄土に救われるという死一辺倒の浄土信仰を〝現生の往生〟という理念に転化し、より積極的な生の浄土信仰へと生まれ変わらせていく。

禅門の栄西、道元は別として、一遍もまた浄土信仰に連なる人で、法華経を唯一絶対とした日蓮も他力本願、専修念仏の影響を強く受けている。

これらの教えが、人々の心の糧となったことは間違いない。

ただ、宗教は往々にして弊害が生じやすい。神仏もしょせんは人間を媒介して存在するゆえに、空海の能力、最澄の篤実、そして法然の寛容、親鸞の情念、日蓮の熱など、開祖の個性や魅力にあずかるところが多分にある。

その輝きを消失した時点から、宗派の開祖たちは権威の象徴として装飾され、教理は情宣活動の手段と化し、組織化が展開される。

そして、各宗派とも教団を成立させ、人々に宗教心とともに盲目的な追従心をも要求するようになる。

剣かコーランかではないが、宗教は〝恐れと救い〟という表裏の要素を使い分け、知的精神に対しては教理を、心の暗部には権威をもって民衆の心を掌握してきた。

万世一系の血脈信仰、天皇家に対する神聖意識なども、当然その延長線上にあるとみていいだろう。

以上が中世における、宗教のあらましである。

中世末期の社会をたとえていえば、武士や庶民の宗教心、ないしは盲目的な追従心が支える舞台の上に、天皇を頂点として公家や僧侶が乗っているようなものであろう。

膨張し肥大化した宗教は、知らず知らずのうちに闇の舞台を作り上げた。

室町幕府最後の将軍となった足利義昭は、信長という強烈な光源体を舞台の上に呼び寄せてしまったのである。おそらく、その瞬間から光と闇の戦いは開始されたと見るべきかもしれない。

信長以後、すなわち中世より近世にかけての最大の変革を一言すれば、宗教的権威の失墜ということに尽きる。

日本人の無信仰体質は、じつにここから始まるのである。

近世以前と以後における宗教の存在、すなわちそのポジショニングの相違は、天と地ほども開きがある。

宗教関係の方から、きついお叱りを受けるのを覚悟で極言すれば、戦国時代において日本の神仏は死んだ。殺したのはもちろん、織田信長である。

かつては王といえども〝恐れと救い〟という両面の宗教的呪縛から逃れることは不可能であった。

あの栄華を謳歌した専制君主、白河法皇でさえ、意のままにならぬものとして「加茂川の水、双六《すごろく》の賽《さい》、山法師」と嘆じたように、「天下三不如意」の一つに比叡山の僧徒を挙げている。

比叡山の焼き討ちや一向宗門徒の大虐殺は、来世の極楽浄土さえも踏みにじり、色あせさせて、ある種の諦観を生み出してしまった。現実がもつ迫力、強さである。

戦国乱世を迎えたとはいえ、宗教が軍事力により圧し潰されようとは誰も考えてはいなかった。まさに、前代未聞の衝撃であったろう。

信長の不慮の死により、因果応報、天罰覿面《てきめん》ということで宗教は潰滅を免れることができたが、ジェノサイドに直面した瞬間から為政者も民衆も、いや僧侶自身さえ、宗教及び自身のもつ宗教心に、雑な言葉で申し訳ないが〝高《たか》を括《くく》ってしまった〟のだ。

元来、内面への強制力をあまりもたない神道などはなおさらである。

以後、仏教における躍動感、生命感は消えた。

寺院は増え、教団の組織化は進んでも、一遍以降、仏法の求道者として一人の大樹も出現させられなかったことは、その証しでもあろう。

あとを受け継いだ秀吉や家康が「政教分離」をたやすく行なうことができたのも、明治維新の神仏分離令による廃仏毀釈《はいぶつきしゃく》の嵐も、このジェノサイド・ショックともいうべき宗教心の変化が根底に存在したからである。

いまでこそ寺や僧侶は、仏事以外に縁のない存在となってしまったが、日本人は近代以前まで決して宗教心の薄い民族ではなかった。

神に対する畏敬も、崇仏《すうぶつ》の念も、深く心に持していた。それがたった一度の宗教弾圧により、隙間風が吹くようなうそ寒さを、どこかに感じてしまったのである。

もともと、非常に合理的な民族なのかもしれない。

仏教史からみた戦国時代は、まさにターニング・ポイントとしての位置を占めていた。

光秀を追って伊賀へ、そして高野山へ

宗教史について、ほんの少し触れるつもりが、だいぶ長引いてしまった。安土宗論《あづちしゅうろん》を記さなければならないが、その前に、もう一度伊賀に立ち戻ってみたい。

天正伊賀の乱の向こう側に「本能寺の変」を私が見たのは、〝変〟の翌日（六月三日）に起きた大規模な伊賀の国一揆を知ったことによる。一揆といっても、蓆旗《むしろばた》に竹槍という江戸時代の百姓一揆とはスケールがまるっきり違う。弓、鉄砲、鎧兜《よろいかぶと》に身を固めた戦国大名の軍隊と、遜色なく戦える一揆軍である。

武器、弾薬、兵糧、馬に戦闘員、それらすべてを一日で用意し、軍を編制できるわけがない。しかも天正伊乱で壊滅的打撃を被り、家も土地もなくし、一族郎党が四散してしまった伊賀においてとなればなおさらである。

だが現実に、裏返りした上柘植《かみつげ》の大土豪・福地伊予が、逃亡しなければならないほど大規模な一揆が起きているのである。

いったい、この一揆はどこから現われたのか。忍者とはいえ、地に潜み、湧いて出たわけでもあるまい。事前に準備を整え、ほかの地点から移動して来たと考えるのが順当であろう。

とすれば、彼らは信長暗殺を予知していたことになる。

信長弑逆《しぎゃく》が、光秀の胸ひとつにあるならば、何人もそれを事前に知ることはできないはず

である。

伊賀と光秀は、なんらかの繋がりがあったのではないか。

この疑念が、私を伊賀へ向かわせた。

当てにならぬと言われる明智系図の、光秀の側室、末子・内治麻呂の母、伊賀柘植城主喜多《きた》村《むら》出羽守保光《やすみつ》の女という記載を蜘蛛《くも》の糸として、もしや光秀は南朝の秘密工作員であった世阿彌の父・観阿彌《かんあみ》清次《きよつぐ》のような存在ではなかろうか？　という思いがよぎったからである。

しかし、喜多村出羽守の名前は、伊賀に関するいずれの資料にも見ることができず、まったく正体不明の人物であった。

代わりに、高野山が眼の前に浮かび上がってきている。

もし一揆軍が高野山から出陣したとすれば、どこから来たかという問題の解答としては確かに辻褄は合う。

成るか、成らぬかはわからないが、いまは高野山が道である。

したがって、取材ルートをなんとしてでも確保しなければならない。

さて、安土宗論である。浄土宗と法華宗（日蓮宗）が安土において、宗教上の論争を繰り広げたこの事件は、信長の宗教統制の顕著な例としてよく知られている。

浄土宗の霊誉《れいよ》玉念《ぎょくねん》という老僧が安土に来て説法をした。時は天正七年（一五七九年）五月中旬のころである。

これに、法華宗の建部紹智《たけべしょうち》、大脇伝介という者が問答を仕掛けたらしい。霊誉は教義を申しても、そなたたちではわかるまいから、修行を積んだ法華宗の僧侶を出せば答えようと返答した。

要請を受けた法華宗側では、本格的な宗論を闘わさんと京都より長命寺の日光、妙国寺の普伝《ふでん》、日諦《にったい》、日淵《にちえん》など歴々の僧衆を揃えて安土に下向して来た。

話を聞きつけた法華宗徒、他宗の僧侶たちも安土へと押し寄せる。

浄土宗のほうも先の霊誉と安土西光寺の住持貞安《じょうあん》が出て、いよいよ宗論が開始されようとしたとき、騒ぎを知った信長から和解するようにと菅屋長瀬、堀秀政、長谷川秀一らが調停に駆けつけた。

浄土宗は受諾するが、法華宗はこれをかたくなに拒絶する。

ついに、しかるべき判定者を用意し、日時を改めて宗論を行なうことになり、城下の浄厳院の仏殿において、五月二十七日に行なうべしと決定した。

判者は、京都五山の上に位置する南禅寺の有識、景秀長老、それに安土滞在中であった因果居士が当たることとなった。当日、法華僧は立派な服装で列し、浄土僧は粗末な墨染めの衣で登場したという。

問答が開始され、法華宗側が返答に口ごもった際に浄土宗の勝ちという判定が下され、法華僧は袈裟をはぎ取られ、法華経八軸《はちじく》も見物の衆に破り捨てられた。

信長は結果を聞くとただちに浄厳院を訪れ、宗論に勝った霊誉に扇、貞安に団扇を与え、判者の景秀長老には杖を褒美《ほうび》として授けた。

そして妙国寺の普伝、大脇伝介を斬首、堺へ逃走した建部紹智をものちに捜し出して斬首した。そして京都奉行の村井貞勝に指示し、洛中、洛外に法華宗敗北を通告したが、これに不満を表した法華僧や宗徒千人ばかりを久遠院へ追い入れた。

さらに法華宗十三カ寺の血判で、宗論に敗北したと、以後他宗に対して一切批判や攻撃をしない旨を誓約させる詫証文《わびしょうもん》を二通書かせ、一つは浄土宗の本寺知恩院へ、一通は信長のもとへ提出させた。

この法華宗の敗北は信長の政策であり、仕組まれた茶番劇である（辻善之助博士著「安土宗論の真相」『日本仏教史の研究』所収）。

判者の『因果居士記録』などによると、宗論において劣勢であったのは浄土宗のほうであったという。

さもあろう。法華と浄土の宗論は、安土が初めてではない。

開祖、日蓮の『立正安国論』においても浄土宗を槍玉に上げ、痛烈な批判を浴びせている。「娑婆即寂光土《しゃばそくじゃっこうど》」、すなわち、すべての人々が法華経を信ずればこの世は居ながらにして浄土となるという現実肯定の力強い教えに、来世の往生しか説かない浄土宗が勝てるわけがない。

事実、浄土宗はそれまで連戦連敗を重ねている。

問答を仕掛けた大脇伝助らもそのことをよく承知していて、不敗の歴史に自信満々で、安土城下において浄土宗を打ち負かし、名を挙げたいとの魂胆もあり、信長の仲裁をも拒絶した。

信長は、小癪《こしゃく》な奴めらと思ったはずである。

嫡子信忠の書簡に「彼《かの》（法華宗）いたつらものまけ候」という表現で書き送っていることからも想像できる。

日蓮宗という宗派は、一向宗にも劣らぬ強烈な個性をもつ宗団で、法華経を唯一無二とするために他宗排斥が甚《はなは》だしく、功徳や仏果を法華経により与えられると信じる現世利益の面が強調され、堺の商人、京都町衆などにたくさんの信者を抱えていた。

しかも、その一部は反信長勢力ともなっている。信長の意に逆らえばどうなるかを知らしめる格好の存在として、スケープゴートにされたことは明白である。

安土宗論は、宗教を己れの膝下《しっか》に組み敷こうとする信長の、全宗派に対する宣戦布告でもあった。荘園領主であり、軍事集団でもあり、荏胡麻《えごま》油などの製造・販売業や、果てはサラ金並みの高利の金融業まで営む各宗教集団に、お見舞いしたボディ・ブロウである。

一年後の天正八年（一五八〇年）、一向宗の顕如光佐《けんにょこうさ》との間に講和（実質は降服）が成立するが、その間、これらの既得権益を徐々にはぎ取っていく。

信長の描く世界は、宗教統制の実現を見ないかぎり成立しない。

南都六宗、天台、真言の二宗それに鎌倉六宗、また大軍事集団を有していた真義真言宗の根来衆を含めた戦国の主要な十五宗派のうち、じつに十四宗派がすでに屈伏していた。そして、ただ一つ残ったのが真言宗の高野山である。

当時の人々には申し訳ない気もするが、四百年前、この第六天魔王（仏法に仇なす悪神、信長自ら称した）が出現したおかげで、我々後世の者は宗教的権威の悪弊や因襲から抜け出すことができた。

インドのカースト制度を持ち出すまでもなく、近隣のアジア諸国を見ても、血肉となったそれらをこそげ落とすことができないでいる。

明治の急速な近代化に日本が耐えられたのも、近代的合理主義の先駆者として信長あったればこそであると思う。

中空の聖域

なぜ光秀の墓が高野山にあるのか

高野山への取材ルートは、意外な形でひらかれた。東京・麻布に正光院という真言宗の寺がある。

六本木のテレビ朝日から、広尾の有栖川宮《ありすがわのみや》記念公園へと抜ける通称〝テレ朝通り〟に面し、両所のほぼ中間に位置している。

その副住職、高橋隆岱《りゅうたい》氏を紹介してもらった。灯台下暗しで、年中仕事で顔をつき合わせている友人A氏の先輩に当たり、私が高野山大学関係の人を捜していることを知り、仲介の労を取ってくれた。

とりあえず電話でアポイントを取ると、午後四時過ぎならばということなので、長雨の続くうっとうしい日でちょっと気が引けたが、伺うことにした。

隆岱さんは三十四、五歳で、場所柄でもあろうかモダンな感じのお坊さんである。案内された本堂脇の室に自分で茶道具を運び、玉露を入れてくださった。その所作に折り目があり、やはり仏門の方は違うなと感心した。

玉露をいただきながら、私はいままでの経緯を簡単に述べ、来意を告げた。

「そうなりますと、やはり高野山大学の教授がいちばんベターですね」

「ええ、できれば」

高野山行きには二つの目的がある。まず高野山大学の図書館に蔵されている『高野山文書』および『天正高野治乱記《ちらんき》』を閲覧する。それに高野山の中世史を研究している方に会うということである。

「高野山大学の教授に取材の許可をいただいて、同時に閲覧許可も貰ったほうが手っとり早いでしょう」

「それは、願ってもないことですけど」

「山陰《やまかげ》助教授にお願いしてみようと思います。中世史が専門ですし、たぶん承諾いただけると思うのですが」

「まだ、お若い先生なのですか」

「はい、気さくな方です。高野山に清浄心院《しょうじょうしんいん》という寺があるのですが、その住職の山岸俊岳さんを通じてお願いしてみます」

藁《わら》にもすがる気持ちで来たので、なんとかなりそうな状況に、正直ほっとした。
二、三歳くらいの男の子が、廊下をトコトコと歩いてきた。お父さんを占領されて機嫌が悪いのか、すでに半べそをかいている。
隆岱さんは抱き上げながら、

「高野山に、明智光秀の墓があるのをご存じですか」

と言った。

「いえ、存じません。どうしてまた光秀の墓があるのですか」

「どうしてだかわかりませんが、ただ逆修墓《ぎゃくしゅぼ》ではないかといわれています」

「逆修墓？」

「生前に作っておく、墓のことです」

一瞬、奇異な感じにとらわれた。光秀の墓……。それがなぜ高野山に、しかも自分が生きている間に。

「墓には、斜めに亀裂が入っているんです。謀反人の墓だから、そういう墓相をしていると説明されているんですが」

「そうですか。それは、ぜひ見てみたいですね」

楽しみが増したような、謎が一つ増えたような、妙な気持ちを抱きながら、隆岱さんに丁重にお礼を述べ、正光院を出た。

車に乗り込みイグニッションキーを回しながら、高野山とはいったいどんな所なのだろうと改めて思った。

雨は小降りになっていたが、雲が低く垂れ籠めて薄暗い。

すでに街路灯は光を放ち、濡れた車道に映り込んでいた。

山を登っている。

すでに十月の声を聞き、さぞかし紅葉が美しいことであろう。

この南海電鉄の高野山行き電車は、左側面を山腹にへばりつくようにして山登りをして行く。右側の展望は素晴らしい。

紀伊山地の山々の頂がほぼ目線と同じ位置に見え、高い樹木も頭の先を覗かせるだけ、たまに停車する駅さえも宙に浮かんでいる。

私は幸運にも、その右側の座席に座っていた。

幸運といえばすべてが順調に進み、高野山へ向かっている。これもA氏や隆岱さんのおかげである。

山の尾根にでも差しかかったのか、それまで肩を怒らせ、車体を斜めにして走っていた電車が急に平行となった。

山腹が消え、左右ともに眺望が開け、電車は空中を飛んでいる。

昼と夜の違いこそあれ、気分は銀河鉄道に乗ったジョバンニのようである。しかし車窓に心を遊ばせる暇はない。高野山のことである。

なぜ高野山は信長と対立したのか

一口に高野山といってもその実態は複雑で、山内は学侶、行人《ぎょうにん》、聖《ひじり》の三グループに分割されていた。

学侶は良家の子弟が仏門に入り教学の研究にいそしむ学徒であり、行人とは堂衆などとも呼ばれ修験者（山伏）と思ってさしつかえない。そして聖は全国を行脚する勧進僧、つまり高野《こうや》聖《ひじり》である。これにもう一つ、戦国時代には客僧が加わってくる。

客僧とは、文字どおりいろいろな階層の人たちが高野山へ寄宿したもので、その性格は山伏的（行人的）、勧進聖的などさまざまであり、伊賀を逃散《ちょうさん》し、高野山へ向かったとされる忍者たちも、さしずめ客僧衆として身を寄せたものであろう。

これらの人々が総本山金剛峯寺を中心として、西院は学侶、千手院《せんじゅいん》谷は聖というように、あるいは分かれ、あるいは入り組み十谷《じっこく》を構成していた。

その規模は承和元年（八三四年）の時点において、六十七万五千坪（二百二十二万七千五百平方メートル）、坊舎の記録は少し時代が下がるが正保《しょうほう》元年（一六四四年）に千八百六十五坊で、その内訳は学侶の住坊二百十、行人千四百四十、聖百二十、客坊九十五となっている。

まさに全山が一大宗教都市であった。二〇〇九年現在では山内に百十六の子院があり、その中で五十二院が宿坊寺院である。

これから訪ねる清浄心院は、蓮花谷の最深部、弘法大師の御廟がある奥の院の入口近くに位置し、本堂には国宝彫刻の阿彌陀如来像が安置され、高野山・別格本山として高い格式をもつお寺である。

と、ここまでは書物で得た知識で、実際はどんな所かまったく見当がつかない。こうして座っていても、刻一刻と近づいているわけだが多少は気が逸《はや》る。

終点の極楽橋までまだ少し間があるので、信長と高野山の対立を記しておきたい。

永禄十二年（一五六九年）正月五日、三好三人衆（三好長逸《ながやす》、同康長、岩成友通《ともみち》）や信長に美濃を追われた斎藤龍興《たつおき》らは、前年九月に上洛を果たして本圀寺《ほんこくじ》に仮住まいする将軍足利義昭を突如強襲した。

彼らの起死回生を賭けた攻撃だったが、信長方はよく義昭を守護し撃退した。

この三好党たちの行動を支援したのが堺の町人衆、河内の天野山金剛寺（真言宗）、そして高野山金剛峯寺である。

高野山衆徒は大和宇智《うち》郡に兵を出し、坂部、二見に要害を構え、宇智郡を押領してしまう。だが結局、三好軍らは敗退し、堺衆は矢銭二万貫を供出、金剛寺は兵糧米千石を納めて信長に降ったが、高野山はまったくの無傷であった。

さらに天正元年（一五七三年）、足利義昭が信長に対し挙兵した際にも、高野山はこれに呼応して気勢を上げた。そして、荒木村重の反乱が起きた天正六年には一向宗徒と連携し、吉野郷で活動している。

これらの度重なる敵対行動に信長も手を焼いたのか、天正八年（一五八〇年）、高野山宗徒に対し、押領した宇智郡の支配権を認めている。懐柔策に出たのであろう。

しかしこのあと、より本格的な戦いへと発展していく。

天正八年八月一五日、信長に無能を宣告され、追放された佐久間信盛父子は、高野山へ登ったが、信長にそこにも居住することを許されず、熊野山中へ逐電《ちくでん》した。

信長は、信盛父子の遺物を返却するように命じたが、高野山はこれに応じない。さらに荒木村重の残党五名（池田三郎左衛門、中西小八郎、渡辺八郎、伊丹新七、坂中主水）が西光院谷《や》地《ち》の坊に逃亡していることが発覚し、探索の命を帯びて登山した堺の町奉行松井友閑《ゆうかん》の士卒三十二名が、衆徒に惨殺されるという事件が起きた。

信長はその報復として、翌天正九年四月二十日、高野山領・槇尾山施福寺《まきおさんしふくじ》に堀久太郎を先陣の将とする軍を発向した。このために老若の寺僧七、八百名は翌日施福寺を退散、軍勢は高野山へと進出する。

包囲軍はその総数十三万七千二百二十人と高野山側の記録にあるが、信じがたい。武田征伐を控えた織田軍にその余力はないはずである。

対する高野山は諸荘の武士、牢人、山徒などを糾合し三万六千余が山内に籠城した。

加えて信長は、同年八月十七日安土城外、京七条河原、勢州蜘蛛津《くもつ》河原の三カ所において諸国を行脚する高野聖六百名（一説に千三百八十三名）を断罪に処した。

この一連の事態に驚愕した高野山は、仁和寺《にんなじ》の御室《おむろのみや》宮任助親王にすがり、正親町《おおぎまち》天皇に愁訴する。

天皇は信長を慰撫するため安土城に勅使《ちょくし》を下向し、御室御所からも鳴瀧法眼《なるたきほうげん》が参上した。これにより小康状態を得るが、信長は朝廷サイドの仲裁を聞き届けたわけではない。伊賀攻め、武田攻めを控えて自重しただけである。

したがって、高野山包囲を解除してはいないのである。

天正十年（一五八二年）二月九日の武田攻め布令状にも、和泉一国の軍勢は紀州に向けるとあり、包囲陣の諸将の軍も一部残留しろと命じている。

三月十一日、武田勝頼は駒飼《こまがい》の山中にて自刃し、精強を誇った甲斐の武田氏は滅んだ。毛利氏は秀吉軍に圧迫され、越後の上杉氏は謙信の死後、家督争いのために往年の勢威はない。この状況下ではまさに、高野山も風前の灯火であった。

しかし、高野山衆徒も意外に善戦している。

高野七口を封鎖され、兵糧攻めを策する織田軍に対して果敢にも再三出撃し、筒井順慶《つついじゅんけい》の将三好新之丞などを討ち取ったという。

高野山包囲は六月二日の「本能寺の変」まで続き、翌三日、信長の死を知った織田軍がその包囲を解き、撤退したことにより終わっている。

以上の経過を見て改めて気づくことは、信長に対して武力対決した最初の宗教勢力が高野山であったということである。

ただ、地理的な関係などから大事に至らずにすんでいたが、天正九年～十年にかけて信長は本腰を入れ出したことで対立が激化、多数の死傷者を出した。

それを知った高野山側は、朝廷に働きかけ天皇まで動かしている。

最初から最後まで反信長勢力として活動し、屈服もせず、生き残りえた唯一の宗派が真言宗・高野山であった。

これを単に僥倖《ぎょうこう》として、片づけてよいものであろうか！

おそらく、鍵はそのあたりにある。

伊賀と高野山を結びつける証左を発見！

極楽橋からは、ケーブルに乗り換えなければならない。これこそ登山電車で、かなりの急勾配をよじ登って行く。

あいにくと雲が湧き、視界が悪い。しかし、それはそれで雲海に身を漂わせる感があり、一興の趣を味わうことができた。

山上の高野山駅に到着する。

改札口を出ると、意外にも循環バスが並び、客待ちのタクシーが何台か停まっている。納得がいかない。あの雲の中、急勾配を引き上げられた身としては、どうしてここにバスやタクシーがあるの？　という気持ちになる。

無論、昔から高野七口といわれ、たどる道は一つではない。

現在では高野龍神スカイライン、高野山有料道路なども開通している。しかし、そんなことはすっかりと忘れていたのだ。

到着早々にして、人間は書物で得た知識よりも体験した気分のほうが、ずっと大きいという一つの悟りを得た。

タクシーが身を寄せるように前へ来たが、迷わずバス停へと向かい乗り込んだ。

一番前の座席を陣取る。思ったとおり、待つほどもなく発車した。雲なのか霧なのか、一層その深さを増してきている。

張り出した峰々を避けるように道は曲がりくねり、バスは時折クラクションを鳴らしながら進む。女人堂の門前を過ぎ、左手に蓮華定院《れんげじょういん》、右に阿彌陀《あみだ》ヶ峰、そして獅子ヶ岳へと続いていく。

ここから道は平坦となり、聳《そび》える堂塔《どうとう》伽藍《がらん》が山の木々とともに靄に包まれ、幻影のように現われては消える。

高野とは文字どおり〝たかの〟で高山の頂上に開けた広野を指し、海抜一千メートルほどの山々に、およそ東西六キロ、南北三キロにわたり横たわる〝深山の平地〟である。

取りまく峰々を八葉の蓮花に見立て、開祖・空海が目指した兜率天《とそつてん》への壇上として、天上と下界とを結ぶ階《きざはし》の地として、いま高野山はたなびく五雲《ごうん》とともにある。

それは、まさに中空に浮かぶ聖域であった。

本王院を右折すると、通りの両サイドに寺院が軒を連ね、その隙間へ銀行や商店などが顔を見せ始めてきた。

ちょうどこのあたりが東西南北の中心に位置し、右側には総本山金剛峯寺、通りの突き当たり正面には高野山大学がある。

寺が密集する賑わいというものは、一種独特で都市とも町ともつかない。

けれども、なんであれ人が集合する場所には、やはり華やぎが存在するから不思議である。

おそらく、この一帯が山内で俗世を感じることのできる唯一の所であろう。

バスはすでに千手院橋を渡り、大学の手前で左折した。道程は余すところ小田原谷、蓮華谷、終点の一の橋とあと一キロ足らずとなっている。

一の橋は奥の院への入口に当たり、訪ねる清浄心院がそこにある。


「明朝、金剛峯寺をご案内して、それから大学のほうへお連れします」

清浄心院の俊岳さんは、いっさいの手筈を整えていてくれた。

私は体ひとつ運べば、図書館で閲覧することもでき、山陰助教授にも会うことができる。

「ただ、土曜日なので、少し早めに出なければならないと思います」

早起きは大の苦手である。恐る恐る時間を聞いてみた。

「八時半くらいに、ここを出たらどうですか」

「九時でしたらありがたいんですが……」

俊岳さんは、笑いながら同意してくれた。

東京から六時間半、清浄心院の門をくぐったのは、すでに五時近くになっていた。

ご挨拶をすませ、宿坊に案内され、ひと息ついたら、もう六時である。

夕食は六時半に用意しますとのことなので、今日はもう何もできない。のんびり過ごすことにした。

高野山は女人禁制、殺生禁断の地である。

女人のほうは男女平等の世の中となって、解かれてはいるが、殺生禁断はいまだに頑として守られているらしい。その証拠に、目の前に並べられた夕食は胡麻豆腐、本家本元の高野豆腐、精進揚げと、これぞ正真正銘の精進料理である。

迂闊《うかつ》にも、ここが寺院の宿坊であることを初めて実感した。

しかし、手の込んだ料理である。この蒲鉾の材は、おそらく空豆を擂《す》り潰して蒸し、それらしく拵《こしら》えたものであろう。うまい、どれもすべからく工夫があり、じつにうまい。

しかし俗世にある身の悲しさで、動物性たんぱく質がこよなく恋しかった。

翌日、図書館のカウンターで姓名の記入を終え、高野山文書の貸し出しを待った。

昨夜は夜半から雨に変わり、まだ降ったり止んだりの空模様が続いていた。

俊岳さんに金剛峯寺を案内してもらい、大学に着いたのがちょうど午前十時である。

高野山文書とは、山上山下はもとより朝廷や幕府、有力武将らとの対外接渉の文書類（書簡、条書、願文、感状通達文など）を含めいっさいを収集したもので、単に高野山の歴史に留まらず、当時の状況を知るうえでも貴重な史料である。すべてが記録であるゆえにきわめて信頼性が高く、とくに中世史においては史料の宝庫といっても過言ではない。

「こんなにあるんですか」

「はい」

当然ですよと言いたげに、館員の方が私の前に置いた『刊行会本高野山文書』は、厚さ二センチ弱で十冊ぐらいある。ちょっとうんざりした。

ページをめくり続け、目を通し続けた。もう何冊目であろう、いいかげん疲れてきた。

手を伸ばして椅子に背をもたせ、大きく反らすとボキッと背骨が鳴った。首をぐるぐる回しながら、さらにページをめくる。

「あった！」

和州宇智郡坂部兵部太夫《ひょうぶだゆう》の城に、夜中《やちゅう》伊賀衆忍び入り候処《そうろうところ》、南の水堀を越え、諸口《もろくち》一番乗り、城中に於いて比類なき働《はたらき》、共（に）諸人の目（に）渡り、其かくれなき儀、申し尽くし難く候事、恐々謹言

金剛峯寺　惣分沙汰所　一藹坊

辰　八月四日

二見蜜蔵院《ふたみみつぞういん》　殿

これこそ、伊賀と高野山との関係を示す、まぎれもない証しである。急ぎコピーをした。

宇智郡の坂部兵部太夫は同所の土豪で、おそらく織田方であろう。その城に、夜中伊賀衆を

忍び込ませ、二見蜜蔵院という者が比類なき働きをしたという感状である。

惣分沙汰所とは、行人衆の代表機関で論功行賞もこの組織が行なっていたものと見える。

コピーを持つ手が震えていた。高野山文書の中に、伊賀と高野山との密接な結びつきを明らかにする何かが、きっと見つかるはずであると信じていた。その確かな証左がここにあったのである。

高野山は、いち早く信長の死を知っていた

午前中、一時間ほどという約束であった。いま、コピーしたばかりの文書を握りしめ、山陰助教授の研究室を訪問した。

山陰氏は長身で学究肌の、おっとりした雰囲気を備えた人であった。私より二つ三つ下であろうか。まだお若い。

持参した幾つかの資料を提出し、これまでのいきさつを説明し、伊賀と高野山との繋がり、そして光秀の墓がある謂《いわ》れなどを聞いてみた。

山陰氏は、伊賀に関してはまったくの研究外で何も言えないが、ただ、高野山文書にこういう形で（先程の文書のコピーを見せた）残る以上、密接な関係があったことは確かでしょうと太鼓判を押してくれた。

もう一つの光秀の墓についての謂れなどは、ご存じないという。

しかし、そのあとで面白い話を聞くことになった。

「あなたの話をうかがっていて、懐かしく思い出すことがあるのです」

と切り出した。

「私の母方の実家は近江の坂本近辺なのですが、じつは先祖が明智光秀の家臣であったと伝えられているのです」

「近江の坂本ということになると、光秀の直臣中の直臣ですね」

「私をはじめ子供たちは、母方で育てられたので、母の父、私たちにとっては祖父に当たります人に、いたずらをすると〝わが家の先祖は日向守様《ひゅうがのかみ》御家中にて〟と必ず祖父の口から出るのです」

「叱る言葉の中にですか」

「ええ。自分の家は誇るものとて何もないが、先祖は惟任《これとう》日向守様にお仕えした歴《れっき》とした武士である。恥ずべきことはするな、と最後は必ずそれで締めくくります」

「明智光秀といえば、天下の謀反人として一般には知られているわけですが、それが先生のお祖父さんには、先祖が家臣であったということが大変な誇りとなっていた……」

「いまになって考えてみますと、光秀公の家臣であったということが誇りだったのか、それとも武士であったことが誇りなのかわかりませんけれども」

「なるほど。でも、やはり光秀公の家臣であったということに、よりウエイトがおかれているような気がしますね」

「まあ、でもそのおかげで、自分の一種のアイデンティティとして、いつまでもしっかりと心の中に根づいていますよ」

「それは、とても大事なことですね」

「確かに。ですから日向守様という方は、とても偉い人であると思っていました。現在でも光秀公に対するイメージは、謀反人というより悲劇の人という感じを強くもちますし、この高野山も彼の行動により救われているわけですから」

「近江での光秀に対する評価は、悪人的イメージではないということなのでしょうか」

「それはわかりません。ただ私の里方では、いまお話ししたようなことですというだけです」

山陰助教授との面談はそれで終わった。

帰り際に『天正高野治乱記』を複写させてもらってから研究室を出た。

これから、奥の院にある明智光秀の墓へ詣でてみようと思っている。一日宿坊に戻り、俊岳さんに厚情を謝し、清浄心院を辞去した。

ここに来て、光秀の墓がなぜ高野山にあるのか、百地丹波の墓は存在するのか、いろいろな方に尋ねたが、ついにどちらも判明しなかった。

でもそれは、別に驚くことではないのかもしれない。なぜならば高野山奥の院には、織田信長、豊臣秀吉、武田信玄、上杉謙信、伊達政宗、筒井順慶など戦国武将の墓が一堂に会している。ほかにも浅野内匠頭と四十七士、千姫、春日局、大岡越前守など歴史花形スター・オンパレードといった趣である。それからいえば、光秀の墓があるのは当然で、百地丹波などあったとしても記録に残ることはないであろう。

ただ光秀の場合は、謀反人の烙印を押された人物で、上記の豪華絢爛たる人々とは意を異《こと》にする。そこにおいて、一線を画すものがあるはずである。

まあ、百聞は一見にしかず、光秀の墓に行ってみればわかることであろう。

奥の院は、全山が墓域であった。

案内板をよく見たつもりで登って来たが、それでもこの墓石の数では何がどれやらよくわからない。あいにくと、雨がまた降り始めてきた。

昨夜来からの降り続きで、石畳は濡れて滑りやすい。おまけに側溝には山上からの水が注ぎ落ち、一段低い墓地側に所々あふれ出している。

石畳の通路をそれる気はあまりなかったのだが、橋手前右側というところで、墓石群の中へと分け入った。

石田三成の墓がある。関ヶ原の戦いののちに建てられたものであろう。奥中央の三成を守護するように、左右両側に小さな墓石が並んでいる。その斜め後ろに光秀の墓はあった。

二メートル四方程度の広さに、一・五メートルくらいの供養塔。逆修墓ではないかという話であったが、見るかぎりではとてもそうは思えない。

丹波一国に坂本を合わせ持つ大守の墓としては、あまりにも貧弱ではないか。誰が建立したかは知らないが、やはり人目を忍び密かに、という寂寥《せきりょう》感《かん》が漂っている。

墓石には、確かに亀裂が走っていた。

写真を撮りたかったが、この天気ではどうにもならない。合掌して引き揚げることにした。

紀ノ川を越し、橋本近くまで来た。車窓から庭先に少し色づいた柿の実などを見るとホッとした。ああ、下界に下りて来たという感じをもつから不思議である。高野山は、やはり異域なのであろう。

車中『天正高野治乱記』を読んだ。

「慈尊院《じそんいん》雨壺山《あまつぼやま》糠塚《ぬかづか》九度山《くどさん》砦の事」という条の記述の中に「忍者を入れ夜討し」と書かれていた。伊賀忍者とは記されてはいないが、これもむろん伊賀衆でまず間違いない。

それより興味深いのは、「本能寺の変」における記載である。

まず「六月二日申《さる》の下刻《げこく》（午後四時過ぎ）。京都より飛札《ひさつ》到来し」と、信長父子の死を記述しているが、信忠の死を確認するには午前九時過ぎまで待たなければならず、以後京を出たとしてわずか七、八時間で到着していることになる。

空海が高野山を開創したとき、その道程を上表文の中に盛り込んでいるが、それによれば

「吉野に従いて南に一日行く、更に西に向かいて去る両日程にして」という。つまり吉野から南へ一日、さらに西へ向かい二日、計三日間が高野山への道程ということである。

京都から高野山までは直線距離にして約百キロ強、その間には金剛山地、和泉山脈、紀伊山地が立ちはだかり、まず一日でたどり着くことは不可能である。

だが、もし事前に〝変〟を予知していたならば、その成否を告げる使者を平地は十キロ、山路は五キロ間隔ぐらいに足早の者（忍者）を配置しておけば、たった一日の伝達も可能なことである。

また、前日の記録も面白い。「六月一日辰《たつ》の刻《こく》（午前八時）。中壇《ちゅうだん》の天より生首《なまくび》二つ舞い下り舞い上がり（中略）不動明王の利剣より流血し（中略）雲中に大音有りて叫びて云《いわ》く。信長滅亡すと諸軍中に響き亙《わた》れり」とある。

『天正高野治乱記』は、信憑性に欠ける面もあるが、それは前に紹介した『伊乱記』にも言えることで、誇張された部分に惑わされず、ただ書かれている事実が何を示しているかだけを見ればよい。

この場合も高野山側は、山下に陣取る織田軍より早く六月二日に情報を入手し、自軍に通達するとともに、敵の織田包囲軍に対しても、あらゆる手段を使って告知した事実を物語っているのである。

怪談・奇談は、多少の演出効果を考えた結果であろう。

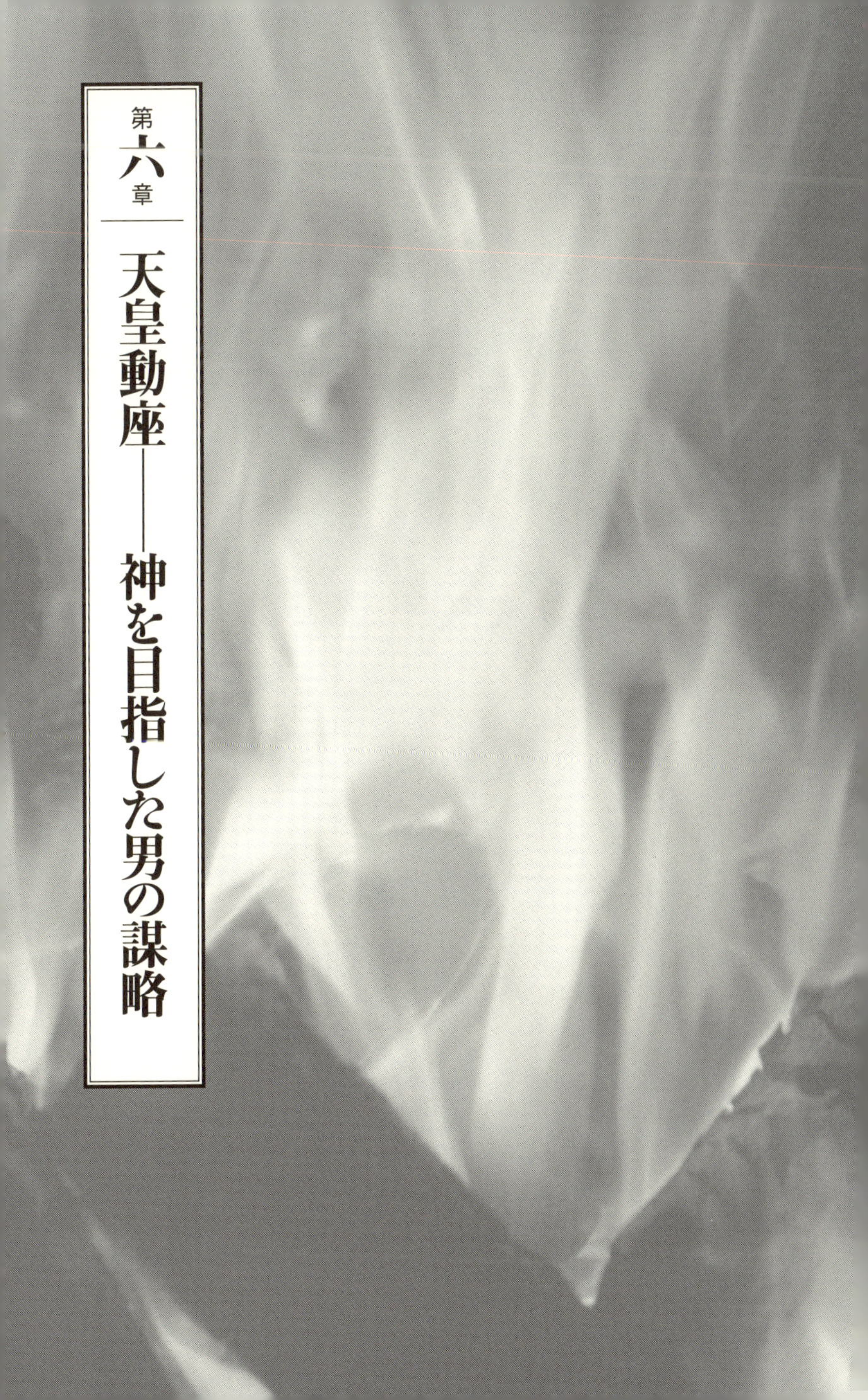

第六章

天皇動座——神を目指した男の謀略

敵は本能寺

闇を切り裂き忍びが疾る

潜り戸が音もなく開き、寺内から四人の男たちが飛び出してきた。

いずれも手には短槍《たんそう》を持ち、柿色の忍び装束に身を包んでいる。槍は、伊賀独特の片鎌《かたかま》槍《やり》だ。

門前に異常がないのを確かめると、あとから現われた頭《かしら》らしき者に中の一人が片手を挙げた。それに頷くと頭らしき男は、門扉を拳で一つ叩き、ゆっくりと歩み始めた。寺門と四名の者が立つ周山《しゅうざん》街道との間は約二十メートルほど。その緩やかな傾斜の参道には白砂が敷かれ、敷石が置かれている。男は、参道の中ほどで足を止めた。

背丈は六尺（約百八十センチ）、長身である。

忍び装束の下に鎖帷子《くさりかたびら》を着し、足には革足袋《かわたび》に熊の革の草鞋《わらじ》、さらに臑《すね》当てを巻き、腕に籠手《こて》をつけていた。その腕を組み、悠然と佇み、ただ一点を見据えている。すると、ギギーッという軋《きし》み音を立てて、寺の大門が八の字に開かれた。半弓を携えた者が六名、手槍を抱えた者が四名、そして腰に直刀と鎖鎌を差し鉢金を被った小頭らしき者一名。鉢金の小頭は男に一礼をすると、街道で待つ四名とともに疾風《はやて》のように駆け去っていった。

おそらく、先駆けの者たちであろう。昨夜来の雨は上がっていたが、雲は厚く低く、じっとりと湿った大気は肌にまとわりついて離れない。

時刻は、深更《しんこう》におよんでいる。ここ御室《おむろ》の里は、深い闇に包まれていた。ただ敷き詰められた白砂と敷石だけが、ほの白く浮かび上がっている。

頭らしき者は、なおも微動だにしない。その者の名は、新堂の小太郎。伊賀の名門、新堂家の嫡男として生まれ、楯岡《たておか》の道順《どうじゅん》、音羽《おとわ》の城戸《きど》らと並び称される。伊賀切っての忍びの手練《てだ》れである。この仁和寺《にんなじ》に配された、九十五名の伊賀者の束ねを託されていた。

いつの間にか、小太郎の背後に、残る八十名の忍び武者が立ち並んでいる。

「参る」

小太郎の口から、低く強い一語が発せられた。

闇が、闇を切り裂くように疾る。目指すは洛中、信長の眠る本能寺へと……。

拠点は、四カ所に設けられていた。

まず洛西（天皇の御座所である御所を中心に見て西に位置するので洛西。同様に洛東・洛南・洛北と呼称される）にある仁和寺。

周山《しゅうざん》街道に沿って建つこの寺は、宇多法皇の勅願《ちょくがん》によって建立されて以来、代々の門《もん》跡《ぜき》寺院（皇族・貴族などが出家して住する寺）としてその法灯を受け継いできた。

一年前の天正九年（一五八一年）、織田軍により包囲された高野山が愁訴した、御室宮《おむろのみや》任助親王の御在所でもある。

応仁の乱により、京のすべての寺は焼失した。仁和寺もその災禍を被ったが、以来百年を経て徐々に復興しつつあった。復興に携わる大工、左官、商人らの人の流れは伊賀の忍者たちを匿《かくま》うに格好の隠れ蓑となった。

そして上京の大報恩寺（千本釈迦堂）。応仁の乱で奇跡的に焼失を免れた唯一の寺院である。現在は民家に囲まれているが、当時、上京《かみぎょう》の町衆は信長に反抗し、そのため織田軍により町のすべてを焼かれていた。焼け野原に、ポツンと建つ大報恩寺の見通しはきわめてよい。したがって人の出入りは目立つが、店や家を焼かれた町衆の口は堅い。彼らにとって、比較的安全でさらに位置的にも重要な地点であった。

三つ目の拠点は、この大報恩寺の対角線上、真向かいに位置する粟田口の青蓮院《しょうれんいん》である。山科《やましな》から近江の大津へと抜ける京都七口の一つ粟田口は、古来より人馬の往来が甚《はなは》だしく、紛れるには絶好の場所であった。

最後は、東山三十六峯の一嶺、月輪山《げつりんざん》の山麓に建つ泉涌寺《せんにゅうじ》である。この寺は日本唯一の皇室の御香華院《ごこうげいん》（菩提所）であり、京の町衆はこれを敬って御寺《みてら》と呼ぶ。ゆえに信長の代官・京都奉行といえども、むやみに足を踏み入れるようなことはできない。来迎院《らいごういん》、今熊野観音寺など、山内一円に建ち並ぶ塔頭寺院《たっちゅうじいん》に、伊賀者百名が身を潜めていた。

この四カ寺は、皇室との縁が深い。とくに仁和寺と青蓮院の二つは門跡寺院であり、一つは皇室の菩提所である。これが発覚すれば相手は信長である。朝廷もただではすむまい。まさに乾坤一擲《けんこんいってき》の勝負を賭けていた。

さらに四拠点には、それぞれに副拠点ともいうべきものが設けられている。もし一つが露見した場合、その事実をほかの拠点に迅速に伝達するためだ。もしもの場合は、被害を最小限に食い止め、速やかに撤収するほかはない。そのための副拠点である。

仁和寺には近隣の等持院《とうじいん》が、大報恩寺には上賀茂の神光院《じんこういん》がその役目を担っていた。

そして青蓮院には聖護院村に二十名ほどの伊賀者が村人に交じって移り住み、本能寺のある下京《しもぎょう》に近い泉涌寺には、吉祥院《きっしょういん》（菅原道真誕生の地。吉祥天満宮）の雑色《ぞうしき》（御所や神社の雑役をする者たち）として、やはり二十名ほどが潜り込んでいる。

総勢三百五十、そのすべてがいま終結しようとしているのだ。

仁和寺の大門が八の字に押し開かれたころ、粟田口にある青蓮院の長屋門では、門前に三十名ほどの黒い影が蹲《うずくま》っていた。藍色の忍び装束、甲賀の忍び武者たちである。

信長の二度にわたる甲賀征伐により、彼らは国を追われた。かつては同胞であった者たちとも、まさに血で血を洗う戦いを繰り広げてきた。

当初は千を数えたものが、いまではここにいる者たちだけとなってしまった。圧倒的な織田軍に対し、十二年間も戦い続けてきたのだ。無理もなかろう。一国を焼土とされた伊賀衆同様、彼らの怨みも深い。

しかし、それも今夜で終わる。押し入る時刻は寅《とら》の中刻《ちゅうこく》（午前四時）。もう半刻（一時間）もすれば、仁和寺の伊賀衆も等持院、神光院の者たちも、大報恩寺に集結するであろう。

「プッホー、プホッホー」

コノハズクの擬声《ぎせい》が、境内に響き、木立の陰から新しい影が浮かび出た。

聖護院の村に潜む、伊賀衆が合流したのだ。

おそらく下京に最も近い泉涌寺も、吉祥天満宮の者たちを吸収し、すべての手筈を整え終えているはずだ。

待てばいい……。

いまは、その時がくるのを、じっと息を潜めて待てばいいのだ。

また勝手な想像をと叱られそうだが、私は、これが真相であろうと考えている。無論、拠点として取り上げた寺院などは、違っているかもしれない。が、根拠もなく取り上げているわけでもない。

信長暗殺に、朝廷の関与は不可欠である。その理由は後述するが、であるならば、暗殺集団を秘匿するに門跡寺院など朝廷と関係の深い真言宗の寺が選ばれたと考えられるのだ。四つの拠点とした中の青蓮院は、天台宗（天台三門跡の一つ）であるが、まあ一つぐらいは他宗もあるかなと思い加えてみた。

しかし、これは朝廷にとって非常に危険なことである。では、なぜ朝廷が自らの危険も顧みず〝変〟に加担しなければならなかったのか。

これから、その理由を述べてみたい。

日本法皇への野望

故地への還御《かんぎょ》

「本能寺の変」における真の実行犯が、伊賀の忍者集団であるとすれば、彼らを使嗾《しそう》した黒幕を追及しなければなるまい。それには、当時の状況を考え合わせてみる必要が生じてくる。天正十年（一五八二年）の時点において、信長をどうしても殺害しなければならない緊急事態に陥っていた勢力は、まず第一に毛利氏、長宗我部《ちょうそかべ》氏、高野山が挙げられる。もちろんこのほかにも北条氏、上杉氏などをはじめ、信長の勢力伸張に戦々恐々としていた者たちは数多い。

しかしなんといっても、この三者の運命は風雲急を告げていた。

まず毛利であるが、信長が生存していた場合、たどる道はすでに決まっていた。信長は天正三年（一五七五年）～五年（一五七七年）にかけて前関白《さきのかんぱく》太政大臣《だじょうだいじん》・近衛《このえ》前久《さきひさ》を九州に派遣し、島津氏と大友氏の抗争停止を図り、両者に臣従を促している。このときは失敗に終わったが、信長の勢威拡大とともにのちに実を結ぶ。

島津氏は近衛家を御家門様と尊称するように、家祖・忠久は近衛基通《もとみち》に養育され島津荘の地頭職を継いだ。以後も代々密接な関係が保たれ、このときも前久を通じて島津氏は、信長の勢力がいかに強大であるかを充分に承知している。

天正九年、島津義久は信長の上使・伊勢貞知に対し、「この度、上様（信長を指す）の御朱《ごしゅ》印《いん》拝領しかたじけなく候、（中略）兼ねて隣国（毛利）に御出馬の催しの最中とか、その時は相当の馳走（加勢）奉ずべく候」と書状を提出しており、文中信長を上様と呼び、毛利征伐には相当の加勢をしますと誓約している。

また、大友氏は島津に対抗する必要上、以前より信長との親交を深めていて、すでに臣従の方針を固めていた。信長出馬の際には、大友・島津の連合軍が関門海峡や周防灘《すおうなだ》を押し渡り、毛利の背後を衝《つ》く手はずになっていたと思われる。

これに対し毛利家では、外交僧・安国寺恵瓊《あんこくじえけい》を立て、戦闘状態にありながらも羽柴秀吉を窓口に、領土の割譲をもって降伏の道を模索していた。

おそらく、山陰・山陽十カ国の領地のうち、五、六カ国は召し上げられる覚悟はしていたであろう。毛利とて馬鹿ではない。情報は逐一入手していたと思われ、武田家の二の舞を踏まぬためには、相当の出血にも耐えなければならない。
四国の長宗我部氏においても、信孝の指揮する征伐軍だけで手いっぱいのところへ、毛利を降伏させた織田連合軍が加われば、滅亡は目にみえている。毛利降伏とほぼ同時期に降参するであろう。

信長には、この展開が読めていた。毛利・長宗我部と二方面への同時作戦を取っているのは、この遠征が短時日に片がつくと計算してのことである。

すでに信長が掌握する領国は三十カ国、北条氏は武田攻めの際に臣従を示しているし、上杉氏も謙信当時の力はなく、中国・四国征伐を終えれば天下統一は完了するとみてよい。おそらく、彼は年内中（天正十年）には、すべてを終結させるつもりであったろう。まさに、天下布武は目前であった。

この二者は滅亡の運命をたどるのであろうか？　じつはそうではない。信長の腹のうちを探れば、彼らの降伏を受け入れ、その力をもぎ取り、骨抜きにしてしまえばよく、とりあえずは全国平定が先である。

毛利はくさっても鯛、屋台骨が白アリの巣になっていた武田とは違い、徹底抗戦されれば月日を取られる。長宗我部にしても同様であろう。短時日に片がつくと計算しているのと同程度に、このこともよく彼は心得ていた。

では残る一つ、高野山はといえば、これは比叡山延暦寺と同様、焼滅の憂き目をみることとなろう。高野山は、信長の憎悪から決して逃れることはできない。

これらのことを視野に入れながら、信長の視線はすでに天下統一の彼方を見据えていたのである。

これから述べる事柄は、各方面から多大な非難を浴びることとなろう。それを思うとちょっとゲンナリするが、それでも私は信長暗殺連合の存在に自信をもっている。

天下統一の先、それは海外征服構想である。

信長という不世出の異能人は、我々の尺度では計り知れないところがあり、一を聞いて十を知るというが、彼の場合はすでに百を数えている。この海外出兵の件についても、根拠のないことではなく、彼の足跡の随所にその片鱗をうかがい知ることができる。

『フロイス日本史5』第五十五章には、「毛利を平定し、日本六十六カ国の絶対君主となった暁には、一大艦隊を編成してシナを武力で征服し、諸国をみずからの子息たちに分かち与える考えであった」と記されている。

信長は宣教師たちを世界に対する情報ソースとしていたが、中でも会見する機会を最も多くもったフロイスの言葉は信じるに値しよう。一向宗徒と対立したそもそもの発端も、石山本願寺明け渡し要求を突きつけたことにある。

これは大坂湾を控える本願寺の立地条件に目をつけたからであり、海外貿易や軍事進出の基地として、信長にとっては絶対に手に入れておくべき地域であった。

信長の構想を知るに、秀吉を見ればおおよそはわかる。秀吉ファンには申し訳ないが、秀吉は手紙の書き方まで真似た、信長の忠実な模倣者であった。

刀狩りも、太閤検地も、貨幣価値の統一（金銀中心の近世幣制）も、大坂城（石山本願寺跡地）の築城も、賓客を迎えると自ら天守閣へ案内するスタイルも、そして有名な北野の大茶会さえも、天正九年（一五八一年）に行なわれた馬揃《うまぞろ》え（軍隊の観閲式）を真似たものだと評されている（『多聞院《たもんいん》日記』）。別に、好悪《こうお》でいっているわけではない。家康も、信長が先鞭をつけた一国一城令を取り入れ、布告している。

何を言いたいのかといえば、秀吉が起こした朝鮮征伐も、じつは信長が企図《きと》していたものであるということだ。

信長は、毛利との海戦で天正六年七隻の大船（うち六隻は世界初の鋼鉄船）を建造し、堺の港に係留しており、海外出兵の準備ではないかと当時でさえ考えられていた。信長研究の第一人者として知られる奥野高広氏も、秀吉の朝鮮出兵は「上様」の言動が、強く印象づけられていたためではなかろうかと記している。

朝鮮出兵は信長の発案だった

じつは、この海外出兵計画を李氏《りし》朝鮮のほうでもしっかりと把握していた。当時、李氏朝鮮は第十四代の宣祖王《ソンジョワン》の時代であったが、一五八三年に兵曹判書《へいそうはんしょ》（国防大臣）であった李栗谷《イユルコク》は、日本からの軍事侵攻に備え国防軍十万の養兵を王に進言している。

李栗谷（栗谷は号、名は珥《イ》）は朱子学の大学者としても知られ、宮廷の不正や腐敗の是正、困窮する百姓の救済、身分にかかわらず、民衆が政治に参与できる言論の自由などを提言した革進的な政治家であったが、そのためにかえって弾劾され、大臣の職を追われた。このときも、国防軍十万の提言が却下された。

もし十万の兵が養成されていれば、秀吉が起こした「文禄・慶長の役」（朝鮮では壬辰倭乱《イムジンウェラン》・丁酉再乱《ジュンユゼラン》）も違った形になっていただろう。日本軍が侵攻したとしても、沿岸部あたりで止められ、したがって被害も少なく、いまに至るまでの怨磋《えんさ》を生み出すこともなかったのではなかろうか。

李氏朝鮮が、なぜ軍を持つことを嫌ったのか。これはその始祖、李成桂《イソンゲ》（一三三五〜一四〇八年）に由来する。李成桂の家系は代々武人の家であり、彼自身も弓の名手として知られ、勇敢で統率力があり部下の信頼も厚かった。このころ、中国では「紅巾の乱《こうきんのらん》」（目印として、頭に赤い布を巻いていたので紅巾賊と呼ばれた）が起こり、高麗《こうらい》王朝が統治する朝鮮の国境を度々侵犯した。その紅巾賊との戦いにおいて、彼は十万の紅巾賊をわずか二千の兵で討ち破り、占領されていた高麗の首都・開京《ケギョン》を奪回する。この軍功により、やがて右軍統制使（左・右両軍の一つ、右軍の司令官）となった彼は、左軍統制使の曹敏修《チョミンス》とともに反乱を起こして高麗朝を滅し、ついには王となって李氏朝鮮の開祖となった。自らが軍を掌握して得た政権であるので、クーデターを恐れた李朝は軍の存在を否定した。

そして中国（当時は明《みん》）の属国となることにより、国防におけるすべてを大国、明に依存したのである。これにより李氏朝鮮の五百年は、たびたび他国に侵略され、そのつど人民は塗炭《とたん》の苦しみを味わうこととなった。

これを、他山の石とすることはできまい。最近の日本に、よく似ているではないか。〝自民党をぶっ壊す〟と言って現われたヒーローは、首相になった途端、アメリカに跪《ひざまず》いて国を売った。

彼が成し得たことといえば、私怨ともいうべき郵政民営化だけである（これも、米国からの強い要請があった）。プレスリーのモノマネまでして媚《こび》を売る姿は、日本国民だけではなく世界中を呆《あき》れさせた。恥ずかしいかぎりである。

国防を他国に依存した国は、世界広しといえども日本と李氏朝鮮の二国しかない。その隣国の悲惨な歴史から、日本は学ばなければならない。大国であろうとも、しょせん他国、自国は自らの手で守らなければ、悲劇的な結果を招くことは歴史が証明しているのだから……。

話が逸れてしまった。ここで私が主張したいのは、豊臣秀吉の朝鮮出兵は本来が彼のプランではなかったということである。一五八三年は〝変〟の翌年であり、秀吉は柴田勝家との賤《しず》ヶ岳《たけ》の戦いの真っ最中で、この時点では豊臣政権など誕生していない。

当然、朝鮮側がキャッチした日本の海外出兵という情報は、前政権の織田信長が企図したものであることは明白であろう。秀吉の朝鮮征伐は、彼の誇大妄想などでは決してない。

そこには、〝変〟の謎を解く鍵が秘められている。

朝廷が信長暗殺を画策

少し、先走りすぎた。話を、元に戻したいと思う。

信長が全国を平定した暁には、本当に困惑する勢力が、じつはもう一つ存在していた。

朝廷である。

天正八年（一五八〇年）まで、信長は年平均五回は京の都へ入洛していたが、それ以降は馬揃えのため天正九年に続けて二回、十年に一回、このとき「本能寺の変」の災禍《さいか》に見舞われている。

なぜ八年以降、京へ行く回数がこれほど激減したのか。それは十年戦争となった一向宗との長い戦いに、やっと終止符を打つことができて、それまでさんざん利用してきた天皇の権威が不要となったからである。不要どころか、むしろ邪魔な存在となった。

天正九年の馬揃え自体、表向きは天皇に織田軍を閲兵していただくということになっているが、その意図するものは、自らの力の誇示であり、いかに神々しく、天皇と同格もしくはそれ以上の存在であるかという認識を、京の民衆に植えつけるためである。

信長のこの日の出立ちは、天神様のようだと評された。その神のような扮装で、初めは馬に乗り、あとには宣教師たちから贈られたビロードの椅子に座り、四人の壮丁《そうてい》にかつがせて登場した。神を意識した演出であろう。京の都人に見せつければ、やがては全国へ広がっていく。これを見せられる天皇こそいい迷惑である、というより恐怖さえ感じたに違いない。

閲兵している軍隊は、信長のものであり朝廷の軍ではない。しかも信長は、自分のほうが偉いんだぞと、これ見よがしに張り合おうとする。その子供っぽさは、眼前を行進する軍に、天皇を攻撃しろと叫び出しかねない恐怖を抱かせた。

なぜ、これほど天皇を意識し、対抗しようとするのであろうか。

一向宗との十年戦争で、信長は民衆のもつ信仰の恐ろしさを、骨身に沁みて味わわされた。

一つの例を挙げれば、浅井長政は信長勢と戦うとき、反信長同盟軍の一向宗門徒たちを常に最前線に立たせ、武士たちはそのあとからついていったという。弾よけがわりに、使ったのである。これには門主の顕如光佐《けんにょこうさ》も業を煮やし、ときどきは門徒と武士たちを入れ替えるようにと何度も長政に要請した。

「退《ひ》くは地獄、進むは極楽」と念じながら進む門徒たちの悲惨さは、言葉に尽くせぬほどであった。

逆に織田軍からみれば、殺しても殺しても進んで来る門徒たちの不気味さには、言いようのない恐怖心を覚えたに違いない。信長にとって、すでに大小名など眼中にない。

彼らには、名利《みょうり》と恐怖を与えればなんとでもなる。自分らが属する勢力が不利ともなれば、裏切者は続出するし、拮抗する勢力においても利をもって誘えば内通する。だが信仰をもつ者は価値観がまったく違い、信長の意思どおりにはいかないのである。

この時代、日本全国の民はいずれかの仏徒、または神を信ずる徒であり、しょせんすべての民を殺し尽くすことはできない。

そして、そのすべてに通じる宗教的権威の頂点に、神としての天皇があった。

もちろん、民衆一人ひとりの心を、天皇が占有するという意味ではない。宗教の縦の系譜をたどれば、いちばん上に象徴として存在するということである。

信長の戦いの軌跡は、日本史上初めての大規模な宗教戦争であり、当然彼自身もそのことに気づいていた。だからこそ、彼は神になろうとしたのである。

フロイスが帝《みかど》に拝謁《はいえつ》することを信長に申し入れたとき、「その必要はない。余が内裏《だいり》（天皇）である」と告げた話は、彼の望むものが帝位であったことの証明ともなろう。それに、事実お手本があった。

中世ヨーロッパにおいて、政治・軍事・宗教を合わせもつローマ法皇である。宣教師たちの口から語られたヴァチカン宮殿に君臨するローマ法皇の姿に、信長は己れのあるべき姿を見る思いがしたことであろう。

絶対に裏切らぬ人の心、それは宗教以外にない。法皇の権力を手にするために、彼は宗教的権威をどうしても身にまとわなければならなかった。そうなると、古来より定められた国のただ一人の祭祀者《さいししゃ》、万世一系が目の上の瘤《こぶ》となる。

この難問を解決するグッドアイデアが閃いたのは、おそらく天正五年（一五七七年）ころからではないかと推測される。それには、まず誠仁《さねひと》親王に天皇の位を継承させなければならない。手の中で飼い馴らした親王ならば、思いのままに操る自信が信長にはあった。正親町《おおぎまち》天皇に、誠仁親王への譲位を執拗に強要したのもそのためである。

使徒ペテロから、天上の国への鍵を継承したと伝わるキリストの代理者、ローマ法皇のように……。

天皇となった誠仁親王より、あることをもって日本の祭祀権をすべて譲り受け、静かに消滅させていく。といっても、天皇を殺害するなどという馬鹿なことを考えたわけではない。天皇および公家のすべてを、立派な大義名分のもとに消えてもらうという計画である。

それは遥かな昔、海を渡ってこの国へ来た祖先の地への動座《どうざ》、すなわち故地へ還御（帰郷）していただくことである。

彼が死する直前、関東へは滝川一益《たきがわかずます》、北陸へは柴田勝家、山陰・山陽へは羽柴秀吉、四国は織田信孝と丹波長秀、高野山には手隙《てすき》の諸将を配置し五方面作戦をとっている。予備兵力は、光秀が握る近畿軍団しかない。

致し方ない場合以外、兵力を分散して戦う愚を犯すことなく大軍をもって撃破してきた信長が、なぜこのような焦りを見せたのであろうか。

すでに天下統一は万人が認める段階にあり、じっくりと腰を据えていれば二、三年ですべてがひれ伏し完了したであろう。確かに、織田幕府を創るならばそれでよかったはずである。しかし、朝鮮を武力制圧し、両国の民心を押さえて天皇を彼《か》の国へ動座させるには、時間はいくらあっても足りず、急がなければならなかった。

彼も人間である以上、死を迎える日が訪れる。唯物論者でリアリストの彼は、そのこともよく承知していた。

天下を統一し、朝鮮征伐を行ない、すべての祭祀権を譲り受け、天皇を朝鮮へ動座させる。そこで信長は、日本法皇となるのだ。この途方もない計画を抱いたために、彼は急がなければならなかったのである。秀吉は氏素性のあやしい哀しさゆえ、この信長の企図に飛びついた。といっても秀吉の場合は動座までは考えておらず、自己の政権に箔《はく》をつけたいという単純な功名心から、実行に移してしまったわけである。

ここまで一気に書いて、少し緊張している。

日本の天皇が朝鮮を故国として渡来して来たなどと、偉いことをという自覚があるからであろう。しかし、日本の天皇が朝鮮から渡来したとする説は、もはや公然とした秘密のようなものである。一例として、渡辺光敏著『天皇家の渡来史』という本の中にも、始め中国東北部松花江《しょうかこう》上流地域を支配していたツングース系の夫余《ふよ》族（ブリアート族）が徐々に南下し、朝鮮半島に小王国を築き上げた。馬韓《ばかん》・辰韓《しんかん》・弁韓《べんかん》などがそれであり、そのうちの辰韓の王族たちが日本へ渡来し、第一段階の天皇家の祖となったと記している。

この問題に関しては、私自身面白い体験をした記憶がある。それは銀行関係のPR用パンフレットを制作していたとき、海外でも高い評価を得る映画監督のS氏とアナウンサー出身のエッセイストK女史との対談をお願いした。

ひょんなことから話は天皇制までおよび、S監督の豊富な知識と情報に驚愕した覚えがある。無論、その話はお堅い銀行関係のパンフレットに載せられるはずもなく、S監督もそのへんは心得ていて、「あとは適当に」と言いおいて会場を去った。

実際、少し困惑したが、我々スタッフにはそういう話のほうが面白く、あとに残ったK女史を囲み、コーヒーをすすりながら話が尾を引いてしまった。

だが、そのおかげでK女史のユニークな見解も拝聴することができた。

K女史が、大喪の礼（天皇の葬儀）に臨席されたとき（私の記憶に間違いがなければ）宮中の女官が着ていた衣装を見ていて、ふと思いついたそうである。

〝あっ、これはチョゴリ（朝鮮の民族衣装）だ〟と。

リボンのような帯を胸高に締め、何枚もの袷《あわせ》を重ねて、裾広のスカートふうの袴《はかま》、どうしてもそこにチマ（スカート）・チョゴリ（上衣）が原型にあるとしか思えなかったと語られた。

いわれてみればと、妙に感心したものである。

朝廷動座という信長の企て

もう少し、この件について述べてみたい。四世紀後半、朝鮮半島にあった任那《みまな》日本府を思い出していただきたい。三国時代（高句麗《こうくり》、新羅《しらぎ》、百済《くだら》）以前、新羅と百済に挟まれて伽耶《かや》という小国家群（六つの小王国に分かれていた）が存在した。その中の任那《イムナ》伽耶《カヤ》に、日本府が置かれていたというのである。私は社会の授業でこれを習ったとき、子供心にも不思議な思いを抱いたことを覚えている。

〝なぜ朝鮮半島に……〟。

そのときは、漠然と貿易商館のようなものだろうという程度に理解していた。大人になって古代史物を読むときなどは、不思議さがさらに増した。〝府〟という以上、そこには当然役人がいて行政が存在し、民は税を納めなければならないはずである。いくら近いといっても、日本と朝鮮は海で隔てられているのだ。半島の一角を、植民地のように支配できるものであろうか……。

近年、その疑惑が氷解した。逆なのだ。大和朝廷を創設した人々は、この任那加羅《みまなかから》（伽耶《かや》）からやってきたのだ。

崔基鎬著『韓国 堕落の2000年史』(祥伝社)によれば、加耶大学・加耶文化研究所が主催して、日本の建国神話の中心である「高天原《たかまがはら》」の故地が、韓国東南部、慶尚北道高霊郡《キョンサンプットコリョ》の高霊であるという説を検証する学術研究会が開催され、日本からも歴史学者・研究者など四十名が参加したそうである。

もしこの説が実証されれば、大和朝廷を創設した人々は高霊から海を渡ってきて政権を打ち立てたことになる。高霊は古代の大伽耶(大加羅)の首都であり、大伽耶は任那加羅の前身である。さらにいえば、任那の韓国語読み「イム・ナ」の「イム」には、「思い慕う人」あるいは「主」という意味がある。任那には「母国」「主人の国」という意味が込められているのではないかと推理するのは考えすぎであろうか。

つまり、日本の皇族の故地は朝鮮半島にあったのだと、私は考えている。信長は、ここに着目したのだ。

朝鮮を武力で征圧し、天皇に奉呈《ほうてい》する。奉呈などというと聞こえはいいが、要は朝鮮半島に朝廷の文武百官すべてを引き連れて、改めて国王として動座して戴くということである。

これぞまさに、驚天動地の企てであろう。

そして、この〝故地への還御〟という信長の企みを、朝廷側でも薄々気づいた人物が、少なくとも二人はいた。当たり前であろう、事は自らの生存権の問題である。

中世を調べてきた過程での推測であるが、信長の時代ぐらいまでは、先祖の氏族伝承が根強く受け継がれてきたのではないかと思える。源平藤橘《げんぺいとうきつ》など姓が問題となるのも、それゆえにという気がしてくるのだ。したがって民衆から上層階級に至るまで、天皇の起源についてもよく認識していたのではないかと思う。

血脈信仰も、外来の王家の血だからこそ尊いと信奉されていた。といっても、信長の時代でさえ千年以上もの昔である。いかに故地といえども、いまさら還御など、ありがた迷惑以外の何ものでもない。

しかも彼の地を武力制圧し、そこへ戻るなどは狂気の沙汰といえよう。民衆の蜂起により、いつひっくり返されるか知れたものではない。そのような野蛮きわまりないことを考える男は、かつてこの日の本の国には一人もいなかった。

だが、現実に現われ出たのである。フロイスでさえ察知するのであるから、信長は秘したつもりでも、これまでの言動の端々《はしばし》から気づかないわけがない。藤原氏の摂関政治、武家の幕府政治という、これまでの原形を継ぐならば、先に述べたように数少ない天皇の権能を奪い取る必要はさらさらないのである。

信長の無法な企みに気づいた二人とは、帝自身であり前太政大臣・近衛前久である。だからこそ正親町天皇は、頑として譲位に応じなかったし、それに対抗しなければならなかった。

信忠の手紙

織田信忠は、なぜ京にいたのか

少し角度を変えて、「本能寺の変」を考えてみたい。まず、二条御所で討ち死にした信忠のことである。信忠はどうして京にいたのか、それは当初からの予定の行動であったのか。この信忠在京という事態が非常に重要な意味をもつのだ。これに関して、信忠が出した最後の書状が残っている。

「家康は、明日大坂・堺にまかり下られ候、中国表に近々御馬を出さるべきの由候条、我々堺見物の儀、まず遠慮致し候、一両日中に御上洛の旨に候あいだ、これに相待ち申し候」（以下略）

この書状は、天正十年五月二十七日の日付で、森乱丸宛に通達したものである。

信忠は、家康とともに大坂・堺見物のために入京した。

その途中、京において毛利征伐のため信長出馬の報を聞き、急遽《きゅうきょ》堺見物を取りやめ、京で信長を待つことにした。

以下を略したが、続く文面では、「信長を待つことにしたが、それでよろしいか、信長の許可を得て通報してくれ」としたためている。

つまり〝変〟の四日前まで、彼は家康を案内して大坂・堺を見物する予定だったのであり、京に滞在する予定はまったくなかったわけである。これに対する返事がいつ来たのかは定かではないが、京都―安土間であれば一日で往復できたかもしれないし、翌日の二十八日だったかもしれない。

ところで、この信忠在京という事態を、光秀はいつ知ったのであろうか？

光秀が愛宕山《あたごやま》へ参籠《さんろう》して、亀山へ帰城したのが五月二十八日、〝変〟の三日前である。愛宕山でおみくじを三度も引き、反逆するべきか否かを迷ったとする『信長公記《しんちょうこうき》』ほかの記述は、先の書状と照らし合わせてみると、まったく面妖な話である。

信長・信忠親子が京に入ればこそ謀反《むほん》が成功する可能性もあり、反逆の決意を固めることもわかる。しかし、信忠が在京していたのは、偶然の結果なのである。

この書状の返事しだいでは、翌日、信忠は大坂・堺へ家康と一緒に行っていたかもしれず、そうすれば取り逃す恐れが多分にあった。現に家康は、堺を脱出し三河へ帰り着いている。

領国から遠く離れ、わずかな近臣を連れただけの家康より、五百名の兵を率いている信忠のほうがずっと条件はいい。それに信忠の場合、大坂にいる信孝や丹波長秀に合流すればよく、そうすれば万の軍勢を手にすることができ、光秀軍と充分に対抗しうる。

信長の正式な後継者・信忠がどんな形であれ生存していたならば、光秀の謀反は絶対に成功しない。各地に散らばる織田軍勢が信忠のもとへ集結し、明智軍は壊滅せざるをえない。信忠へ同行した家康も当然協力するであろう。

京の地一所において、信長と信忠を殺害しうるという情報を入手しないかぎり、光秀が謀反に踏み切ることはないであろう（まったく発作的に行動したとするならば別であるが……）。信忠在京の情報は、五月二十七日もしくは二十八日まで、誰も把握していなかった情報である。なにしろ、信忠自身もわからなかったのだから。

光秀がこの情報を入手できたのは、五月二十九日か六月一日の二日間。正確にいえば、〝変〟は一日の夜から明け方の間に起こっているので、正味わずか一日半しかない。とすると、彼は反逆の意思を固めたのは、〝変〟の前日か当日ということになる。つまり、信長は五月二十九日に入洛、そして信忠も在京という、この二つの情報を得てこそ、初めて光秀は叛意《はんい》をもつことが可能となる。

したがって、たとえ光秀の心の奥に叛意が燃えていたとしても、この二つの情報を入手する前には謀反を決断できるはずがない。

光秀が反逆の意思をもって読んだ連歌も、三度も引いたというおみくじも、すべて偽りの記述と言わざるをえない。

再三述べているように、本能寺ストーリーはよくできた〝真っ赤な嘘〟であることが、ここでも証明されている。

私が足利義昭や秀吉、それに家康らの黒幕説、または共同謀議《ぼうぎ》説などに加担できないのは、この信忠が残した書状があるゆえにである。

信長が死んでも、信忠が存命ならば、義昭が将軍に復帰できるわけもなく、秀吉が天下を取れるわけでもない。備後《びんご》の鞆《とも》にいた足利義昭、備中高松に陣を敷いていた秀吉らが、信忠在京という〝変〟一日前の情報をどうして入手できようか。ましてわずかな従者を連れただけで信忠と行動をともにする予定だった家康に、いったい何ができたというのであろうか。

すべてのチャンスを握り得た、ただ一人の有資格者光秀でさえ、この信忠在京という最新情報を入手する可能性は、たった一日半という時間でしかなかった。

それに、信長の入洛を信忠は知らなかった。命令はすべて信長個人から担当者に直接出される。嫡子信忠も例外ではない。信忠は信長入洛を京へ来たときに初めて知った。ということは信長の入京も、ごく一部の人間たちしか知らなかった極秘情報ではなかったかとうかがえる。

「X＋Y＋Z＝変」という図式

「本能寺の変」は、なぜ京の都で起きたのであろうか。それはたぶん京の都でしか、信長を殺害することはできなかった、との単純な理由からと思われる。

安土城を攻め落とす、合戦において敗死させるなど、武力で信長を打ち負かす者は日本六十余州を探してもどこにもいない。常時大勢の親衛隊に守られていて、暗殺することもできない。

しかし、ただ一つ例外がある。それは信長が京へ入洛するときで、少人数で風のように来訪するからだ。京の都は都市であるがゆえに、大軍が駐留するには不向きなところで、合理主義者の信長は常にわずかな供廻《ともまわ》りを従えただけでやって来る。だからこそ、信長殺害の絶好のロケーションは、京の都だけなのである。

しかし、信長にとって京での朝廷工作はすでに不要になっていた。それに、彼自身が京へ出向くのは、マイナスのイメージでしかないと承知していた。加えて、毛利征伐のあわただしいこの時期に、京へ来させるのも至難の業である。

そこで信長暗殺連合は、信長自身、京へ行きたくなるような材料を用意した。つまり、エサをまいたのである。信長が飛びついてくるエサといえばただ一つ、正親町天皇の譲位であろう。

この譲位を信長の耳元でささやいた男がいる。

「この度は、真に御決意（譲位を）あらせられ申し、上様（信長）御入洛の節には、その事、御申し入れあると存じまするが、何分にも頑固なる御気性ゆえ、密やかにお上り願わしゅう」

——まあ、これくらいのことは言ったであろう。

信長が森乱丸を先行させ、公家たちに出迎え無用と通告したのも、あまり正親町天皇を刺激したくないという配慮からであった。あくまでも忍びの入洛で、表向きは堺の町衆との茶会を楽しむため、とでも公言していたかもしれない。官位の授受にしても、回答を与えなかったのは、すべて正親町天皇の決意しだいとの含みをもたせたものであろうし、暦法《れきほう》改定要請の件もぐずぐずしているとやりますよ、という督促状のようなものであろう。

では、信長に譲位の知らせをトップシークレットとして、耳元でささやいた男とは誰であろうか。それは、前太政大臣・近衛前久以外には考えられない。

彼は足利義昭、信長と一時対立して京から逃げ出したが、信長の了解により天正三年六月二十八日、再び京へ戻ることができた。以来、公家の身で、しかも前関白太政大臣でありながら、懸命になって信長のために尽くしている。

島津・大友両氏の説得のため薩摩まで下向したり、顕如光佐と信長の間に立ち、石山本願寺の開城を推進し、最後には武田攻めにまで従軍している。

さすがに信長も前久に対しては、信をおいたようだ。だが、前久が朝廷、宗教者、武家の間で立ち働くのも信長一身のためではなく、すべては朝廷の守護、ひいては自身の安全を確保するためである。前久はあくまで公家であり、信長はその懸命さに、つい前久を甘くみた。というより、朝廷を甘くみた。

だが、彼らこそは、権謀術数の世界を千年以上も生き抜いてきた人々である。その面においては、武士の調略など比ではない。

正親町天皇が信長の企てをキャッチしたのは、天性に備わる政治感覚の鋭敏さであろうが、前久はたえず信長の身辺に侍り、情報を収集していた。それゆえに、前久のもたらす情報は常に正確でもあった。

いま信長の天下平定を目前にし、朝廷においては、これを指をくわえて見過ごすわけに絶対にいかなかったのである。しかし、残念ながら朝廷に武力はない。この時点で、信長を暗殺しうる能力をもつ集団などなきに等しい。甲賀に残存する勢力もなく、ただ一つの可能性である、伊賀忍者集団への手づるも、おそらくなかったであろう。

当然、この両者を結びつける存在が必要となってくる。

実行者Xが伊賀忍者集団であるとすれば、暗殺に必要な状況設定を成し得た存在Yは、朝廷（代表者、前久）であった。そして、この両者を結ぶパイプをもつ存在Zは高野山以外にはない。信長暗殺は、三者の結合により初めて可能となり、方程式が完成する。

天正九年～十年にかけて、高野山では朝廷に信長への取りなしを依頼したが、このとき、朝廷サイドと高野山はたびたび接触していた。おそらく、この折、暗殺計画が練られたものと思われる。

この暗殺プロジェクトは、「X（伊賀者）＋Y（朝廷）＋Z（高野山）＝本能寺の変」という図式になっているのだ。

真言宗「高野山金剛峯寺」の半面の性格は、鎮護国家すなわち朝廷護持のために創建され、元来、尊王の志が強い。それに我が身を顧みても、火の粉が降りかかるどころか、近いうちには焼滅の運命が待っている。

この暗殺プロジェクトを企画推進・運営したのは高野山であろう。朝廷はこういうとき、常に受け身の姿勢で世を処してきた。

「ほんに、魅入られたようなものじゃ、主上《おかみ》の御嘆きもいかばかりか。あの者だけは許すわけには参らぬ、まるで、悪鬼、天魔におじゃる」というような調子で、これと思う者たちに嘆きまくり、及ばずながらという勢力の出現を待てばよい。ただ、ちょっと身を寄せればすむのである。

近衛前久の役目は、信長をなんとしてでも京へ入洛させること、その正確な期日を決定させること――この二つのこと以外に彼の役目はない。もし、もう一つあるとすれば、よく信長の顔を見知る前久が〝変〟後にその首を確認することであろうか。

正親町天皇と信長が接触し、譲位の意思を伝える会見は、二日か三日に設定されていたのではないかと思う。なぜならば、毛利征伐には六月四日出立と明言している（『日々記』）。

高野山僧徒は、京都周辺の真言宗寺院に伊賀衆を潜伏させ、武器や諸道具を買い整え、情報を収集する。前久とも緊密な連絡を取り合い、六月一日の夜をひたすら待ったに違いない。

先に私は、信長暗殺網が当初から存在することを記した。そして、その実行部隊が伊賀の忍者集団であることを実証しつつ紹介してきた。

また、彼らの背後に宗教勢力が隠れている事実を突きとめ、さまざまな証拠を得ることもできた。それにより、高野山が反信長の姿勢を強くもち、陰に陽に信長妨害工作を企て、かつまた実践してきた存在であることに気づいた。

信長とて気づかぬはずはなく、天正六年に起きた荒木村重の反乱以降、疑いの目を向けている。

村重と伊賀の連帯、吉野での一向宗徒策動に高野山僧徒の支援、五名の浪人の高野山への逃亡などは、信長の目に奇異な動きとして映ったはずである。

おそらく、五名の浪人も逃げ込んだのではなく、舞い戻ったと考えられる。つまり、反信長戦線を策する高野山側が送り込んだ、アジテーター（煽動者）または連絡員ではなかろうか。でなければ、偏執狂的性格の信長とて、まったく無名の五、六人の残党が逃げ込んだ程度で堺の町奉行配下を動員し、強弁な引き渡し要求をするなど考えられないことである。

信長の目的は、真偽を質すために高野山側に揺さぶりをかけ、その反応を確かめたかったのであろう。

確信を得た信長は、高野聖六百人を殺害した。

情報収集組織の破壊であり、当然、忍者たちも混入していたであろう。

安国寺恵瓊が「高ころびに、あおのけにころばれ」と信長の死を予言した話は有名であるが、おそらく宗教関係者ゆえの予言ではあるまいか。

情報通であり、僧侶でもある恵瓊は、信長暗殺網の存在も耳にしていたであろうし、それが忍びの者で組織されていたことも、あるいは知っていたかもしれない。

「本能寺の変」に関する情報の流出先と疑われる人々は、例外なく宗教関係者か伊賀・甲賀の地侍である。疑わしき者として取り上げた勢田城主の山岡兄弟も、弟景友はもと三井寺の光浄院主で、僧侶から還俗《げんぞく》した甲賀の忍び武者である。

では、信長暗殺に動いた高野山側の中心人物は誰か、と聞かれると少々困る。当てがないとはいまさら言えないが、本当にか細い線でしかない。白状すれば、高野山への取材にはその人物の調査も目的としていた。

この時代の高野山を代表する人物で、連歌師の里村紹巴《さとむらじょうは》との交流、近江出身者という二つの線から、あるいはたどることができるかもしれない。それこそ、作家的想像力を働かせて……。

近衛前久出家の意味

　前久のことに戻りたい。「本能寺の変」が起こったその日、近衛前久は突如髪を落とし、竜《りゅう》山《ざん》と号した。この剃髪には深い意味があろう。そして、明智光秀が山崎の戦いで敗死した六月十三日の翌日、嵯峨へ身を隠す（『公卿補任』）。

　さらに、織田信孝の厳しい追及により、嵯峨にもいられず、身の危険を感じた前久は、徳川家康を頼り、駿河へ落ち延びていった。

　この原因については、明智勢が近衛邸の屋根に上り、二条御所の信忠たちを攻撃したことから、その責任を追及されたと言われている。

　じつに馬鹿馬鹿しい理由というよりこじつけで、まともに論破する気にもならない。一旦攻撃に移った軍隊を、誰が止められよう。

　前久はわずかな兵を抱えてはいたらしいが、それとて軍勢などといえるものではない。野に放たれた虎を素手で捕らえることができないように、明智勢が屋根に上ろうと床の間で胡坐《あぐら》をかこうと阻止できるものではなく、そのようなことは職業軍人である信孝や秀吉は先刻承知している。

　まして、前久は公家である。

信長や信忠のために、刀槍を取って戦う義理もなかろう。

現に「本能寺の変」で公家たちは、討ち死にするどころか、巻き添えを食い死亡したという者さえいない。危険だったので逃げ出しました、で弁解は充分に通る。無理やりつくり上げた口実以外の何ものでもない。前久への追及は、信長を罠にかけたとの嫌疑であり、光秀と共謀していたと思われたからである。

そして、それには密告者がいた。『兼見卿記《かねみきょうき》』六月二十日の条に「近衛相国《しょうこく》（前久）を三七殿（信孝）より、ご成敗《せいばい》のむねあるべく」と記述している。

当時、もし光秀と共謀した人物はと問えば、吉田兼見こそ第一番に挙げられるべきで、両者の親密な関係はよく知られており、しかも〝変〟後すぐに光秀と接触した人間である。さらにその後、祝賀のため光秀が占領した安土城まで出向き、光秀が京都五山へ銀各百枚ずつを贈り、自身もその使者料として銀五十枚を貰った男である。光秀敗死の直後、信孝・秀吉はすでにその事実さえ突きとめていた。

その危険きわまりない立場の男が、まるで他人事のように信孝が前久を成敗すると書き、その後に子息の信基《のぶもと》は大丈夫らしいと付け加えている。

この余裕は、どこから生まれてきたのか。

光秀敗死後の兼見は、じつに素早かった。秀吉へのとりなしを施薬院全宗《せやくいんぜんそう》に頼み、誠仁親王にすがり、信孝のもとへ使者を派し、その日のうちに信孝の安堵状《あんどじょう》まで確保している。

この後も信孝のもとへ使者を差し向け、この件を記録した二十日の段階では、すでに安全圏に身を置いていたと思われる。ずいぶんと、身の処し方が巧みな御仁らしい。

そういえば、天正元年（一五七三年）七月、足利義昭が信長に対して挙兵したが、将軍挙兵の報を、琵琶湖畔の兵船建造現場で指揮を執っていた信長に、馬を駆けに駆けて知らせた人物は、吉田兼見であった。密告癖は、治らないらしい。秀吉、信孝に密告したのは彼である。

光秀と兼見の親交の深さを見込み、あることを託した前久の一世一代の不覚であった。

兼見はこの間の事情を、信孝・秀吉に書き送り、前久の命により自分は使者の役目を担ったのみであると主張し続けたと思われる。吉田兼見だけが日記の提出を命じられたのは、その供述が事実なのか確認する必要があったためであろう。

前久の逃亡した駿河には、信長の首が葬られたという西山本門寺がある。前久と本因坊日海《にっかい》は、碁を介して親交があった。しかも近衛家は、秀吉・家康の代になっても日海と弟子である日順上人（西山本門寺第十八代貫主）を後援し、その発展に寄与している。

誠仁親王は若くして世を去り、その子水尾《みずのお》天皇の女《むすめ》、常子内親王は近衛基熙《もとひろ》に降嫁《こうか》したが、西山本門寺に帰依するなど、以後も両者は非常に深い関係をもち続けた。

これらを見るに、伝えられる「信長の首塚」は単なる偶然といえるであろうか……。

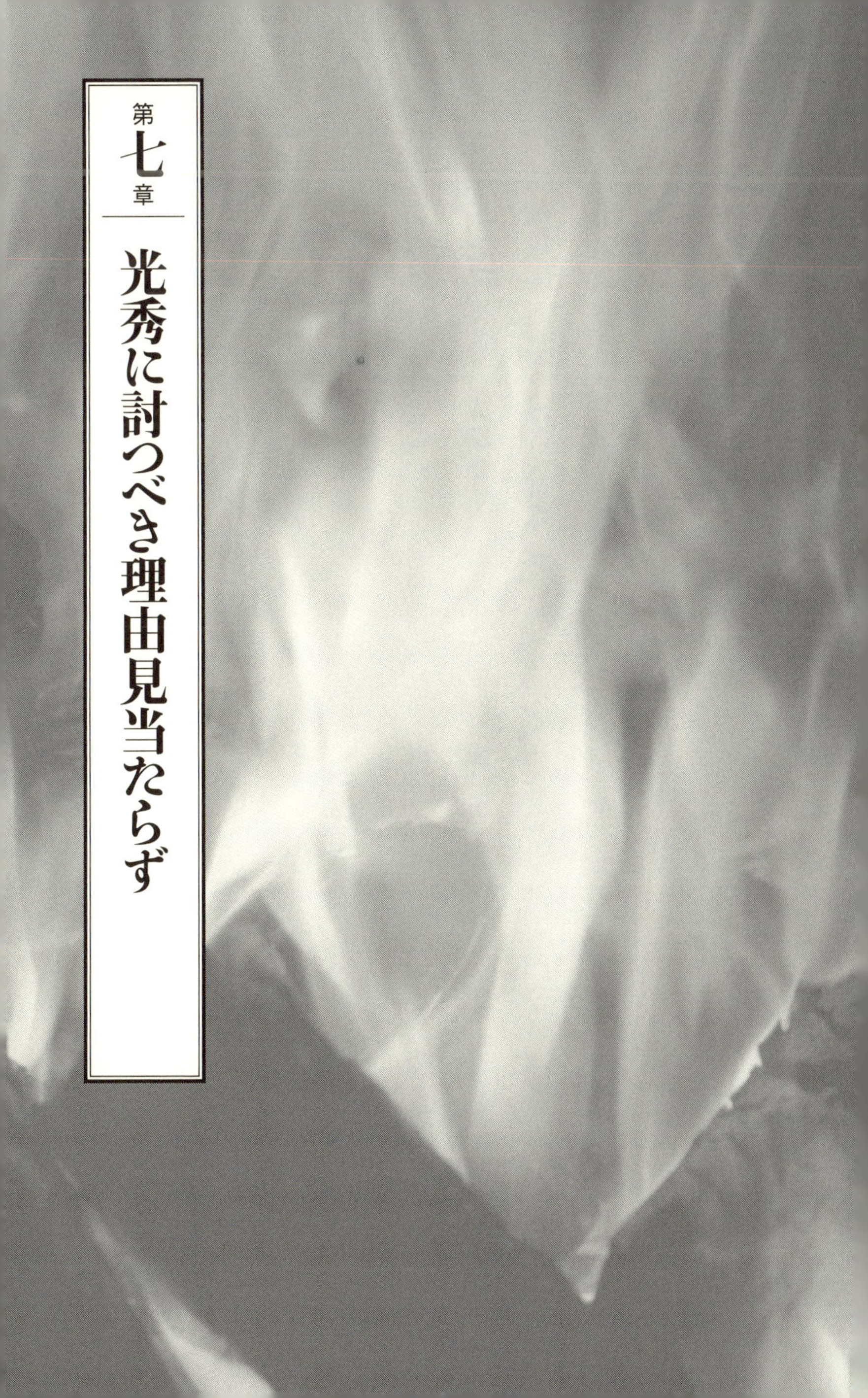

第七章 光秀に討つべき理由見当たらず

戦国のうらしま

光秀とはいかなる人物か

明智光秀という人物について、黒白《こくびゃく》をつけなければなるまい。

六月二日、筒井順慶《つついじゅんけい》が七千の軍勢を率いて京へ向かっていたならば（『多聞院日記《たもんいんにっき》』）、司令官である光秀は一万三千の軍を従えていても不思議ではない。

だが、その一万三千が信長方に気づかれず桂川の河原に集結することなど、とうてい無理な話である。明智軍が信長護衛のため、最初から京へ向かう予定だったからこそ〝変〟は可能であった。京への集合予定日時は、筒井の動きと照らし合わせて、六月二日と決められていたのであろう。大軍を移動させる場合、兵を分割するのは常識であるから、先鋒部隊、本隊、後続部隊という編成となる。二条御所の信忠を攻撃した明智軍は、この先鋒部隊で、それこそ桂川の河原に集結していたのかもしれない。

司令官は本隊にあって、先鋒部隊にあるわけではない。『本城惣右衛門覚書』に、光秀の名が書かれていないのは、そのとき京にいなかったからである。

記録として残る史料に光秀が登場するのは、戦闘終了後（午前九時ごろと仮定して）五時間ほどたった午後二時過ぎであり、所在不明の時間があまりにも長すぎる。

二条御所攻撃は先鋒軍単独で決行され、光秀は午後近くになって入京したと考えるのが自然であろう。問題は、光秀が計画を事前に承知していて命令したのか、先鋒軍が勝手に行動し、彼は陰謀に加担していなかったのかという一点にある。

福知山市内にある御霊《ごりょう》神社に『明智光秀軍法状』というものが残っているが、その第二条には「先鋒や協力部隊は行動を決定する場合、旗本（主人の側近くに仕える部隊）の到着を待って司令官の命令に従う、もし先鋒だけで行動を決定する必要があるときは、前もって命令を出しておく」とあり、続く第三条にも「各自の兵および各部隊は前後の部隊と離れることなく互いに連絡を取るべき事」等々、十八条まで挙げて、奇しくもちょうど〝変〟の一年前、天正九年（一五八一年）六月二日の日付で発行している。

これによるかぎり、先鋒・後続を問わず、光秀の命令がなければまったく動けない仕組みとなっていて、もし単独行動を取った場合は、軍令違反として当然打ち首である。

光秀の命令がなければ動けぬ軍隊、たった一日半の時間とはいえ、信忠在京を知りうるただ一人の有資格者、朝廷サイドとの密接な関係、そして何よりも〝変〟後に取った行動は、彼が首謀者だと決めつけられても仕方がない。

しかし、それと同時に、いかなる理由をもっても解けぬ動機、稚拙ともいえる〝変〟以後の行動、明らかな情報操作の形跡など、なお呑み込めない不可解さを感じさせる。

尊皇家の光秀は、朝廷の危機に自らも敢然と立ち上がったなどと結論づけておけば、無難に終わるだろうとは知りつつも、そこに帰着させることができない何かがある。

これを解決するには、光秀を知るよりほかに手はなさそうである。

そのうえで、結局は勝手な判断を下す羽目になることと思う。

だが、一口に光秀を知るなどと大それたことを言ってしまったが、その著書『明智光秀』(吉川弘文館)で精密な考証をされた歴史学会会長の高柳光寿、同じく光秀研究では名高い桑田忠親の両博士でも、光秀に関しての氏・素性などについて、正確なところはわからないと述懐されている。私自身も明智系図から、伊賀と光秀の関係を少し調べてみたが、手掛かり一つ摑めず見事に失敗した。おそらく、半世紀をかけても光秀のすべてなどわかるわけもなく、つまるところは私なりの光秀像を捉えてみたいと思う。

その方法としては、信頼すべき史料をたどる以外に術はないであろうが、その際の不文律として、作られた〝お話〟だけには惑わされたくない。

具体例を一つ挙げてみよう。信長・秀吉・光秀の関係についてである。

『武功夜話』によれば、信長と秀吉の関係は、織田家がまだ小大名であった永禄元年（一五五八年）ころからで、やがて信忠を生むことになる吉乃《きつの》の実家・生駒《いこま》家に足繁く出入りし、信長に取り入り、「上総介様（信長）ご遊行のお供を欠かさず仕《つかま》りまする」とあるように、幾分がきっぽさが抜け切らない時代からの主従であった。

『武功夜話』は秀吉を評して、「話たくみな御仁にて、此《こ》の仁《ひと》語り候えば眠れる馬も自然に走り出し留まるを知らず」という。いわば信長と秀吉は主従であり、かつまた擬似的な友人感覚もあったことであろう。それにしても「眠れる馬も走り出し」とは素晴らしい表現力であるが、同時に「この人誠に才覚の御仁にて」と記すように、やはり只者ではなかったらしく、信長のブレーンとしてメキメキと頭角を現わしていった。

この擬似的友人感覚と家臣との微妙なハザマを巧みに泳ぎつつ、秀吉は信長に対して、甘えと生《なま》なゴマスリをおおらかに見せることができた。

ただし、懸命な働きのうえに立ってのことである。これに対する光秀は、知性と教養があり、性格はちょっと陰気で世辞ひとついえぬ堅物ゆえ、能力は買われても、信長に疎んじられるという定説が存在するが、はたして本当にそうであろうか。

秀吉が創業当時からの功臣とすれば、光秀は織田家が成長段階へ移行した時期に、家臣となった。吸収に吸収を重ねていくなかでの新しく傘下に加わった者の一人で、それこそ激しい出世競争の中、能力だけで主要ポストを占めることはまず無理であろう。やはり、それ相応の処世術を身につけていなければ、抜きん出ることはかなわない。

たとえば、前出の『軍法状』の最後にも、「自分は石ころのように沈淪《ちんりん》しているものから（信長によって）召し出された上に莫大な兵を預けられた。武勇無比の族は国家の蓄えである」と信長の恩恵を述べている。

さらに、津田宗及《つだそうぎゅう》の『宗及他会記』によれば、天正十年（一五八二年）正月七日、坂本城において開いた茶会で、光秀は信長自筆の書を床の間に飾り、同二十五日の茶会でも信長から拝領した「風炉平釜《ふろひらがま》」を初めて使用し、自分は取るに足らぬ者から信長様に取り立てられたと語っている。

遅速はあっても、こういうことは必ず信長の耳に入る。当然、光秀自身もそれを充分に計算したうえでやっているわけで、AがBの悪口をC以下に話したとすれば、回り回ってBの耳に入ってくるのと同じことである。喜悦も不快さも同一の大きさをもつ。

これこそ信長の最も望むもので、自分が存在しないところで自分を敬うことが、何よりも肝要で信ずべきものと思っていた。柴田勝家に越前一国を与える際、信長に対しては足を向けてもいかぬと思えと、申し送ったことからも、それがよくわかる。光秀の投げるカーブは、信長のミットにさぞや心地よい音を立てておさまったことであろう。

秀吉の追従《ついしょう》が一流なら、光秀の阿諛《あゆ》は超一流といってよい。

したがって、秀吉は光秀にたえず一歩の遅れをとった。一城の主となったのも光秀に遅れること一年半、佐久間信盛の追放状においても一に光秀、二に秀吉。このへんのところが、意図的な俗書、悪書で奇妙に摩《す》り替《か》えられている。これもどうやら情報操作の一種で、光秀のイメージはだいぶ歪《ゆが》みが生じているようである。

能力と懸命な動き、加えてこういう健《したたか》さがあるがゆえに、〝変〟に関して光秀は白だとはっきり言い切れぬものがある。と同時に、これだけ切れる男がなぜ、山崎の戦いで、他愛もなく敗亡したのかという思いも強い。

光秀の肖像画を見ると、深みのある温厚そうな顔立ちで、品のよさが滲《にじ》み出ている。なんだか、一昔前の教育者のような雰囲気さえ感じさせるのだ。史料から読み取る光秀とは、また違った印象を受け、それにも少なからず戸惑いをもつ。もっとも能力や阿諛だけで抜きん出られるわけはなく、篤実をもってこそ初めてそれが生きてくる。

両面の資質を備えている、ということであろう。とにかく、また光秀探しをするほかない。神様も、先人の叡智も、きっとハシゴを架けてくれるに違いない。

光秀はどのように知と武を得たのか

一九九一年に取材を始めてから、ちょうど丸三年がたった。思えば長い旅であった。今度の取材で一挙に終わらせたいと思った。週末の三日間で、すべてに片をつけたい。いつもあわただしいスケジュールであるが、とくに今回は時間に追われることになりそうだった。

最初の目的地は、恵那《えな》市明智町と可児《かに》市瀬田、それに山県《やまがた》市美山地区。東京から中央高速で恵那ICまで五時間くらいはかかるだろう。朝八時に出たとしても午後一時、それから明智町まで地図上の計算で直線距離約二十キロほど、明智町から可児市までが約三十キロ、さらに美山まで約四十五キロ、岐阜県内だけで約百キロの道程である。

この三カ所の地は、いずれも明智光秀出生地としての口碑・伝承が伝えられている。ほかにも『明智氏一族宮城家相伝系図書』によれば、光秀は享禄《きょうろく》元年（一五二八年）八月十七日石津郡多羅《たら》で生まれたとあり、『明智系図』にも「濃州《のうしゅう》多羅城の生まれで母を若狭の守護大名武田義統の妹」と記されている。

石津郡多羅というのは、現在の大垣市上石津町の多良かと思われ、とすれば名神高速道路関ケ原ICや養老公園のすぐそばで鈴鹿山脈、養老山地に挟まれた小盆地の町を指し、すでに滋賀県との県境に近い。

これを見ても、いかに光秀という人物が謎に包まれているかがよくわかると思う。岐阜県下で四カ所も出生地が存在するのである。

さらに『若州観跡録《じゃくしゅうかんせきろく》』という古書には、光秀は若狭小浜の刀鍛冶・藤原冬広の次男で、「幼少の時より鍛冶職を嫌い、兵法を好み、江州（近江）に行き佐々木家に仕え、明智十兵衛と名付く、ある時佐々木家より尾州織田家へ使者に参りしを、信長は彼が立居振舞よく言語分明なるを見給い佐々木家へ所望ありて是より後信長の家人《けにん》となり、次第に大禄を給り明智日向守と号せし。光秀の素性を人知らず」と書かれているように、美濃の明智氏とまったく関わりのない人物であるという記載もある。

また天野信景の随筆集『塩尻』によると、御門《みかど》十兵衛という者が濃州明智から使者として信長のもとへ参上し、その器量を見込んだ信長がのちに召し出して明智十兵衛と名乗らせたという説もあり、現在のところ、どれが本当か判明していない。

ここまで書いたついでに、一般に伝えられる光秀の履歴を紹介しておきたい。それは、『明智軍記』を主軸として『細川家記』『筒井家記』などを付加して作り上げられている。ここでは『明智軍記』に従って光秀像を紹介していこう。

『明智軍記』によれば、光秀は土岐《とき》明智氏の出身であるという。土岐氏は清和源氏の末裔《まつえい》土岐頼貞が足利氏に従い、その武功により美濃の守護大名となって以来、斎藤道三に滅ぼされるまでの二百有余年の間各地に支族を分出した。

土岐明智もその一つで、足利幕府の奉公衆を務めたとされている。

足利幕府の終末を迎えた戦国末期、美濃恵那郡明智に城を構えていた光秀の父・明智光綱は若死にし、弟の兵庫助光安が城主となり斎藤道三に臣従していたが、道三がその長子義龍と長良川で戦い討ち死にしたあと、道三側であった明智光安に対し、義龍は重臣長井隼人佐に三千の軍を率いさせ明智城攻略に差し向けたという。明智光安もよく防戦したが、城兵わずか三百八十人の小城でもあり、弘治二年（一五五六年）九月二十六日に落城、光安は弟の光久とともに城と運命をともにした。

このとき光安の甥十兵衛（光秀）は、光安から子息弥兵次光春、甥の次郎光忠の二人の将来と明智家再興を依頼され、密かに城を脱出し越前に逃れた。光秀二十九歳のときであったという。

浪人になった光秀はいったん京へ上り、寺に妻子を預け、永禄三年（一五六〇年）三十三歳から三十五歳までの二年間に、北は奥州盛岡から南は九州の薩摩まで諸国を遍歴し、見聞を深めたのち、朝倉義景に五百貫で召し抱えられた。

これ以後、同じく越前へ亡命してきた足利義昭と家臣細川藤孝に出会い、将軍擁立《ようりつ》に力を尽くし、信長のもとへ援助を要請、義昭を十五代将軍に就かせ、足利幕府再興の一翼を担ったが、それと同時に信長にも仕える身となる。

光秀の父・光綱の妹は、道三の側室となった小見《おみ》の方で、一女をもうけたが、その女子が信長の正室となった帰蝶《きちょう》（濃姫）である。小見の方は、光秀にとっては叔母であり、帰蝶にとっては従姉妹《いとこ》にあたる。信長とも縁戚関係が生じるわけでもあるが、高柳・桑田両博士も述べるごとく、この物語は信頼に堪えるものでは決してない。

光秀の諸国遍歴などは水戸黄門漫遊記と同じ類で、おとぎ話の域にあり、出生から成長までの確とした史料は皆無といってもよい。ただ、ほかに代わりうるものがないため、俗書と知りつつも『明智軍記』を土台にして語らなければならない辛さが、光秀に関する伝記や物語のすべてに通じている。

『若州観跡録』や『塩尻』のように、光秀像に関するさまざまな説はあっても、その記述は断片的で光秀像を提供してくれるものではなく、それに『続群書類従』所収の「立入《たちいり》左《さ》京亮《きょうのすけ》入道隆佐記」に「美濃国住人土岐の随分衆也（将軍の側近衆）明智十兵衛尉」と光秀と同時代の人、立入宗継の記述があるところから、やはり土岐氏となんらかの関係をもつと考えられ、その出生を土岐明智と明記した伝記として唯一存在する『明智軍記』に、結局は帰着してしまうというのが、どうも現状であるらしい、かくいう私も、明智町・美山を出発点とせざるをえない。

光秀が信頼すべき記録に登場するのは、『信長公記』永禄十二年（一五六九年）正月四日の条に（実際に起きた日は五日）三好三人衆らが義昭の居所本圀寺《ほんこくじ》を急襲した際、寺内に詰めていた幕臣や信長旗下の武士たちの一人に、明智十兵衛の名を見受けられたのが最初と思われ、『明智軍記』「明智氏一族宮城家相伝系図書」などから、このとき四十一歳だったと推定されている。

年齢については『当代記』など異説もあるが、まあ、これぐらいでないと活躍もできないと思われるので、とりあえず従っておこう。

以後の光秀は、故事に明るく、礼法を身につけ、知性と教養をもち、鉄砲術に妙味を発揮し、築城技術に秀《すぐ》れ、連歌や茶道をたしなみ、軍功を現わした。それに、民政家としても評価が高い。まさにオールマイティ、知勇兼備の武将であった。

築城技術に関しては研究紀要を引用して先に述べたが、彼の築いた福知山城はのちの城下町建設のモデルとなったくらいである。

また連歌や茶道についても数多く記録に残り、村井貞勝とともに京都奉行的役割をも務め、宮廷や寺社などの窓口を担当しているので、知性や教養を備えていたことも確かであろう。事実、京都に自分の屋敷を構えているのは、村井貞勝京都奉行のほかに、織田軍団の中では明智光秀ただ一人である。

さらに大和の寺社領についての検地を行なったときも、滝川一益《たきがわかずます》とともに光秀が起用されているので、諸事に詳しい民政家としての面もうかがえる。それに軍法を定めているのも彼のみであって、しかも明智軍の鉄砲隊は勇猛とされ、鉄砲術に関しても習得していたかと思える。

築城技術などは寺院建築のノウハウを把握していなければならず、行儀作法を定めた小笠原式礼法も武士であれば誰でも身につけているというものではなく、それ相応の地位にある武家または寺社でしか習得することはできない。本当に土岐明智氏の出身であれば、幕府の側近衆を務めた家柄でもあるので納得できる。

加えて鉄砲術に至っては、この時代生産地として根来、堺、近江国友と三カ所しかなく、射撃術と同時に、火薬の知識ももたなければ有効に活用できるものではないし、鉄砲も火薬も非常に高価で、購入し、習熟するまでの経済的余力がないかぎり、技術を発揮する腕前になるなどは不可能である。

では光秀は、これらの知識と経済力をどこで確保したのであろうか。

光秀の真実を探す旅

明智は、山間《やまあい》の町である。

町並みに板塀や格子戸《こうしど》なども見え、こぢんまりとして床しい感じもする。ここへ着くまでに、やはり二時を回ってしまったが、まず竜護寺へと向かってみる。

竜護寺は臨済宗妙心寺派の寺で、明智城主遠山氏の代々の菩提寺として今日に至っているが、ここに明智光秀の供養塔と伝えられている石碑が残っている。

苔むすような古寺を頭に描いていたが、意外とさっぱりしたお寺である。改築したばかりなのか、まだ真新しい山門の入口右手に「史跡明智光秀の墓」と大きな看板と案内板が建てられていた。〝やるもんじゃわい〟と思いながら案内板の前に立つ。中の一文に「光秀公に関する碑は、その『悲痛な想い』でことごとく割れるといった通説のとおり、斜めに大きくひび割れが入っている」と書かれてある。

高野山では、謀反人《むほんにん》ゆえ墓石に亀裂があると説明していたが、出生地を称する明智町ともなると〝悲痛な想い〟に変わるところが愛らしい。築山《つきやま》のようになっているのを七、八段上ると石塔が一基あり、碑面には「南無阿彌陀仏」の六文字が刻まれている。

明智氏の桔梗《ききょう》紋もなければ戒名もない。なんだか寺全体の供養塔のような気もするが、光秀の墓と伝えられているのであろう。確かにその石塔には謀反人だろうと悲痛な想いであろうと、断ち割られたように斜めに亀裂が走っていた。

寺には、ほかにも光秀の御首級《みしるし》を包んだ直垂《ひたたれ》を四角に縫い込んだ「九条衣《くじょうごろも》」といわれる袈《け》裟《さ》があり、毎年光秀の命日である六月十四日には供養が行なわれ、一般公開されるという。

門前の道路は、左へ緩やかに曲がりながら上りになっていて、その坂道を上がり切るころ、城山（標高五百三十メートル）への登り口が見えてきた。この山上一帯が遠山明智氏の居城で、別名白鷹《しらたか》城とも呼ばれる明智城跡である。

じつは以前に、旧明智町役場に電話で問い合わせ、郷土史に詳しい服部酒造雄《はっとりみきお》氏を紹介してもらった。早速電話を入れたところ、ご自身で出版した著書『郷土史の謎に挑む』を送ってくださった。それによれば、なぜ遠山氏の居城明智に光秀伝承が残るのかを詳しく述べられていたが、そのいちばんの根拠は、明智光安（光秀の叔父）と遠山景行（明智十一代城主）は同一人物であるということらしい。

服部氏は景行について「景行は土岐の族、初め明智光安と称し斎藤道三等に仕う。後遠山景行入道宗宿と号す」との『恵那叢書』を引用し、遠山明智と土岐明智、それに明智城と光秀の関係を説明している。

このへんのことになると、残念ながら私には皆目見当がつかないので、ぜひお話をうかがいたいと思い電話をかけてみたが、留守のため諦める結果となった。

明智城に登り、光秀の学問所というお堂も見て、光秀の母「お牧の方の墓」と称される石塔にもお参りし、多羅砦跡の千畳敷公園にも足を延ばして「光秀産湯《うぶゆ》の井戸」を見たが、それで何かがわかるわけでもない。一観光客として、ぐるりと回ってきただけである。

これまでは、行きあたりばったりで飛び出しても、何かしらの収穫を得られたが、今度ばかりは駄目らしい。

明智という、山間の小さな町の雰囲気を味わうだけのことで終わった。

だが、光秀を探す旅は、初めから多くを得られぬことを承知のうえで出てきている。ちょっと回っただけで何かが摑めたら、歴史学者の方々が真っ赤な顔をして怒るであろう。

行く先々での徒労は、すでに覚悟のうえである。

坂本城址と書かれた石碑が、ポツンと建っている。

水中から石垣を立ち上げ、大天守・小天守が聳《そび》え立っていたという坂本城だが、いまは美しい水城を偲《しの》ばせるものは微塵もない。ルイス・フロイスが安土城についで豪壮華麗と評した、ここがその城跡である。

昭和五十年の大津市教育委員会による発掘調査で、水中に積まれた石垣や瓦も存在が確認され、天目《てんもく》茶碗・中国明代の景徳鎮《けいとくちん》や龍泉《りゅうせん》の青磁・白磁なども発見されている。

ただし、坂本城が落城したのちに秀吉が再築城しているため、一概には決められないが、まともなものをわざわざ壊して水中に投げ入れる馬鹿もいないであろうから、元亀《げんき》三年（一五七二年）に完成した坂本城の遺物であろう。やはり、石垣も瓦も存在していた。

それにしても、まったく何もない、ここに立っていてもしょうがないので、西教寺に向かってみる。西教寺は叡山の山裾、三石岳の麓に位置し、この下坂本からもすぐである。聖徳太子が高麗僧、恵慈・恵聡のために一寺を建立《こんりゅう》したのを始めとするというから、その寺歴は比叡山延暦寺より遥かに古い。

現在も天台真盛宗《しんせいしゅう》の総本山で、中興の祖とする真盛上人は伊勢と伊賀の境、三重県一志郡一志町に生まれた紀貫之の一族である。十四歳で出家、十九歳で叡山に登り、天台宗を学んだが、文明十八年（一四八六年）西教寺に入寺し、不断念仏を唱《とな》え、その根本道場とした。

総門をくぐると正面の勅使門《ちょくしもん》まで、ゆるい坂となった参道を挟んで六カ坊が立ち並ぶ。その参道が初夏には紫陽花《あじさい》で埋め尽くされ、秋には紅葉で染められる。静寂と優美さを伴う、この参道を歩むだけでも来た甲斐があるが、目的は明智一族の墓である。

元亀二年、信長の叡山焼き打ちによりこの西教寺も燃えた。

その後、坂本城主となった光秀は、この西教寺の復興に力を注ぎ、天正年間に大本坊を再建したという。参道を上りつめて本堂へと向かった。

本堂の前に出ると右脇に鐘楼《しょうろう》があり、この鐘楼堂の梵鐘《ぼんしょう》も光秀寄進といわれている。そして左側の奥まったあたりに、坂本城と運命をともにした明智一族の墓が建っていた。それは真盛上人御廟下の石段左脇、高く築かれた石垣を背後にひっそりと黙座している。

当主光秀の墓石には、やはり石頭部に真一文字の亀裂が走り、多宝塔を模した石塔とともに内室熙子《ひろこ》の墓もあった。光秀の妻熙子は、『細川両家記』によると、妻木勘解由左衛門範熙《つまきかげゆさえもんよりひろ》の娘という。

『兼見卿記《かねみきょうき》』天正四年（一五七六年）十月十四日の項に、妻の病気平癒の祈願を兼見に依頼し、同二十四日には回復したとして、非在軒《ひざいけん》という者を、その礼に兼見のもとに差し遣わせている。光秀はよき父であり、よき夫でもあったらしい。

だが西教寺に残る記録には、この記述に反し、熙子は天正四年の病により死去、同寺に葬られ、光秀の死後には一族の墓とともに祀《まつ》られたとある。

おそらく、病気の急変により他界したものと思う。『川角太閤記《かわかどたいこうき》』においては、坂本落城のみぎり、光秀の妻は末子（名前不詳）、明智彌平次秀満夫妻らとともに自害したとされているが、後妻もしくは側室と考えられる。それが『明智系図』にある「末子内治麻呂の母、伊賀柘《つ》植《げ》城主喜田村出羽守保光の女」であるかどうかはわからないが、新しい妻をめとった可能性が強い。熙子は、この西教寺に葬られていると私は思っている。

また同寺には、近江今堅田《いまかただ》攻めに参加して討ち死にした光秀配下の戦死者十八名の供養のため、供養米を寄進した際に納められた「明智光秀戦没者供養米寄進状」が、収納した青銅の経筒とともに寺宝として蔵されている。この今堅田の戦いを『信長公記』によって見てみよう。

信長が足利義昭に対し、十七条にものぼる意見書を提出したのを口火として、義昭は瀬田川を押さえる石山城と今堅田の城（現在の琵琶湖大橋の近く）に兵を入れ、武力対決の意気を示した。元亀四年（一五七三年）二月のことである。

これに対し信長は、柴田勝家、明智光秀、蜂屋頼隆ら四名に石山・今堅田両城の攻撃を命じた。

彼らはまず、山岡光浄院（景友）を将とする石山城を攻め、二月二十六日に降伏開城させ、二十九日には今堅田を明智光秀が琵琶湖の湖面より戦船《いくさぶね》をつらねて攻撃し落城させた。

この戦いは光秀が義昭との主従関係を断ち切り、完全に信長方として行動を開始した記念すべき戦さでもある。

西教寺に残る寄進状の日付は、元亀四年五月二十四日で、戦死者の命日は二月二十九日及び三月一日と記されている。

『信長公記』の記録の正確さが、この一事を見てもうかがい知れるというものであろう。

それにしても、西教寺は落ち着いた雰囲気の美しい寺である。

この明智一族の墓所の向かいには、伏見城から移築した桃山御殿と称される客殿（重要文化財）が建っている。

南面は入母屋《いりもや》造り、北面は切妻《きりづま》造りで、桁行《けたゆき》十二間、梁間《はりま》八間という大きなもので、内部には鶴・花鳥・猿猴《えんこう》・賢人の狩野永徳《かのうえいとく》筆の襖絵が客室に描かれているそうだが、そんなことはどうでもよいほどに柿葺《こけらぶ》きの屋根の勾配がえも言われぬ優しさを感じさせ、この位置から見ているだけでまことに心安らぐ。

それに、広い境内に人影がチラッとも見えないのが、なおさらいい。

このままボーッとしていたいが、そうもいかないのが辛いところである。

次の目的地、京は花園にある妙心寺へ行かなければならない。

「明智風呂」と「明智山門」

妙心寺に駆け込んだのが五時近く、まもなく門が閉まるとのことなので、大急ぎで「明智風呂」なるものを拝見してきた。妙心寺は、臨済宗妙心寺派の総本山で、大寺である。ここに光秀追善供養のため、縁者密宗《みっそう》和尚が寄進したという蒸風呂が現存している。この「明智風呂」は重要文化財ともなっており、光秀の死後七十四年を過ぎた明暦《めいれき》二年（一六五六年）に建造されたものである。

別に、風呂が見たいわけではない。光秀の縁者と称する密宗和尚の事歴を調べたいと思って訪れたのだが、時間的に無理な算段だった。

時間に追われる身としては、縁がなかったときっぱり諦めるより仕方がない。すでに一夜明けた今日は、後ろ髪を引かれることなく一路亀山城のある亀岡市に向かっている。

嵯峨や嵐山は、古来より景勝の地として天皇や貴族の山荘別屋が営まれ、現在も若者たちの京都観光コース人気ナンバーワンを保っている。

この雅《みやび》な洛西の地より山ひとつ越すと、そこはもう酒天童子《しゅてんどうじ》が住む丹波の国となってしまう。京都から二十キロ足らずなのに、何ゆえにこの落差が生じるのであろうか。都と鄙《ひな》というだけでは片づけられない何かが、古来より異域としてのイメージを丹波に与え続けてきた。

足を踏み入れるのは初めてだが、老の坂トンネルを抜けてしばらく走ると、その理由が実感として摑めてくる。「トンネルを抜けると……」ではないが、そこは山国の趣が漂い、気候も風土も一変した観を見せるのだ。平均標高六百メートルの高地に断層作用でできた盆地、その間を保津川《ほづがわ》をはじめとする河川が縦横に走り、水蒸気を噴出する。

したがって降雪地帯でもあり、雪のない季節には霧が湧出《ゆうしゅつ》し〝霧の丹波〟とも呼ばれていたらしい。ここにある人々は山人であり、京の都人とは人種が違う。奈良に対する吉野のように、都から見れば丹波は近くて遠い、異域として恐れられていたのかもしれない。

亀岡に着いた。京都から丹波に入り、最初に出会う町である。

この地は、伊勢亀山との混同を避け明治二年に亀岡と改称されたが、古くは丹波亀山といわれていた。日本の地名は同一名が多く見られるが、それには歴史的意味をもつものが多分にあり、時には、なぜそこに同一の地名が存在するのかが、需要なポイントとなることもある。たとえば、北九州の福岡県朝倉郡夜須《やす》町（現・筑前町）と奈良の大和には、驚くほどの地名の一致が見られる（鏡味完二著『日本の地名』）。

そこには、三輪山もあれば香具山もある。しかも、これら二十四カ所にも上る同一地名は、相対的位置や地形もほぼ同じといってよい。

もともと、夜須という地名自体『古事記』『日本書紀』の神話に出てくる「天の安《やす》の河原」の〝やす〟であろう。つまり、Aという地域の地形及び名称をBという場所に、そっくり移し替えているということである。もちろん九州が先で、奈良の大和は移し替えられたほうと思う。なぜならば、大和三山の一つ天の香具山は人工の山であり、本来の地形に沿わせて造られたものと考えられるからである。このほか、佐賀県大和町（現・佐賀市）には春日山（二百三十五メートル）も愛宕山《あたごやま》（三百九十七メートル）も清水の滝も存在し、九州と近畿における地形や位置が一致する同一地名は、なんと十一組も取り出すことができる。

これは、はじめ九州にあった勢力が近畿地方へ進出したことを意味するもので、神武天皇東《とう》遷《せん》説を全面的に肯定するわけではないが、神話を裏づけるような事実があったことを物語っている。

地名から推察すれば、邪馬台国畿内説《やまたいこく》の可能性はきわめて低い。北九州にあった巨大連合勢力（邪馬台国もしくは敵対していた狗奴国《くな》）が東進し、奈良の大和地方に新政権を確立したと考えるほうが自然である。古墳の成立時期が、三世紀中期以降という考古学の検証も、それを裏づけているように思われる。

このように、古くからの地名は大事なものである。明治政府は革新的な改革政権であったことも事実だが、無知か、それとも意図的にか、乱暴な改称を平気で行なっている。歴史的にも「亀山」と称されてきた場所を、都合により「山」を「岡」に変えただけで「亀岡」に改称してしまうなんて、いささか安易すぎるのではないか。ひそかに、丹波亀山市と旧名に復する住民運動が起きないかと、私は念じているのだが……。

すぐに亀山城跡へ行ってみた。城内には大本教の本部があり、当時の面影を残すものは内堀と石垣があるだけで、御土居《おどい》跡や外堀も公園となっている。当時といっても、家康の「天下普請」などにより拡張整備が繰り返されているので、光秀築城時とは変わっていると思われ、早々に切り上げることとした。

清滝山谷性寺《こくしょうじ》、通称光秀寺または桔梗寺とも呼ばれている。

平安時代後期の建立とされ、真言宗の古刹《こさつ》として大覚寺派に属しており、本尊は不動明王である。このお寺に「光秀公首塚」と「明智山門」が伝承する。行ってみることにした。

「明智山門」とは、もと亀山柳町の西願寺にあったが、廃寺となったために昭和五十一年谷性寺に移築したもので、山門の蛙股《かえるまた》に見事な桔梗紋の彫刻が見られる。この桔梗紋は、中世タイプのものと近世に現われるものとを繋ぐ、ごく短期間に見られるタイプであるらしく、ちょうど光秀の時代に重なり合う。

「光秀公首塚」のほうの謂れは、山科小栗栖《やましなおぐりす》において土民のために最期を遂げた光秀の首を、丹波在城時代に光秀が篤く尊崇《そんすう》していた谷性寺の不動明王の傍らに埋葬するよう構尾庄兵衛が近臣に託したものといわれ、幕末の志士「栄」なる人物が光秀の怨念を鎮めんがために安政二年（一八五五年）七月「光秀公首塚」の碑を建立したという。

参道の両脇には、刈り揃えられた茶畑が並んでいる。

折よく、寺の住職・城光寺哲立氏に、お話をうかがうことができた。

「昭和五十六年の一月にですね。きちんとした身なりの容姿秀麗というような紳士が、御本尊の不動明王、そして光秀公の首塚を熱心にお参りして帰られたんですが、それ以来、毎月一度必ずお参りに見えられるんです」

「……………」

「こういう方には、興味といっては失礼かもしれないんですが、どこのどなたかとふつうは思いますすね」

「そうでしょうね。もしかしたら、明智光秀に連なる人物の子孫かもしれませんし」

「そういうわけで私も、何度か住所、氏名をおうかがいしてみたのですが、いつもおだやかに会釈するのみでお答えいただけなかったのです。ところが、光秀公四百回忌を迎えた六月十四日、やはりお参りをすませたあとで、その紳士が私にお話ししたいことがあると言ってきたのです」

いまだに脈打つ光秀への想い

以後の話を綴ると、少し長引くので、要約することにしたい。

信長の天下制覇は、無垢《むく》の良民の多大な犠牲のもとに進められてきた。

その性《さが》は冷酷、残忍、暴虐であり、言語に絶するものがある。この先、さらに多くの民がどれほど血を流すことになるか計り知れない。光秀はこの大量虐殺を止めるため、信長を本能寺に襲撃することを決意し、尊崇する谷性寺の不動明王に参籠するとともに、高野山南院のご本尊「波切不動《なみきりふどう》」に密使を遣わし、「我に一殺多生、降魔《ごうま》の利剣《りけん》を授け給へ」と祈願して、その功徳《くどく》を得て本懐を遂げたのが「本能寺の変」であると、その紳士は城光寺氏に語ったという。

仏門にある和尚さんと違い、私は俗にできあがっている。したがって、自身の定見を披露するなら、せめて住所、氏名ぐらい明らかにしておくべきだとつい思ってしまう。

「光秀公は私利・私欲の反逆に非ず、万民を救う一殺多生の降魔の利剣を振るい、真言宗の祖山高野山も公により救われたのです」と住職は締めくくられた。

正直言って、また怪談に出くわしたかというような気持ちもした。それにしても、四百年以上も昔のことに囚《とら》われている人が、ここにも存在する事実を聞かされたのは、ある種の驚きであった。

本堂前の「光秀公首塚」にお参りし、季節には桔梗一色に彩られるという庭園を横切り、谷性寺の石段を下りた。そして最後の目的地、福知山市にある御霊神社へと車を向けた。

立派な神社という言い方も妙なものだが、なにしろ威風堂々としていてあたりを払う観がある。この福知山市の御霊神社は、謀反人明智光秀の名をはばかり、表向きはお稲荷様を奉じているように見せかけたという。そのじつ、光秀の御霊《みたま》を祀り、桔梗を絶やすことがなかった。

御霊という言葉を広辞苑で引くと、「霊魂の尊敬語、尋常でない祟《たた》りをあらわす」とあるが、民間に伝承される御霊信仰には多少ニュアンスの違う要素が含まれているように思われる。

確かに権力者側が祀った神々やみたまには、祟りを恐れての鎮魂という意味合いが強い。しかし民の意思から生まれ、それが形となって現われた各地の「御霊塚」などには、死者を悼む心が色濃く投影されている。そして祀られる御霊にも、一定の基準が暗黙裡に存在する。まず無実の罪により非業の最期を遂げた人物、志なかばで無念の死を迎えた者、義挙に倒れた人々がその資格を有する御霊であり、それらを哀悼の意をもって汲み上げたのが民衆の間に伝わる御霊信仰であろう。

光秀の人気の高さは異常である。取材を通じて第一に感じたことは、光秀に対する熱い想いがいまだに脈々と流れていることだ。

日本人の共通感情〝判官びいき〟もあるとは思うが、それだけともいえない何かが根底に感じられる。たとえば、この御霊神社である。

いかに光秀が民政家として優れた手腕を発揮したとて、丹波の統治期間はたかだか二年足らず。しかもその間には、かなり荒っぽいこともやっている。にもかかわらず、福知山の人々は偽装を施してまで光秀の御霊を祀り、四百年もの間、敬い守護し続けてきた。それを考えると、「降魔の利剣」にうなずける気も起きてくる。後世の我々から見れば、信長はきわめて魅力的な人物に思えるが、当時の民衆にとってはまさに魔そのものであったかもしれない。光秀の御霊を祀るこの立派な神社は、それらのことどもを盛り込んだ民の心の証左でもあるか……。


つるべ落としに陽が沈んでいく。

私も〝変〟に魅入《みい》られた一人だが、今回の取材は、寺ばかりめぐり歩いたような気がする。ほかの印象が薄いせいか、神社仏閣ばかりが頭にこびりついている。

四百年以上も前の人物を調べるのだから、当然といえば当然のことだが、それにしても明智光秀という御仁はどうも抹香《まっこう》臭い。

帰途につく車の中で、私はこの抹香臭さに、引っかかりを感じた。

確かに、光秀はある時期まで（記録に現われるのは四十一歳とされている）まるで浦島太郎のようだが、それ以降については追跡できるかもしれない。

足利義昭、顕如光佐、筒井順慶の三者を、信長に引き合わせる最初の機会をつくったのは明智光秀といわれている。この三者は、いずれも宗教者か、かつて宗教者であった人たちである。義昭はもと一乗院門跡《もんせき》で覚慶《かくけい》と法名を名乗っていたし、顕如光佐は一向宗徒の頂点に立つ人物。そして筒井順慶は奈良興福寺の僧兵上がりの武将である。

これらのことは、光秀が宗教関係に濃密なネットワークを保持していたことをうかがわせる。徳川家康の政策ブレーンとして〝黒衣《こくえ》の宰相《さいしょう》〟と称された天海僧正が、じつは明智光秀であったという「天海僧正光秀説」も、こうしてみるとむべなる哉《かな》とも思えてくるのだが……。

回りくどい言い方はよそう。不届き者とのそしりを恐れず、今度の取材で得た結論を述べれば、光秀の前身は宗教関係者であったろうということである。

実際に、それを匂わせる文献も存在する。

足利義昭・織田信長条書（『成簣堂文庫所蔵文書』）

条々

諸国へ御案内書を以って迎せ出せるゝ、仔細あらば、信長に迎せ聞せられ、書状を添え申すべき事、

御下知の儀、皆以って御破棄あり、其上御思案なされ、相定められるべき事、

公儀に対し奉り、忠節の輩に、御恩賞・御褒美を加えられたく候と雖も、領中等之なきに於ては、信長分領の内を以っても、上意次第に申し付くべきの事、
天下の儀、何様にも信長に任置かるゝの上は、誰々に寄らず、上意をうるに及ばず、分別次第に成敗をなすべきの事、
天下御静謐《ごせいひつ》の条、禁中の儀、毎時御油断あるべからざるの事、
已上、
永禄十参
正月廿（二十）三日　　朱印
日乗上人
明智十兵衛尉殿

これは永禄十三年（一五七〇年）正月二十三日、信長が義昭に差し出した五ヶ条からなる条書（要望書）だが、問題はこの条書の宛名に日乗上人と並び明智光秀の名があることである。考えると、これはおかしい。義昭に提出されたものに、なぜ彼らが宛名人になっているのか。

これに対し、高柳光寿氏は、その著書『明智光秀』の中で、

「日乗は朝廷とも関係があるので、義昭と信長との間にあって中立的立場にあるもの、しかも義昭にも信長にも親しい。そういう立場から義昭と信長との契約の証人という意味で、この文

書の宛所《あてどころ》になっているものと思われる。

そうすると光秀の立場もまた日乗のそれと同様であったと認めることが妥当であろう。すなわち光秀は信長の部下ではあるが、義昭とも親しい間柄であったということになる」と解説しておられる。

義昭と信長の中立的立場にあるもの、そういう立場から契約の証人として彼らが宛名人となったと論じているのは、まさにそのとおりである。

しかし、宛名人として選定されたのは、双方に親しく関係が深いだけであろうか。もちろん、それもあるであろうが、仏門にある、またはあった人間だからこそ、中立的立場を維持できるとして宛名人に選ばれたのではないかと私は思う。

義昭、信長の双方に関係が深く、しかも俗外にある僧侶だからこそ、証人として日乗は宛名人に選定された。そして光秀もまた「日乗のそれと同様であった」と高柳氏が指摘するように、仏門に近い立場の人間として認識されていたのではないかと考えられるのである。

光秀の前身は僧侶であった

少し説明を要する。日乗の前身は出雲出身の武士で、のちに出家し日乗朝山と号したが、武士の性格も半分残していた。

一時京に出て信長の信任を得ると、永禄十二年四月、村井貞勝とともに京都奉行となり、伊勢において千石の知行を与えられた。そして同八月には但馬方面へ軍監として出陣し、但馬の銀山や垣屋《かきや》城を攻め落としている。

つまり日乗は僧でありながら武士。半僧・半俗といったほうが適切な人物である。こういう人物と光秀が同様の立場と見られることに、光秀の前身が僧侶か神官もしくは修験者など、いずれにしても宗教に深い関わりをもつ人間だったことが推察される。光秀が日乗と並んで宛名人となったのは、前身が宗教者で現在は武士という似通った経歴により、同様と見られたのである。そうでなければ、光秀が宛名人として名を連ねる理由がまったくない。

信長と義昭の双方に関係深い人物ならば、公家でもよいであろうし、幕府御家人衆などでもよいはずで、日乗と光秀が選定されたのは世俗の外にある、またはあった人物という根拠が根底に流れているからであろう。

ズバリ言うならば、光秀の前身は僧侶である。だが、光秀が僧籍に身を置いたことを記録した文献は、現在のところ一つも発見されてはいない。

しかし「本能寺の変」以前の彼は、信長の一武将にすぎず、多くを語られる存在ではない。あるとすれば〝変〟以降、彼は斯《か》く斯《か》くしかじかの人物であったという回顧談として語られる記録であろうが、それもおそらく難しい。彼の履歴は意図的に抹消されている。それにもともと彼の履歴を知る者など、数えるほどしかいなかった。

公家では近衛前久、吉田兼見、それに足利義昭、細川藤孝、筒井順慶、織田家古参の柴田勝家、丹羽長秀、滝川一益、稲葉一鉄、秀吉、家康あたりまでか？　いや、もっと少ないかもしれないが、いずれにしても秀吉政権下の十年以内に家康と細川藤孝以外は死亡している。数えられる程度の記憶を抹消することなど、秀吉および朝廷にとっては造作もないことであろう。

光秀が僧籍経験者であったと考えると、だいたい辻褄が合ってくる。

当時、一流の教養人であったことも、一時僧籍に身を置いた者ならば納得がいく。

上杉謙信という武将は、漢詩をよくしたが、それはむしろ例外であり、信長は漢詩どころか漢文も書けない。秀吉に至っては言うに及ばずで、そのために祐筆《ゆうひつ》と呼ばれる書記官がたえず近侍《きんじ》していた。

当時の文化レベルとはその程度のもので、だからこそ古典や漢籍に精通している細川藤孝や光秀などが貴重な存在とされたわけである。

また、寺院の住職は行政、司法、金融、経済とよろず相談所的役割を持ち、現在の市長程度の実力がなくては務まらないので、民政家としての優秀さもうなずける。築城技術においても、寺院建築のノウハウを習得し城郭建築に応用したことであろうし、鉄砲も最初に導入を図ったのは、根来寺や本能寺の宗教勢力である。加えて、朝廷や寺社に対する幅広い人的ネットワークは、一朝一夕に築けるものではない。自分は〝石ころのように沈淪していたもの〟などと光秀は語っているが、それは信長に対することさらの卑下であり、事歴から考えれば、相当のバックボーンがないかぎりできない仕事を彼はしてきた。

光秀には、ロビイスト的なある種の匂いも感じられる。もし光秀の前身が僧侶であるとすれば、まったく新しい発見であり、それが〝変〟に与えた影響とはいかなるものであろうか。

さらに、光秀がバックボーンとする宗教勢力はいずれの宗派であるのか⁉

じつは、その知られざる扉の鍵を、今度の取材で見つけ出すことができた。鍵は「供養米寄進状」が納められていた西教寺の青銅の経筒にある。むろん、何々宗明智光秀などと書かれているわけではない。光秀が、寄進状を経筒に納めて西教寺に寄進したという、その行為自体に解く鍵があると考えられるのだ。

一般に、光秀は天台宗と思われているが、その根拠とするものは何もない。

西教寺の再建に力を尽くしたことで誤解されているのであろうが、当時西教寺は天台宗ではなく、ただ真盛上人が比叡山延暦寺で学んだ天台出身者というだけである。法然や親鸞や日蓮も天台出身であるが、脱却して新しい宗教を創設しているように、自戒と念仏を重んじる宗旨で自宗の名乗りこそ上げなかったが、〝真盛宗〟とでも呼ぶべきもので、西教寺はその総本山であった。

それに、いくら坂本が光秀の領地とはいえ、天台宗の再建に力を貸すことなどできるわけがない。それは総本山延暦寺を焼滅させた信長に対する反抗となるであろう。信長が叡山の復活を生涯許さなかったことからも明白である。

さらに、叡山焼き討ちに光秀は攻撃軍として参加している。もし彼が天台宗ならば、信長は攻撃軍の中から光秀を除外したことであろう。この時代宗教の存在は大きく、信長とてそのへんは心得ている。では、真盛上人の宗徒であったのか。そうとも思えない。西教寺の再建は、彼の宗旨というより政治的な意味合いが強いと思う。

もともと坂本は、延暦寺、日枝神社の門前町として栄えた町である。当然、商工業などに携わる人たちもたくさんいた。それが、叡山の焼き討ちによりあふれている。新しい城下町としての坂本とともに、かつての門前町の繁栄を取り戻すため、とりあえず天台宗と無縁な西教寺の再建を策したものであろう。もちろん、古刹に対する彼自身の愛惜の情もあったことは思うが。

最初に訪れた明智町の竜護寺は臨済宗妙心寺派で、本山の妙心寺には縁者と名乗る密宗和尚が「明智風呂」を寄進している。だが現状においては、それ以上の関係を発見することはできない。頼みは、あの経筒だけである。

平安時代後期、真言・天台の密教信仰は最盛期を迎えた。それは折からの浄土思想や御霊信仰と融合し、山岳修験の行場である全国各地の密教寺院には、修験者のみでなく貴族や武士まで参詣し隆盛を極めたが、その修験行事の一つとして経塚《きょうづか》信仰というものが生まれてくる。

経塚の造営順序は、発願《ほつがん》、写経、写経供養、選地、経塚造営、埋納《まいのう》という形で進行する。わかりやすく再度説明すれば、発願とは願い事で父母の霊を供養したいとか、来世は浄土に往生できますようにとかの願いを込め、法華経などの経典を写経し、経筒に納め、埋める場所（主に辰巳、東南の方向）を選定して経塚を築き、経を納めた経筒を埋める。

つまり経筒とは経を納めて埋めるための器であり、光秀の寄進状が経筒とともにあるということは、本来なんらかの経典と一緒に、寄進状を経筒に入れて埋納するつもりであったことを示している。

恐るべき光秀の宗教ネットワーク

光秀が経塚信仰をもっていた、またはその形態を配下の供養のために取ろうとしていたことは、彼の宗旨を知るうえで重要なポイントとなる。というのも、経塚信仰は山岳修験の密教寺院特有のもので、ほかの顕教《けんぎょう》宗派では、あまり見られない儀式だからである。

さらに、この経塚進行の盛時は平安後期で、戦国末期まで下れば古風ともいうべき儀式であり、きわめて稀な例と思われる。経筒の出土する地域は、これまでの事例によると、全国でも北部九州（福岡県と大分県の県境周辺）の英彦山《ひこさん》（天台宗系）を中心とする山岳修験寺院群に最も多い。

昭和五十年、その寺院群の一つ求菩提山《くぼてやま》において経塚発掘が行なわれ、銅製・陶製の経筒三十数個が発見されたが、そのほとんどは平安期のものである（重松敏美著『山伏まんだら――求菩提山修験遺跡にみる』)。

信心にも流行《はや》り廃《すた》りがあり、戦国末期に経塚信仰の形態を取るなどは、筋金入りの密教宗徒でないかぎり思いもつかないことであろう。

これらのことを考えると、光秀は密教に精通していた。というより山岳修験の徒ではないかと推察される。そうであるとすれば、聖護院派（天台宗派）と醍醐三宝院派（真言宗系）の二つしかない。このうち天台宗については前出の理由により、その可能性は皆無といえよう。したがって、光秀は真言宗系の僧籍を経た人物となる。

谷性寺にある「明智山門」には、桔梗紋とともに外側に輪法《りんぽう》紋が配されている。パンフレットに説明が載っているが、それによれば「光秀公の残影の存するところ不思議にも輪法紋と桔梗紋の霊妙な組み合わせが認められる」と書かれている。

その真偽は、私にはわからない。ただ寺紋についていえば、桔梗紋は圧倒的に真言宗系の寺院に多いということだけは確かである。

寺の多い京都周辺だけを見ても、智積院《ちしゃくいん》、六波羅蜜寺《ろくはらみつじ》、大報恩寺、青和院（以上、桔梗紋）、狸谷《たぬきだに》不動院（桔梗の中に輪宝）、亀龍院（子持亀甲の中に桔梗）と、真言宗系寺院は六カ寺。他宗では、日蓮宗本妙寺ただ一カ寺のみが桔梗紋を使っている。ついでに、輪法紋というのは船の舵輪《だりん》にそっくりで、古代インドの理想とされる国王・転輪聖王《てんりんじょうおう》の感得する七宝の一つ、もとは古代インドの武器を紋章化したものである。卍、輪宝、蓮の紋章は、寺紋の始まりとして、古代インドの寺院でもつけられているそうである（以上、丹羽基一著『寺紋』による）。

話が逸《そ》れた。光秀の桔梗紋と真言宗寺院の桔梗紋、この両者の間になんらかの関連があるのではと急に思いつき、付け加えてみたくなったのである。あくまでも思いつきにすぎないが、時間があれば調べてみたい。本題に戻ろう。

光秀が真言宗系であると思われる、もう一つの推測を述べてみたい。

それは、高野山攻めに、彼がまったく加わっていないということである。

天正九年五月十日高野山の登り口、大坂和泉の槇尾寺《まきおでら》を焼き討ちした織田方の武将は、織田信澄、丹波長秀、蜂屋頼隆、堀久太郎らであるが、丹波長秀が率いていたのは摂津衆、蜂屋頼隆は河内、和泉衆を引き連れていた。

これら摂津、河内、和泉の武士たちは、本来は近畿方面軍司令官たる明智光秀の配下に属している。それが、丹波、蜂屋の両将に付けられて、高野山攻めの口火を切っているのは、じつに不思議なことと言わなければなるまい。

これに加えて、大和の筒井順慶も高野山攻めの一員になるが、なぜか光秀一人、蚊帳《かや》の外なのである。彼が手いっぱいの状況ならばそれもわかるが、光秀はこのときなんの作戦にも関与しておらず、人使いの荒い信長にしては異例のことであろう。

順当に考えれば、位置的に見ても近畿司令官たる光秀が高野山攻めの総大将となるはずである。これは信長が光秀の前身を慮《おもんぱか》り、高野山攻めの布陣から外したとしか考えられないのだ。

これまでの事柄を整理してみたい。

●宗教関係における濃密なネットワークの保持。
●「条書」の宛名人として仏僧、日乗上人と並ぶ事実。
●寺院においてしか得られないマルチ能力と経済力。
●西教寺に残る経筒が明かす密教者の影。
●高野山攻めからの意図的な除外。

以上の事実が指し示す光秀像は、彼が真言宗系の僧籍を経た人物であるという一点に凝縮していく。初めに記したように、縦糸と横糸を通したならば、推理をもって読み取る以外に方法はない。私の捉えた光秀像をもって、もう一度〝変〟に立ち戻ってみたいと考えている。

緘黙《かんもく》する人々

信澄を捨て殺しにした光秀の意図

彼のバックボーンを視野の片隅に入れながら、〝変〟を再考してみる必要があろう。難攻不落の城を攻めるには、外堀を埋めに行かなければならない。まずその一つ。織田信澄という武将を取り上げてみよう。

信長の次弟勘十郎信行《かんじゅうろうのぶゆき》は家督争いから信長に殺害されているが、信澄はその信行の忘れ形見である。幼少であった信澄は柴田勝家に養育され、成長したのちは、天正六年（一五七八年）に近江の高島に所領を与えられ大溝城主となり、信長の命により光秀の娘をめとっている。多聞院英俊《たもんいんえいしゅん》の『多聞院日記』によれば「一段の逸物なり」とあるように、相当な器量を備えた若者であったらしい。ただし、ルイス・フロイスの評には「この若者は異常なほど残酷で」とあり評価が二分するが、宣教師たちの人物評はキリスト教に対して好意的か否かで、聖者になったり悪魔に擬せられたりするので、基準とするには不適当と思われる。

『武功夜話』においても『多聞院日記』と同様の評があるので、ここは素直に英俊の評価を信じることにしよう。

「本能寺の変」により、この信澄ほど不本意な死を遂げた人物はいない。

当時、彼は四国征伐のため、石山本願寺の跡地大坂城に織田信孝、丹羽長秀らとともにあったが、岳父・光秀の突然の謀反により共謀の容疑をかけられ、信孝、長秀に攻め滅ぼされた。光秀の娘をめとっており、しかも父を信長に殺されていれば、混乱した状況下において疑われても致し方のないところであるが、光秀謀反に関して彼はまったく無関係らしく、軍を城外におき、わずかな近臣を伴ったのみで六月五日この難にあっている。

光秀が〝変〟後に取った行動の不可解さは、細川藤孝（長子忠興の妻お玉は光秀の娘、洗礼名ガラシヤ）や筒井順慶には幕下に加わることを再三要請しながら、娘婿の信澄にはなんの連絡も取ろうとした形跡がないことである。いくら織田の一族とはいえ、信澄は伯父信長に父を殺害されている。しかも信忠、信雄《のぶかつ》、信孝らの後陣を配さなければならない身であり、その胸中はさぞかし鬱積《うっせき》したものがあったであろう。彼の妻は我が娘であり、光秀としてはまっ先に協力を仰がなければならない人物だったのである。

事実、『多聞院日記』六月二日、『家忠日記』（家康の臣、松平家忠）三日の項に、「謀反は光秀と信澄の共謀」と記されているように、事件当時、ただちに風聞として取り沙汰されたことがわかる。

だが、光秀は、信澄に対して密使一人出すこともせず、安土城へと軍を向け、結果的には捨て殺しにした。信長を弑逆《しぎゃく》すれば、信澄がどういう立場に立たされるか、わからないほど光秀は馬鹿な男ではあるまい。

〝変〟直後に早馬でも駆けさせ、この事実を知らせれば信澄は死なずにすんだ。それどころか、事態はまったく逆になっていたかもしれないし、よしんば信澄が光秀に与《くみ》せず、信孝・長秀らとともに対抗する構えを見せたとしても、それは致し方のないことである。その覚悟がなければ謀反など起こさぬはずであろう。

これは、どう考えても信澄が大坂城にいたことを、光秀はまったく知らなかったとしか私には思えない。

織田家の命令系統はトップダウン方式で、すべては信長から発せられており、相互の情報交換はまったくなく、そのことは「信忠の手紙」が証明している。軍を構成する際、各軍に対する出動準備は事前に下されるが、いざ出動という日時は直前に知らされ、常々、短兵急な対応を要求される。誰がどの方面へどれぐらいの人数を率いて行くなどの情報は軍事機密であり、事前に連絡を取り合う機会さえないとみたほうが正解であろう。

同様に、光秀が近畿方面軍司令官だったとしても、自軍を構成するスタッフのみを把握するだけで、他方面の構成メンバーまでは知ることができなかったのではないか。

光秀の反逆が計画的なものであったとしたら、信澄はむざむざと殺される羽目になど陥ることはなかった。光秀も当然、信澄の居場所を事前に確認し、第一番に〝変〟の情報を提供したであろう。しかし、現実はどちらにとっても不名誉な形で終わり、信澄の死は光秀の大きなイメージダウンを招いた。この事態から考察するかぎり、〝変〟は双方にとって〝予期せぬ出来事〟だったという不思議な結論を得ることになる。

なぜ光秀は筒井順慶を待たなかったのか

もう一つ、光秀はなぜ筒井順慶を待てなかったのであろうか。

順慶は七千の軍勢を率いて京へ向かっていた。〝変〟の終了と同時に一万三千をもって順慶の七千を吸収すれば、以後の展開はずいぶんと楽なものに変わっていたはずである。

確かに、完結した結果を、あとからはなんとでも言えるのだが、それにしてもという気がするのだ。もしかしたら彼は、この時刻に順慶が、京へ向かっていたことも知らなかったのかもしれない。前述したように、信長が各自に指令を出していれば、集結する事実は承知していても、各自の行動時刻までは摑んでいないということも考えられる。

これは充分にありうるものと思う。それとも、順慶は絶対に幕下に加わるとの自信から、急を要する近江へと軍を向けたのであろうか。

だとすれば、光秀は、戦国乱世の武将にあるまじきお人好しと見える。

さらに、近江に位置する坂本城が、〝変〟に対して何の行動も起こしていない。

光秀が今堅田の城を落としたとき、湖上から戦船を仕立てて見事に城を討ち破っている。坂本から瀬田の河口まで一時間とはかからぬはずで、城に一、二千の兵がいれば、湖上と陸の両方から攻めあげ、少なくとも瀬田の橋を確保するぐらいのことはできたであろう。

山岡美作守《みまさかのかみ》らに橋を焼き落とされ、貴重な時間を奪われる事態を招いたのは、坂本城が〝変〟以前になんの指令も受けていなかったか、または行動できるほどの守備兵を残していなかったかのどちらかである。それに残党狩りなどをしている暇があるなら、なぜ京の七口（古来より京へ通じる七つの街道口）を押さえなかったのか。

軍事クーデターが起きた場合、必ず戒厳令が敷かれるのは、まず第一に交通を遮断して情報を一手に握るためではないか。武将としてなすべき適切で有効な処置を、何一つとして打ってはいない。

〝変〟の起きた時刻に光秀がいたとするなら、以後五、六時間もの間、いったい何をしていたのだ。その中にいなければわからないこともあるが、逆に後世だからこそわかる部分もある。〝変〟以前と以後において、光秀はまるで別人の感があり、この落差はあまりにも大きすぎる。

おそらく、その時刻に彼は京にいなかったと考えるしかない。

これまで主張してきたように、「本能寺の変」は単純な事件ではない。朝廷、高野山、伊賀忍者とそれぞれ分野の異なる勢力が、軌を一にして練り上げた暗殺プロジェクトにより遂行されたものである。残る課題としては、明智軍による本能寺の二回目の焼き討ち、二条御所へ避難した信忠軍への攻撃、という二つの事実が光秀自身の指示によるものかどうかを問いただす作業のみである。

もし私が裁判官で、判決を宣告するなら〝被告人は無罪〟。そう、断を下す以外にない。光秀は、状況も情報もまったく掌握せず〝変〟に突入している。この調子では、信忠在京の事実もおそらく探知していなかったであろう。クーデターを起こす武将としては、考えられないお粗末さである。

もともと〝変〟が、彼にとって計画的なものでないことは「信長の手紙」によっても明らかであるが、それにしても彼自身が命令を下し、決行した可能性はきわめて薄い。もし万が一あるとすれば、すでに信長が本能寺で倒れたことを知り、急遽《きゅうきょ》その気になったか、従来のノイローゼによる発作的犯行説以外には考えられないと思う。

とくに後者の説においては、これまで挙げてきた問題点に、明解な反証を添えて論破されないかぎり、私は納得しかねる。

結論を述べれば、〝変〟の起きた時刻に彼は京におらず、数時間遅れて京に入り、事態の収拾を引き受けた。または、引き受けざるをえない立場に立たされたということである。

その第一は、朝廷から官位を内々に授けられ、〝変〟の収拾を依頼されたこと。第二には、彼のバックアップ勢力である高野山が絡んでいたこと。光秀の前身は真言宗の僧侶である。第三は、「第三の男」ともいうべき斎藤利三の存在によってであろう。利三に関しては後述するので、いまは光秀の罪状認否を進めさせたい。

光秀無罪の最終弁論

どうにか推論の外堀は埋めた。城門に取りついて城を落とすには、光秀の無罪を証明する最終弁論を展開しなければならない。〝変〟当日の午後二時以降、吉田兼見は御足労にも粟田口へ下向《げこう》し、光秀と面談して「在所の儀、万端頼入《ばんたんたのみいり》」と申し入れている。この在所というのを兼見の領地と解釈する向きもあるが、在所に故郷や田舎という意味はあっても領地はなく、文面から判断しても存在する場所を示している。

もちろん、兼見ではなく、天皇が存在する場所、つまり京の都である。万端の意味は一切のことであるが、この場合、何を指すのかといえば、当然〝変〟によって引き起こされた一切のことで、兼見は光秀に対し、事態の収拾を頼み込んでいるのである。

もし光秀が〝変〟を生起せしめた張本人ならば、事態を収拾するのは当然彼がなすべきことで、何も兼見が朝廷や京都庶民を代表して、万端頼入る必要などさらさらない。国語の先生なら一発解読の問題で、これ以外に意味の取りようがないほど、兼見は明確に書き残しているのである。

事態収拾を光秀に依頼するため、兼見を遣わした人物が近衛前久であることはすでに述べた。当時、反信長の正親町天皇と信長監督下の誠仁《さねひと》親王という、二つのラインが朝廷内に存在していた。これは父親連中と息子たち、新・旧ラインと考えてもらってかまわない。むろん、前久は正親町天皇ラインとして動くのだが、〝変〟後、天皇は鳴りをひそめ、親王が活発な働きを示す。このあたりの機微にも、朝廷（正規町天皇ライン）が〝変〟に無関係ではありえないことが、おわかりいただけよう。

六月六日、誠仁親王の命を受けた兼見は、再び光秀と対面するために近江へと下る。そして六月七日、安土城にて光秀と歓談した兼見は、そのときのことも日記に書き残した。その中に、「今度謀反の存分雑談也《ぞんぶんぞうだんなり》」という一文を記しているが、この文面の意味するところを考えてみたい。存分を『日本語大辞典』で引くと、「思うまま・充分に」とある。古語辞典には「意趣＝心のおもむき」という意味もあるが、続く「雑談」という言葉を考えると、それはここでは当てはまらない。次の「雑談」はいまも昔も雑談に変わりなく、現代文に直せば「今度の謀反について思うまま（または充分に）話し合った」ということになる。光秀を主犯とするなら、おかしな記述であると私は思う。光秀が〝変〟の張本人ならば、主観をもって話すであろうし、記録する兼見もまた、光秀が主観的に話した事実を記すはずである。

たとえば、「自分はこういう考えから行動を起こした」と光秀が主観的に語った場合、「存を冠するならば「存分」(思うまま・充分に）という言葉ははたして適切であろうか。もし光秀が自らの胸中を素直に語るならば、「存念」(考え・心に思っていること）という言葉で示されるのではないだろうか。例を挙げるなら、「謀反の存念を語るなり」とか「謀反の胸中を吐露せり」とか記すことになろう。

また「雑談也」は、思うまま（存分）という言葉を受けて、光秀一人が語ったのではなく、光秀と兼見が語り合ったことを示している。これは、光秀が〝変〟の一部始終を語った記録ではなく、二人がともに客観的な立場に立って「本能寺の変」を語り合った事実を表わす一文である。だからこそ兼見は、謀反という文字を平気で使用しているのだ。

光秀が命令を下した当事者ならば、自分が取った行動に対し、自ら謀反と定義するであろうか。また兼見も盟友光秀に対して謀反という文字で記すだろうか。共に客観視するがゆえの記述であろう。事件に対し、客観的にしか語れない人間が、当事者であるわけがない。この一文もまた、光秀の無罪を証明する。

兼見の下向は誠仁親王の命によるものだが、ではその命とはいかなるものであったのか。それについては、六月九日の光秀の行動により大方の察しはつく。

誠仁親王の使者（兼見）安土下向返礼のため、光秀は九日未《ひつじ》の刻《こく》（午後二時ごろ）に上洛し、兼見を通じて正親町天皇、誠仁親王に、それぞれ銀五百枚を献上する。そして、五山及び大徳寺に銀百枚を、吉田神社（実質は吉田兼見）には銀五十枚を寄進した。

この大盤振舞について光秀は、「先般（六月七日）の禁裏《きんり》（誠仁親王）からのお使い、かたじけない。お礼のために上洛しました。銀子五百枚を両御所に進上してください」と、兼見に語っている。

これを見れば、朝廷からの官位贈呈があったことは確かであろう。参考までに、天正四年（一五七六年）の信長右大臣任官の礼に禁裏へ黄金二百枚を献上と『信長公記』にあり、『兼見卿記』『言継卿記』には銀百枚とある。光秀の気前のよさを常識的に考えれば、武家の最高位、征夷大将軍の宣下《せんげ》を賜ったものと思われる。

〝変〟の当日、兼見が粟田口にて光秀に会見した際、当然このことは含まれていて、再度の安土下向は宣下の勅使として訪れたのである。禁裏もまた、官位の大盤振舞をしなければならないところに、〝変〟に対する朝廷サイドの後ろめたさが潜んでいる。事態収拾を引き受けざるをえない光秀に対する、最大のプレゼントのつもりなのかもしれない。

光秀と木食応其の接点

これまでに、信長暗殺の実行犯が伊賀忍者集団であり、高野山が企画立案及び実行補助を務めたことも、また、朝廷が関係した事実も明らかにしてきた。

そして、光秀の前身が真言宗系の僧侶であり、彼が命令を下したのではなく、〝変〟を引き受けた人間で、さらには、引き受けざるをえない立場に立たされていた事態も記述してきた。

だが、残念ではあるが、光秀と高野山（真言宗）との関係を示す決定的な証拠を提出するまでには至っていない。

先に述べた繰り言を返すようで心苦しいが、高野山のある人物は頭に浮かんでいる。

ただし、物証は何もない。第一章で「光秀の驚愕」と題して中見出しをつけたが、その最後に現われた僧兵姿の武人は、その人物を想定して登場させたものだ。

名は木食応其《もくじきおうご》と言い、光秀との接点は連歌師の里村紹巴《じょうは》である。紹巴は光秀の朋友であり、応其にとっては連歌の師となる。

高野山における対信長戦の武力を構成したのは、寺領の武士たち、行人《ぎょうにん》、客僧、聖《ひじり》の各衆徒であるが、とりわけ戦闘的であったのは行人、客僧衆で高野山へ逃れた伊賀者も客僧として身を寄せていた。

応其は高野山を代表する人物となるが、本来はこの客僧衆であり、行人衆とも親交が深く、もとは近江の六角氏に仕えた武士である。

連歌における共通の知己、紹巴。近江坂本城主と近江出身の武士。もし『若州観跡録』の記述を信じれば、ともに六角氏に仕えた経歴がある。これらの点から、光秀と応其が繋がりをもっていたとしても、なんら不思議はないと思う。それに、応其は光秀と驚くほど構成する要素が酷似しているのだ。

まず第一に履歴がよくわからない。歌集『無言抄《むごんしょう》』を著したように、知性と教養があり、並の武士とも思えない。

また建築技術にも秀でており、秀吉の招聘を受け、方広寺大仏殿の造営をはじめ、生涯における諸寺社の建立・修繕の功績は、高野山内の堂塔寺院二十五寺、山下を含めれば八十一寺にもおよび、加えて交遊関係が非常に多彩であるという。

〝変〟より三年後の天正十三年（一五八五年）四月、根来・雑賀を攻め滅ぼした秀吉は、返す刀で高野山に対し七ヶ条からなる要求書を突きつけ、降伏を迫った。

高野山は法印良運、法眼空雅、そしてこのとき歴史に登場する応其の三人を使者として、四月十六日に誓文《せいもん》を提出している。

良運は学侶を、空雅は行人を、応其は客僧をそれぞれ代表しているが、法印とか法眼という位を持たない応其がなぜ代表になりえたのかも謎である。

もともと客僧は、山内において非衆《ひしゅう》と呼ばれているように、僧に非ざる者として扱われている存在ではあるが、それにしても無位の応其が代表に選ばれるわけがない。

その理由については、秀吉と旧知の間柄であったとする説、石田三成懇意説などがあるが、『日本仏教宗史論集　第四巻（木食応其考）』の中で和田秀乗《しゅうじょう》氏は、それらの諸説を否定し、

「天正十四年七月二十八日の応其覚書にも見られる如く、紹巴を中心とする連歌のグループが秀吉と応其の媒介をしたと考える」と述べておられる（とすれば、私の推測もあながち的外れなものではないかもしれない）。

注目すべきは、秀吉と使者に立った応其の会談である。秀吉が応其に会うや、ただちに高野山攻めを中止し、ほかの二人の高僧らには目もくれずに、以後「高野の木食と存ずべからず、木食の高野と存ずべく」とまで言わせるほどに、応其を深く信頼し、交誼《こうぎ》を結ぶことになる。

想像するに、応其は一人で秀吉に会う機会をもった。

その際、いったい何を話したのであろうか。

ただ一度の会合で、肝胆相照《かんたんあいて》らす仲になるのは物語ではよくある話でも、現実にはなかなか難しいものではないかと思う。まして片方は天下を掌握しつつある人物で、一方は無位の平僧。緊迫した状況下で、いかに連歌グループが仲介したとしても、相照らし合う共通の土壌を構築できるわけがない。

もし、たった一度の面談で、そういうことがあるとするならば、私にはただ一つの可能性しか思い浮かばない。

〝驚愕〟それ以外に、考えられないのだ。つまり秀吉にとって驚嘆すべき事実であり、しかも今まで公にならなかったことが自身の利益に繋がり、かといって恩着せがましいわけではなく、かえって告げた者にとっては致命的ともなりうるという、ある種の情報を提供された場合である。

誰にも漏らせぬ秘密の共有ほど、深いところで結びつき合えるものはほかにない。

秀吉は、〝変〟が起きたときには京にはいなかった。したがって、その全貌を知ることはなかったであろうが、張本人が光秀でないことは薄々察知していた。そのため秀吉は、事後においてかなりの情報操作を施している。

長い間疑念に思っていた〝変〟の全貌を知らされ、現在までそれを秘し、しかも応其から決定的な事実を告げられたならば、あるいはそういうこともありうるであろう。もちろん応其は、朝廷が関与していたことは伏せたであろうが、秀吉はすべてを呑み込んだことと思う。

光秀が、山崎の戦いで敗死したときが五十五歳であったという記述を信じれば、そのとき応其は四十八歳で七つ違い。

光秀と応其の間には、もしや血の繋がりがあったのではないかとさえ想像してしまうのだ。

天正十八年（一五九〇年）三月三日、秀吉は亡き母大政所《おおまんどころ》の法会《ほうえ》を高野山において執り行ない、翌四日には追悼の連歌会を開いた。徳川家康をはじめとする武将たち、中山大納言などの公家連中、そして紹巴もそこに加わっている。秀吉が発句を、次いで応其が脇を務めて、

年を経ば　若木の花や　高野山（秀吉）

霞むかたへの広き垣内（応其）

とある。上の句は〝年を経て若木だった桜も花を咲かせている、高野山の花の見事さよ〟という意味で、高野山の桜になぞらえて已れの出世を誇っているが、応其がつけた下の句は、〝花霞みがかかり、まるで広い垣根を作っているようです〟とでも読むべきであろうか。

しかし、その裏の意は、〝花も霞もすべて我が家の垣内のように、あなたはご存じでしょう〟と言っているように聞こえてしまう。深読みかもしれないが……。

謀反の陰に斎藤利三あり

〝変〟において、明智軍を直接指揮していた光秀の重臣・斎藤内蔵助利三が〝変〟の鍵を握る人物であったことは疑う余地がない。

岐阜市歴史博物館発行の「館蔵品図録 古地図Ｉ」の中に「濃州安八《のうしゅうあんぱち》郡中川荘曽根村絵図」が掲載されていた。絵図は曽根城を中心に描いたもので、御本城と記された本丸の脇にいちばん大きなスペースで斎藤利三の屋敷が記入され、次いで古江加兵衛屋敷、那波和泉《なはいずみ》屋敷となっている。曽根城は稲葉一鉄の城であるから、この絵図により利三が稲葉家の筆頭家老であったことが判明する。

光秀謀反の原因として、一つにはこの稲葉一鉄とのトラブル説が挙げられている。『稲葉家譜』四巻に「天正十年、那波和泉直治、一鉄の家を去りて明智日向守光秀に使う、光秀厚く之を遇し、以って家臣となす、一鉄大いに怒りて曰く、先に利三を招くのみならず、今また和泉を招く。ただちに光秀とこれを信長公に訴う、公、光秀に命じて和泉をして一鉄に返さしむ（以下略）」との記述があり、実際に天正十年五月二十七日の日付で、那波和泉を返却したことを示す稲葉彦六宛の堀久太郎（信長側近）書状写しが載っている。

このことで光秀は信長に叱責され、その頭を二つ三つと打たれたために髪のつけ髷《まげ》が落ち（光秀は頭髪が薄く、つけ髷をしていたという）、これを怨みに思ったのが謀反の原因と同書は断定する。

私も最初これはありうるかなと思った。怨恨説の中では堀久太郎の書状（写し）もあり、あまりにも不用意な叛逆は〝エーイやったれ〟という気合い、もしくは衝動で起こしたものとするなら、まだ理解もできるからである。

しかし、堀の書状の文面を読んで、〝まてよ〟と思い直した。「このたび那波与三（和泉）方の儀、上意を以って御返しなされ候、しからば堪忍分として重ねて御扶助の由に候、然るべき御ついでの間申上候ところ、もっともの由御説に候（以下略）」と書いてあるのだが、この文面から光秀に対し、信長が怒っている様子はどこにも見当たらないのである。

確かに、言い分はもっともであるから、那波を返せと命令し、重ねて給料のアップをするから、稲葉のほうも堪忍しろということは記されている。だが、給料アップ分の稲葉に与える所領は、光秀のどこそこの分を取り上げてお前にやるとも、光秀のほうが悪いのでこういう叱責を与えたなどとも報告されてはいない。

光秀が起こした不行跡ならば、当然彼の所領を割って、稲葉に謝罪分を与えるべきであろう。書面ではそういう処置には一切触れず、ただお前の言うことはもっともだ、給料をアップするから我慢しろでは、稲葉のほうでもあまり納得がいかなかったのではなかろうか。

結局、アップ分の領地は信長の懐から出るわけで、光秀の尻拭いをしてやっているようなものである。逆にこの書面は、信長が光秀に対して、いかに甘いかという証明ではないかとさえ思えるのだ。

したがって、この怨恨説も否定せざるをえない。

〝変〟における、斎藤利三について記そう。長宗我部元親の家臣、高島孫右衛門正重の著した『元親記』によれば、「斎藤内蔵助は四国の儀を気遣にぞんずるによってなり」とある。さらに『言経卿記《ときつねきょうき》』には「斎藤内蔵助、今度謀叛随一也」と記す。

前者では、利三が四国のことを心配して謀反を起こしたと言い、後者においては、戦功第一なのか、それとも原因第一、つまり張本人という意味か、とにかく第一であると記している。

光秀をさしおいて、利三が「謀叛随一」と記されるからには、底に深い事情が存在しよう。

利三の父は、美濃に住した斎藤伊豆守利賢《としかた》という豪族であり、母は室町幕府政所代蜷川《になかわ》親順の娘である。母は伊豆守との間に三人の子（頼辰《よりたつ》、利三、妹・栄春）をもうけたが、なぜか伊豆守と離縁し、幕府奉公衆・石谷《いしがい》兵部大輔《ひょうぶのたいふ》光政《みつまさ》に再嫁した。兄は母とともに石谷氏に入って養子（石谷兵部少輔《ひょうぶのしょうゆう》頼辰）となり、また妹は長じたのち、母の実家である蜷川氏の跡継ぎ蜷川親長に嫁いでいる。

この母の再嫁先、石谷光政には先妻との間に娘があり、これが長宗我部元親の内室となって土佐に下向した。

秀吉「中国大返し」の謎を解く

「本能寺の変」が起きた時点で、利三の縁者たちがいったいどこにいたかが、重要なポイントとなろう。信長の四国征伐にからめて、述べていきたいと思う。

天正三年（一五七三年）、土佐を平定した長宗我部元親は、中央政権として強大な力を築き上げつつあった信長に誼《よしみ》を通じるため使者を派遣したが、このとき仲介したのがのちの縁に繋がる斎藤利三―明智光秀ラインであった。

以降、四国制圧にも動き出した元親は、天正七年（一五七九年）阿波岩倉城の三好式部少輔を攻めて降伏させ、翌八年に弟・長宗我部親康を安土の信長へ派遣し、これを告げて阿波領有の承認を求めてきた。

信長は、元親に「四国のことは切り取りしだいに任せる」と、長宗我部氏の四国制圧をこの時点では認めている。

しかし、式部少輔の父、三好康長は阿波・讃岐の奪還を目指し、本貫地回復の援助をたえず信長に求めていた。

天正九年三月、三好康長は羽柴秀吉とも通じて数千の軍勢を率い、讃岐から阿波へ向かい岩倉城に入り、元親に降伏してその旗下に甘んじる息子の式部少輔に元親との断交を迫る。もちろん、信長が承知したことで、土佐と阿波半国を残し伊予・讃岐を返却するよう元親に申し渡した。

四国制圧は元親が自力で成しつつあるもので、信長からもらったものではない。ただ、中央政権としての体制を整えてきた信長に、敬意を表しての外交辞令であり、しかも七年には勝手たるべしという言質《げんち》も取っている。

元親がこの通達を呑むわけがなく、信長の干渉を一蹴し、織田軍と一戦を交わすため長宗我部軍は着々と戦備を固めた。これが信長の四国征伐の発端で、この事態を解決すべく光秀の使者として土佐へ下向したのが、利三の実兄・石谷兵部少輔頼辰である。

これに対し元親は返事も与えず、この斡旋を無視したという。このあと、山崎の戦いで光秀が敗れたため、頼辰は蜷川親長を頼り、土佐へ下っている。

なぜ、蜷川親長夫妻が土佐に行ったのか。『寛政重修諸家譜』に「義輝弑《しい》せられ、父・親世も死するののち、処士（牢人）となり土佐へ下った」と記されているので、長宗我部元親に繋がる石谷光政の縁を頼ったものと見られる。しかも光政自身土佐へ下向しているので、あるいは親長夫妻とともに土佐に暮らしていたのではないか。

さらに、利三の父・伊豆守も、「始め美濃国に住し、のち阿波に移る。某年、彼の地において死す」との記録が『寛政重修諸家譜』にあるので、やはり元親勢力下に身を置いていたことになる。したがって天正十年当時、土佐には利三の妹・栄春とその夫・親長、義妹（元親内室、光政の娘）が居住しており、阿波には父・伊豆守がいたわけである。

この四人の縁者に加えて、実母とその夫・光政も土佐にいた可能性さえあり、『元親記』に四国の義を気遣ってと記述されたこともうなずけよう。

しかし、これだけで利三が謀反に踏み切れるとは思えない。

なぜならば、彼には妻や子がある。もし失敗すれば、兄・頼辰の家も含め、眷族《けんぞく》ことごとく皆殺しの憂き目にあおう。

四国からの工作があったとしても、おいそれと決断できるものではない。何か大きな後ろ盾が存在してこそ、初めて実現する決断であろう。

利三が明智先鋒隊を指揮し、本能寺（二回目の攻撃）と二条御所の信忠を襲うには、それなりの勝算がなければならない。少なくとも、

一、強力な反信長戦線の結成

二、確実な情報の提供者
三、権威あるバックアップ勢力の存在
などが確約されることである。

一では、高野山、毛利、長宗我部、そして明智軍を巻き込んだ連合。二においては、信長暗殺網からの情報。三は朝廷による叛逆の正当化。であるが、これに加え、信忠も在京という最新ニュースは、利三の心を大きく揺らす結果となった。

信長の死が確実になったいま、暗殺者たちの次の脅威は、信忠の存在である。〝変〟ののち、現場に入って状況を実際に検分している信忠には、どんな偽装工作も通用しない。父親を殺された信忠が真相究明に動かないはずはなく、そうなれば信長暗殺に携わった者たちの命はない。

二条御所に戻った信忠の兵は五百である。なんとしても信忠を抹殺するためには、利三率いる明智軍先鋒隊が向かうしかない。こうして、利三は動いた。

利三にしても、信長の死を確認し、残る信忠と同行している織田一族を葬り去れば、自らが仕える光秀の天下も夢ではない。そうすれば、四国の長宗我部家も救われる……。まさに一石二鳥という計算があったに違いない。

これにひきかえ、光秀は情報のエアポケットにはまっていた。あまりにも信長に近すぎたからであろう。それに、信長公大事という日ごろの言動も禍《わざわ》いしたかもしれない。彼がすべてを知ったのは、京の地において水色桔梗の旗が舞ったあとである。

こうなれば、利三の独断先行を許さざるをえない。光秀が状況もまったく掌握せず〝変〟に突入したのは、すでに受けざるをえないところまで落とし込まれていたためであった。

これにより、真の暗殺関係者たちは闇の彼方に消え去ることができ、織田一族の追及を免れている。幾人もの縁者を土佐においている斎藤利三に、誘いの手が伸びるのは当然で、しかも光秀を加担させるためのキーパーソンとして、絶対に必要な人物であったのだ。

彼の実兄、石谷頼辰は公家の山科言継《やましなときつぐ》（言経の父）と非常に親しく、永禄八年（一五六五年）八月二十七日の条に、頼辰が長宗我部氏とともに言継邸を訪れるなどと、『言継卿記』にその交遊が記録されている。言継はもちろん正親町天皇ラインに所属し、おそらく暗殺計画の進行状況などは逐一、言継～頼辰～利三へと提供されていたことと思う。

『言継卿記』に「斎藤内蔵助、今度謀叛随一也」と記されているのは、もとより戦功第一という意味ではない。明智光秀とその軍を〝変〟に介入させた第一の功労者、まさに扇の要《かなめ》の役割を果たしたと評しているのである。

利三の実兄・石谷頼辰と親交の深い言継・言経父子ならばこそ残した貴重な証言と見なされよう。

事後において見るならば、長宗我部、高野山、雑賀衆、根来衆の反信長連合は、秀吉に対しても存続し、賤《しず》ヶ岳《たけ》の戦い（柴田勝家との天下取りを賭けた戦い）でも、小牧長久手《こまきながくて》の戦い

（織田信雄、徳川家康連合と秀吉）においても、彼らは反秀吉軍として行動している。

雑賀、根来が秀吉に攻め滅ぼされ、高野山が再び危機に陥ったのも、反信長・反秀吉連合の存在ゆえにである。

〝変〟当時、この連合が正常な働きを示さなかったのは、ひとえに毛利氏の腰が砕けたことによる。確かに、信長が死すとも織田軍は手つかずで残り、彼らが噛み合い、傷つき合って消耗してもらわなければ、再び同様の危機が毛利を見舞うことは明らかである。

毛利は、信長の死を知りつつ羽柴軍の撤退を許した。秀吉の「中国大返し」が成功したのは、信長出征のために準備した街道筋の諸施設や、用意しておいた食糧などが非常に役立ったことと思う。

なにしろ、これを逆にたどればよいわけで、しかも秀吉のブレーンは蜂須賀小六をはじめとして車借《しゃしゃく》・馬借《ばしゃく》・川並《かわなみ》衆など、街道や川筋の運送業者であった者たちで、その手配はお手のものであったろう。

日本史上、秀吉ほど運に恵まれた人物はいない。

秀吉の巧妙な情報操作

「本能寺の変」において虚構があるということは、さまざまな情報操作がなされているということである。

その情報操作の第一容疑者は秀吉であるが、しかしここで確認しておきたいことは、秀吉自身〝変〟当日に京の都にいたわけではないということだ。

つまり、京にあった公家衆以外、〝変〟の一部始終を知る者はいないのだ。その公家たちが信長暗殺の一方の当事者であるとしたら、自らに都合のよい筋書きを描くことなど、造作もないことである。

光秀と秀吉が激突する山崎の戦い、それに至るまでの光秀の苦悩を推し測れば、正確な情報を入手することができず、ただ〝変の首謀者〟の役割を引き受けざるをえなかった光秀にも、胸中秘かに期するものはあったであろう。

その期するものとは、信長なきあとの天下取りであり、自らが率いる近畿軍団の二人の武将、筒井順慶と細川藤孝の助力である。彼ら二人に限っては、自分と行動をともにしてくれるという確信が光秀にはあった。

筒井順慶が信長より大和一国を与えられたのは、光秀の推奨による。したがって順慶は光秀に対して多大な恩義がある。細川藤孝とは年来の友人であり、その子息忠興《ただおき》の妻・玉は、光秀の娘（細川ガラシヤ）である。

この〝変〟の混乱を収拾できるなら、確かに光秀は天下人となれるであろう。と同時に、〝変〟は彼にとって最大の窮地でもあった。なにしろ、なんら状況を把握できず、天下取りの争いに突入せざるをえなかったゆえにである。

藤孝と順慶は、この光秀の窮地を見据えていた。戦国は非情である。したがって彼らが、光秀に加担することは、ついになかった。

六月九日、光秀が細川父子に送った密書が残っている。これは光秀自筆の書といわれ、三カ条の覚書からなっている。

（一）藤孝父子が髪を落とし、喪に服したことについて語り、考えを改めて自分に力を貸してくれと頼み込んだ。

（二）それに対する報酬について摂津、但馬、若狭を提示し、何事も協議（細川父子と）して決めていこうと、呼びかけている。

そして（三）の冒頭は、「我等不慮の儀存じ立て候事」で始まっている。

不慮が「本能寺の変」を指していることはもちろんであるが、〝不慮〟という言葉を使っているのが不思議である。不慮は「思いがけない」ことで、続く「儀」には儀式という意もあるが、この場合は「事情、次第、訳」であろう。「存じ」は「承知、わかっていること、思っていること」で、「立て」は掟、取り決め」のほかに「おごる、宴会、特別に、必要以上」などの意味がある（以上、すべて『古語辞典』『日本語大辞典』による）。

この文を素直に読めば、「我らは（自分は）、思いがけないことのしだいで、取り決めを承知した（または特別にした）ことなのだ」という意味になる。

これが、謀反を起こした男の言葉であろうか？　織田信長という天下の覇者に、一大クーデターを起こした男の言葉では断じてない。

これは〝変〟を引き受けざるをえない羽目に陥った、光秀の言い分である。だからこそ、藤孝や順慶は加担することに逡巡したのだ。これが〝信長の年来の所行、許すまじく候〟ならば、つまり光秀の断固たる決意をもって起こした行動ならば、彼らも従ったはずである。人の心理とは、そういうものであろう。

まさに天下分け目の天王山（山崎の戦い）、眼前に展開する三万数千の秀吉軍に対し、一万数千で迎え討たなければならない明智軍。彼の胸中は、いかばかりであったろうか。

このあたりになると、光秀に対する憐憫の情を禁じえない。

「本能寺の変」については、秀吉の祐筆大村由己《ゆうこ》が書いた『天正記』は「密《ひそか》に謀叛を工《たくら》む、併《しか》しながら当座の存念にあらず、年来の逆意察する所なり」と記している。

また『細川家記』によれば、光秀は武田の降将穴山梅雪の口から、武田に内通していたのを告げられることを恐れて謀反に及んだという。

梅雪が信長方に内通したとき、徳川家康と密接な連絡を取り合っているし、また〝変〟以前に信長とも対面しているので、とっくにバレているはずであろう。まったくの事実無根である。

これらの諸説を紹介し出したら切りがないほどたくさんあるので、前述の二説程度にとどめ、情報操作ということについて考えてみたい。

秀吉が書かせたものは、前者のように〝変〟の偶発性を極力消滅させようとしているところが特徴的で、その主眼とする点は、光秀の叛意が計画的なものであり、明智軍が中国路への道を取らず京へ現われたこと自体、それを証明するものであるという論理を一貫して主張し続けている。

やはり大村由己に書かせた『惟任退治記《これとうたいじき》』などは、能狂言に仕立てて演じさせているほどで、無理が通れば道理が引っ込むの典型のようなものである。

後者は光秀の盟友細川藤孝の細川家に残る記録で、馬鹿馬鹿しいほど非現実的な説を展開しているが、わざとこのような愚説を記しているのであろうと思う。公家や僧侶、それに連歌師の紹巴など、文化人とも親しい藤孝に情報が伝わらないほうがおかしい。

面白いのは、秀吉のもとへ〝変〟を知らせたのは細川家の使者であったと『武功夜話』に記述されていることである。ただし、藤孝からの知らせは二番手だそうで、その二時間ほど前にすでに知らされていたという（第一の使いは夜話の筆者も知らず、また、秀吉に告げたのは堺の商人、長谷川宗仁という説もある）。

情報操作の主たる人物が、秀吉であることに間違いはない。加賀藩の儒者、小瀬甫庵《おぜほあん》が書いた『太閤記』『信長記』なども、その意向を汲むものである。しかし、秀吉だけが偽情報を流布したとするには、ちょっと裾野が広がりすぎている感がある。

思うに、出所はもう二つ三つあるのではないだろうか。光秀が、わずか十一日間で秀吉に滅ぼされたのは、大きな誤算であったろう。暗殺に関係した人間たちは、さぞや周章狼狽《しゅうしょうろうばい》したに違いない。追及の目をくらますため、風説としてさまざまな偽情報・怪情報を流したことと思われる。ゆえにこそ公家衆の記録は、すべて〝明智謀反致し〟なのである。秀吉は、それに便乗したにすぎないのかもしれない。

なぜならば、光秀が〝変〟の張本人ではないと世間に伝われば、先君の無念を晴らした戦功第一の輝かしい殊勲が消失してしまう。

これから取り上げる二通の書状も、そうした一連の情報操作の尾を引くものとして位置づけられよう。

第一の書状を考察するについて、桑田忠親氏の著書『明智光秀』（講談社文庫）に、所収されている文面をそのまま拝借したい。


急度《きっと》、飛檄《ひげき》をもって、言上《ごんじょう》せしめ候。こんど、羽柴筑前守秀吉こと、備中国において乱妨《らんぼう》を企て候条、将軍御旗を出だされ、三家御対陣の由《よし》、まことに御忠烈の至り、ながく末世に伝うべく候。然らば、光秀こと、近年、信長にたいし、いきどおりをいだき、遺恨、もだしがたく候。今月二日、本能寺において、信長父子を誅し、素懐を達し候。かつは、将軍御本意を遂げらるゝの条、生前の大慶、これに過ぐべからず候。この旨《むね》、宜しく御披露に預かるべきものなり。誠惶誠恐。

六月二日　　　　惟任日向守

小早川左衛門佐殿

文中に「将軍」とあるのは、当時、毛利氏を頼って備後の鞆《とも》の浦（福山）に亡命していた足利十五代将軍昌山《しょうざん》（義昭）のこと。「三家」は、毛利・吉川・小早川の三家、つまり、毛利氏一族を指す。

この密書は、内閣文庫本の『別本川角太閤記』にその写本が引用されているが、秀吉が、密使を捕え、密書の原本を焼却した際に、その文言を写し取っておいたものが、いつしか何者かの手によって写し伝えられたものであろうと、推測する。後人の偽作と断定するには、余りにも文章が見ごとである。自然味があるし、理に叶っている。そのせいか、従来、だれも偽書と主張した学者はいない。

と述べている。

桑田忠親氏の調査には、ずいぶんと教えられてきているが、この説に関するかぎり、まったく正反対の立場を取らざるをえない。この書状は饒舌《じょうぜつ》なわりに、趣旨がまったく不明瞭ではないか。

もし、光秀がこの書状を書いたとするならば、切迫した状況下、毛利氏に対し要望するもの、何をいったいどうしてほしいかということがまったくといってよいほど欠落しているのだ。多弁を労せずして、後世の偽作と断定する以外にない。

さらに一書。

丹州より馳参候国侍組々、糧秣《りょうまつ》、馬の飼《かいば》、弓矢、鉄炮、玉薬、これを下行すべし。舟は組合人数次第、中船、小船奉行へ相断り、これを請取るべし。海上の遅早は、着岸の相図を守るべく候。陸陣中備の儀は下知にまかすべく者なり。

天正十年五月十四日

信孝

丹州国侍中

これは、信孝から丹波・丹後の国侍宛に出された通達である。事実とすれば、五月十四日の時点において光秀の領地は取り上げられていたことになり、領地召し上げ説は俄然真実性を増すが、信長の花押《かおう》（書面の最後に押す印）が違い、現在では偽造されたものと判定されている。それに四国征伐の際、信孝に宛てた信長の朱印状には、讃岐を与えると明示されているので、領地召し上げ説も完全に否定されよう。

それにしても、奇談・妖説・怪文書と、かくも夥《おびただ》しく飛び交う事件というのも史上稀であろう。「死ぬ者貧乏」とは、よく言ったものである。

六月十三日に山崎の戦いで敗死した光秀、十八日に近江堅田で捕えられ、一言も吐かず六条河原にて斬首《ざんしゅ》された斎藤利三、また〝変〟により死んでいった幾多の人々。

彼らは、歴史に対して沈黙せざるをえない。

しかし、私には、彼らがあえて黙したのではないかと思えて仕方がないのである。

おそらく、彼ら一人ひとりの胸には秘すべきものがあり、それを負いながら死んでいったのではなかろうか。言うならば、緘黙する人々とでも呼ぶべきであろう。


この第七章で、「本能寺の変」の解明に関する記述は終了する。その最後に当たり、彼が一万三千の軍を持って行動を起こした「明智光秀の乱」ならば、なんとしても納得できない主要な疑問点を、いくつか列挙しておきたいと思う。

仮に、光秀が信長暗殺の実行犯であった場合、次の七つの疑問がわいてくる。
一　信長を襲撃したのなら、なぜ妙覚寺の信忠を同時攻撃しなかったのか？
信長を討ち果たし、天下を奪取するためには、織田信忠を同時に討ち果たす必要がある。信忠在京という情報がなければ、光秀は謀反に踏み切れないはずであった。とすれば本能寺、妙覚寺の同時攻撃は絶対条件である。光秀が当夜京にあれば、当然、信忠在京の情報は入手していたはずであるが、同時攻撃をしていないということは、光秀は〝変〟当夜、京都にいなかったとしか考えられない。

二　配下である筒井順慶七千の軍勢を待ってから行動するはずである。〝変〟を起こしたとしたら、同調者を得ることが急務である。筒井順慶が京に来ることを知っていたならば、必ずこれを取り込まなければならない。それは、安土を抑えることより重要な優先課題である。

三　娘婿の津田信澄を見殺しにしてしまった。津田信澄は信長の甥であるが、光秀の娘を正室にしている。したがって謀反が知れれば彼にも危険が及ぶ。実際、その結果となってしまったのだが、〝変〟の首謀者であれば、自己の行動を一番に知らせるはずである。しかし彼は、信澄に対し何も知らせていない。

四　坂本城に何の指令も発していない。たとえ光秀が謀反を決断するまでの時間が、わずか一日半しかなかったとしても、近辺の土豪たちを領地の坂本に呼び寄せたり、琵琶湖・瀬田の橋を確保する兵を用意したり、水軍の手配をしたりなど、〝変〟に備えた指示を出していなければならない。しかし、坂本城は何の動きも見せなかった。つまり光秀はそうした指令を発していないということになる。

五　吉田兼見との安土における会談での客観的物言い。

『兼見卿記』に「今度謀反の存分雑談也」と記されている。明らかにこれは〝変〟について二人が客観的に語り合ったことを示した文章である。文字どおり、「この度の謀反について思うまま語り合った」と解釈できる。光秀が実行者ならば、〝変〟に至る「心情」「大義」を兼見に伝えるはずで、単に雑談したという記述で終わるはずがない。

六　細川藤孝父子への手紙。

手紙の文面の最後、「三」の冒頭は「我等不慮の儀存じ立て候事」で始まっている。「不慮」の意味は「思いがけない」ことで、当事者が「本能寺の変」を思いがけないことと表現することはありえない。

七　関西文化調査会の本能寺跡の発掘調査によれば、寺内の信長屋敷は、約四十メートル四方の面積しかなかった。この狭い敷地内に、はたして一万三千人ともいわれる明智の大軍勢が展開できたのであろうか。

以上のような事柄から、光秀は〝変〟の画策者たちからなんの情報も提供されておらず、一方、信長を攻撃するのに不可欠な「信忠在京」などの情報も入手していなかったと判断できる。その意味において光秀は、明らかに「情報のエアポケット」に置かれていたのである。こうした立場の人間が、はたして「本能寺の変」という〝大それたこと〟など、企《たくら》むことができるのであろうか。

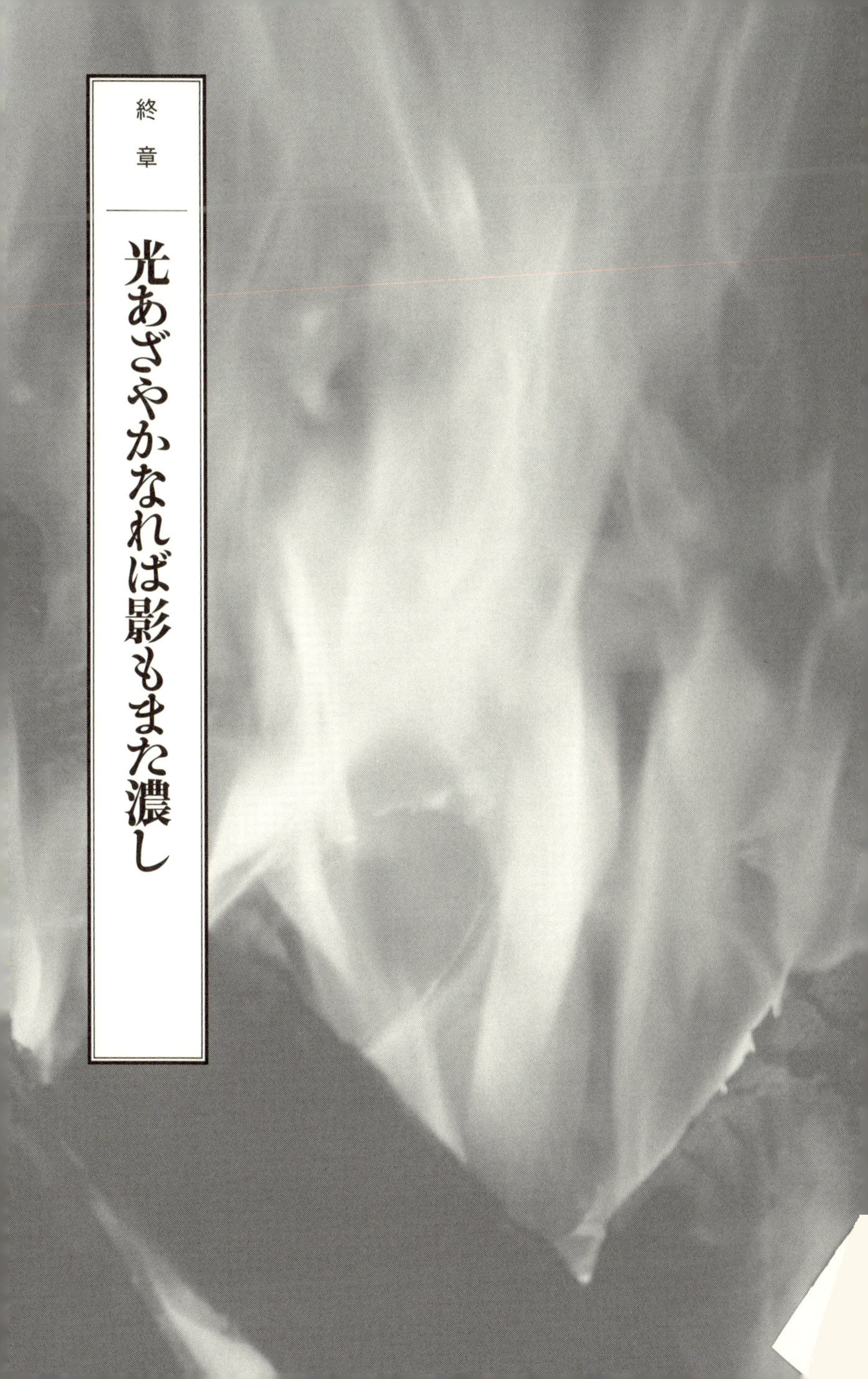

終章

光あざやかなれば影もまた濃し

中世を支配した闇は、重く深い。

民衆の宗教心、それも主として暗部によって形づくられてきたからである。

中世と近世の狭間に起きた「本能寺の変」は、時代の把握がないかぎり、その本質に迫ることは至難の業であろう。すなわち、日本という国が古代より取り続けてきた統治形態にまで考察の目を向けなければ、その仕儀も真相も理解することは不可能であり、また問題点も明瞭にはできない。

統治形態というのは、いわゆる政治機構とか制度とかという狭義を指しているものではない。それは目に見えて明確な認識をもちうるものから、目には見えず知悉《ちしつ》することもできず、すでに血肉となりつつあるというものまでを含めた統治である。

古代、天皇は祭祀《さいし》と政治そして軍事を併せもち、文字どおり国の唯一の為政者となりえたが、その実体は部族連合体の首長であり、部族間抗争に倦《う》み疲れた結果として生まれてきた知恵ともいえる。

神の血を引く唯一の継承者、天つ神によって認可された統治権、軍の指揮権掌握という構図のもとに、聖域としての天皇がつくられていったのである。ただ、このままでは千数百年も続くわけがない。

地理的条件の相違は別にしても、皇帝に絶対権力を集中させた中国が、たえず王朝交代の悲劇に見舞われた歴史によってもそれは明らかであろう。

日本においては、天皇家自体が時代の変遷とともに、自主的また先見的に変容していった事実が見える。

大陸からの新知識仏教も、天皇と民衆の空隙を埋めるために受容されたといってよい。神道には人間世界の真理や死後の安寧に触れる教義がない。したがって、民衆の信仰心とダイレクトに結び合える仏教が必要だったのである。

僧侶も真理の探究者から、しだいに死を司る者へと変化していき、そのギャップを緩和するクッションの役割を果たす者として、確固たる位置を占めた。その意味において、両者は意を同じくするもの、つまり共存共栄の道をたどることとなる。

中世末期まで遡ると、天皇よりむしろ仏教の僧侶たちが宗教的権威の上に乗り、社会全体がどうにも身動きができなくなるほど肥大化していた。

それは、竹に覆いかぶさる雪のように、誰かがはねのけなければ自壊してしまうほど厚く重いものであったろう。

このとき、光源体としての信長が登場する。信長は強烈な光を放ち、中世の闇を大きく照らし出したが、「光あざやかなれば影もまた濃し」の言葉どおり、既得権はおろか、生存権まで脅かされた彼らの起死回生ともいうべき反撃の剣が、すなわち「本能寺の変」であった。

この取材を開始したとき、事実を暴き出してやろうと意気込んだ。無論、一部始終の真実など、当事者であったとしても提出することは不可能であろうが、それでも大筋として真相に迫ることができればと考えていた。

しかし、一連の作業を続けていくうちに、徐々に変化が生じ始めた。歴史の一コマにすぎなかった「本能寺の変」から、日本の歴史そのものの流れを見たという思いを抱いたのである。

つまりそれは、ミクロ（「本能寺の変」）からマクロ（日本の歴史）を知らず知らずのうちに、透視していたということかもしれない。

日本における歴史とは、元寇《げんこう》などの特別な事例を除き、律令制の成立からその崩壊までが皇位継承者間の政争であり、鎌倉幕府以後は武家と朝廷による政権の綱引きのようなものであろう。近世以前においては、天皇史と呼んでもさほど支障は起きるまいとさえ思われるのである。しかし、現実は確信に触れる部分において微妙にはぐらかされていく。

天皇制を評して「秘するが故に存在する」とある作家が指摘したが、いまの日本の混沌は秘するがゆえにではすまなくなってきている。

清濁を併せ呑む覚悟をもって、すべてをさらけ出し、再構築をしなければならない時期にきているのだ。

名前は失念したが、日本は歴史においてなお鎖国が続いていると発言した、海外の著名な学者の言もむべなるかなと思われる。

事は過去ばかりではない。現実生活においても、明確にされていない部分が多分にある。

議院内閣制が、主にイギリスで発達した民主主義制度であるということは、義務教育を受けた者であれば誰でも承知している。

だが、なぜ日本でも議院内閣制が採られているのかという質問に、即座に答えられる人はきわめて少数であろうと思う。

義務教育レベルで教えなければならない知識と考えるが、我々にその記憶はまったくない。「なぜ」については、教えてもらっていないのだ。

議院内閣制を採用している世界各国の共通点は、イギリス、オランダ、ベルギーなどすべて国王が存在している。主権は国民にあっても、国の主体（統治権）、すなわち「国体」は国王に存し、議会は国王からすべての権限を委譲され、初めてその権能を発揮する。

日本においても、新しい内閣が組閣されると、必ず内閣総理大臣が宮中に参内し、天皇が認証するという国事行為が行なわれるのを考えれば、納得してもらえるであろう。

無論、現在の平和憲法下において天皇は象徴として存在するもので、一つの形式なのであるが、すでに国家元首がある以上、我々は直接選挙によってほかの人物を代表とすることはできない。つまり、天皇制存続は大統領制の放棄を意味する。

それが、長い歴史をもった我々の宿命なのである。

だが、問題とすべきはそのことではない。ほかの議院内閣制を採用している国々では小学生でも知っている事柄を、情報としてきちんと伝達されていない点にある。

驚くべきは、広辞苑でさえ首相を「我が国では天皇が認証する」という一行を、記していないのだ。

戦前の人なら、戦争終結の最大のテーマが「国体の護持」という問題であったから、そのへんのところは承知しておられるのであろうが、戦後の民主主義教育（？）を受けた我々の世代は、天皇がすっぽり抜け落ちているのでわからないのである。

敗戦から六十年以上、そろそろショックやアレルギーから脱皮し、ありのままを見つめるという作業が想定されてしかるべきであろう。

天皇家も長い時代を生き抜いてきたのであるからして、その時々により被害者ともなれば加害者ともなりえよう。歴史の局面において、天皇家が絶体絶命の危機を迎えたことも何度かある。そのとき、必ずといってよいほど〝破邪の剣〟が振るわれるのだ。

火焔《かえん》に包まれた不動明王が握るというこの両刃の剣は、両刃ゆえに一度振るえば、功も罪も生まれ出る。

しかし、天皇を頭上にいただく我々日本人一人ひとりが、その功と罪とを知りえなければ、歴史から学ぶものは何も存在しないこととなろう。

戦争を二度と起こすような愚を、絶対にしてはならないことは当然であるが、我々が致命的ともいえる間違いを犯したのは、軍部の独走を許して、敗戦を迎えるまでの二十年間である。

神話の時代から考えれば、二千年分の二十年、わずか一パーセントにすぎない。

誤解を恐れずにいえば、その一パーセントにより、長い時をかけて培ってきた我々本来の価値観や基準を、すべて葬り去るほど馬鹿げた行為はないであろう。

第一、これから日本に生まれる子孫に対し、申し訳が立たない。

ことさらに民族意識を刺激するつもりは毛頭ないが、自国の歴史に自信を取り戻せない大人たちに、次代を担う誇り高き子供たちをどうして育成できるというのだ。

自己および自国に対するアイデンティティの喪失が、子供たちのモラルをも低下させてきたことは歴然たる事実なのだ。国旗も国家も制定されていない国は、世界広しといえども我が国だけであろう。誇りを失った民族は、自滅する運命にある。

「本能寺の変」から、話が思わぬ方向へと飛び、さぞかし当惑されていることと思う。だが、私の内部においては、首尾一貫しているつもりである。

我々が喪失したものを取り戻し、再生するためには、過去における歴史的事件の実像と覚しきものを探り出し、再評価という俎上《そじょう》に載せなければならない。

下手に覆いかぶせたり、秘匿したり、忌避したり、何でもかんでも否定したりする行為を絶対に排除しなければならないのだ。

自国・他国を問わず、できるかぎり良質な情報を吸収して選定していく、それにより私たち自身のトータルな視野を磨き上げれば、進むべき道も、新しい日本人としてのフォーマット

〈原型〉も構築することができるはずである。その意味において、「太平洋戦争」も「本能寺の変」も「大化の改新」も、すべて同一線上に位置するものである。

確かに、我々は「国破れて……」という思いを味わう仕儀に相なった。

だが、そのことによりメフィストフェレスの魔の手に、魂を委ねた覚えは断じてない。

本書の第一章で「現代の目をもって再点検してみなければならない」とうそぶいたが、いま、より必要とされるものは「歴史の目をもって、現在を見つめ直す」という行為ではないかと……。

この時期、痛切に感じている。

おわりに

大それたことを、思いついたものである。

日本史上、最大の謎と呼ばれる「本能寺の変」を解明してみようなどとは……。

いまでも、増上慢の所行であると、どこかから鉄槌が下されそうな気がしている。

きっかけは、些細な話だった。

「この頃、読みたいと思うような本がないなあ」

このたわいない一言に、

「だったら、自分が読みたいと思うようなものを書いてみろよ」

という言葉が返ってきた。

いつ、どこで、誰に言われたのかも、すでに覚えていない。しかし、その言葉だけは、何年経っても消えることはなかった。

ある日、それを行動に移した。二十年ほど前のことである。

題材は、織田信長の暗殺。どうせ挑戦するなら大事件がいい、なぜなら、それは誰もが知っていることだから……。それに私自身、「本能寺の変」に対する疑問をぬぐいされなかった。

本当に光秀だったのか、なぜ主君を討たなければならなかったのか……。

まずは図書館へと向かい、片端から史料を読み漁ったが、それで謎など解けるわけもなく机の上に古文書のコピーが積み重ねられていくだけであった。

ところが不思議なもので、ある時期を境にして調査は急展開を見せ始めてきた。四～五年前だろうか、NHKテレビが注目すべき新史料発見と「本城惣右衛門覚書」を取り上げ、記述どおりの〝変〟の情景を映像に再現したのである。しかし、その十年ほど前、すでに私はそれを入手していた。また西山本門寺もいまでこそテレビなどで取り上げられるようになってきたが、当時、その存在を知る人はごく稀であった。

まるで何かに導かれるように、次から次へと新しい発見があり、この調べるという作業に私は酔い痴れていった。ただ、それを著すことには、ひどく難渋した。筆は遅々として進まず、正直、なぜにこんな苦労をと思うこともたびたびあったが、始めあれば終わりありで、書き上げたときの達成感は何にもまして感慨を与えてくれた。

これで、一応の片がついたと思っていた。だがしばらくすると、胸の内で何やらうごめくものがある。熾火《おきび》のような小さな火がくすぶっている。その小さな火とは、伊賀の忍者たちであった。彼らが繰り広げた織田信長との死闘。それこそ作家的想像力を縦横に駆使して、過大でもなく、矮小でもない等身大の忍者たちを書き著してみたい。さらには後を継いだ秀吉に屈伏し、文禄・慶長という両度の「朝鮮の役」に従軍していった彼らの生き様と終焉も書いてみたい。こんな強い欲求が、知らず知らずに生まれていた。

その意味において、この『信長暗殺は光秀にあらず』は三部作の第一部にすぎない。私にとっては、いまだ完結しない物語なのである。

最後となってしまったが、長らく机の奥深くに埋もれていたこの作品を陽のあたる場所へと導いてくれた大学の先輩、木村繁治氏。まったくの無名で、実績ゼロの私の作品を出版まで漕ぎつけてくれた未来工房の竹石健氏。そして作品を実際に世に出してくださったイースト・プレスの小林茂社長、同社の渡辺あやさん。幾多の不備を補完してくれた校正者の田中弘道氏、さらには、映像制作会社ヴァネックスの佐藤静夫氏。また、取材に際して紹介の労や快く面談に応じてくれた皆さま……。

まことに有難うございました。

また、勝手放題に過ごしてきた私を支えてくれた二人の姉、それに家内。

そして、この本をご購入いただき、最後までお読みいただいた皆さまに、心からの感謝をこめてお礼を申し上げます。本当に有難うございました。

平成二十一年　初夏

馬野秀行

織田信長主要事歴年表

永禄十一年（一五六八）	●九月、信長、足利義昭を奉じて上洛する。
元亀元年（一五七〇）	●四月、浅井長政、信長より離反。 ●五月、木の目峠にて、信長は甲賀忍者・杉谷善住坊に狙撃される。 ●甲賀征伐、伊賀・甲賀の屈強の侍たち八百七十名討ち死に。 ●六月、姉川の合戦、織田・徳川連合軍が浅井・朝倉軍を破る。
元亀二年（一五七一）	●九月、信長、比叡山・延暦寺を焼き討ち、全山焼滅。
元亀三年（一五七二）	●十二月、武田信玄、三方ヶ原の戦いで織田・徳川連合軍を撃破する。 ●明智光秀、坂本城を築城。
元亀四年（一五七三）	●七月、足利義昭、信長と対立、真木嶋城に籠る。
元正元年（一五七三）	●八月、朝倉義景、浅井長政滅亡。 ●義昭を京より追放、年号を天正と改元。
天正二年（一五七四）	●六月、岐阜城が伊賀・甲賀の忍者集団に夜襲される。 ●伊勢長島の一向衆徒を攻め滅ぼし、男女二万人を焼き殺す。
天正三年（一五七五）	●五月、織田・徳川連合軍、武田勝頼を長篠の戦いで破る。 ●六月、信長の上申により光秀、朝廷から惟任日向守の姓を賜る。 ●十一月、信長、家督を信忠に譲る。
天正四年（一五七六）	●正月、安土城の築城を開始する。 ●四月、二条御所の造営を開始する。

天正五年（一五七七）

●五月、本願寺の一向一揆衆、大坂天王寺にて織田軍を討ち破る。織田家重臣・原田備中守ら討ち死に。
●七月、木津川口の海戦で毛利水軍が織田水軍を粉砕する。
●十一月、信長、内大臣に任官する。

天正六年（一五七八）

●三月、雑賀攻めに出陣、雑賀衆降伏。
●七月、二条御所が完成。
●八月、松永弾正、信長に背き信貴山城に立て籠る。
●十月、信貴山城を攻める。同城、落城し松永自害。

天正七年（一五七九）

●二月、安土にて相撲大会を開く。
●四月、毛利勢と羽柴秀吉軍の攻防、激しさを増す。
●十月、摂津の領主・荒木村重が信長に反逆する。
●十一月、九鬼水軍、信長の命を受け、新造の大船（うち六艘は鋼鉄船）七艘を率い、木津川口にて毛利水軍六百余艘を撃破、数百艘を沈める。

天正八年（一五八〇）

●五月、安土宗論起こり、法華宗敗北する。
●九月、第一次伊賀の乱、起こる。織田（北畠）信雄、伊賀勢のために敗退。
●十月、光秀、丹波を平定。丹波・丹後の両国を賜る。
●十二月、荒木村重、居城の花熊城を脱出し逃亡。荒木一族の女房、子供らまで、ことごとくを焼殺する。
●二月、本能寺内に、京都滞在屋敷の普請を村井貞勝に命じる。
●四月、一向衆と和睦。門跡・顕如光佐は大坂の城を退出。
●八月、徹底抗戦を主張した光佐の長子、教如光寿も屈伏して退城。信長は大坂を完全に掌握する。
●同月、重臣・佐久間信盛、林佐渡守らを追放。

天正九年（一五八一）

●正月、光秀に馬揃えの奉行を命ずる。
●二月、京都において馬揃えの儀式を行ない、正親町天皇の叡覧を仰ぐ。
●四月、竹生島を参詣、帰城後、信長留守中に外出したすべての女房衆を斬首。
●五月、高野山領、槇尾山・施福寺を攻撃、同寺を破壊焼却する。
●同月、高野山・金剛峯寺の全山を包囲、攻撃する。
●八月、諸国を行脚する高野聖六百名を捕縛し、勢州蜘蛛津河原などにて断罪に処す。
●九月、伊賀攻めの軍を発向する（第二次伊賀の乱）。
●十月、伊賀一国、全土焼滅。伊賀衆、高野山に逃亡。

天正十年（一五八二）

●二月、織田信忠、武田攻めに出陣。
●三月、武田方の高遠城落城。武田勝頼の弟、仁科五郎討ち死に。
●同月、信長出陣と同時に勝頼は討ち死に。武田家滅亡。
●五月十一日、四国征伐のため織田信孝（神戸）、大坂に参陣。
●同十五日、光秀は、恩賞御礼言上のため、安土に伺候する徳川家康の接待役を仰せつかる。
●同日、家康、安土に参着し、十七日まで信長の歓待を受ける。
●十七日、信長、毛利と対陣する羽柴秀吉軍支援のため、光秀ほか諸将に参陣を通達。
●二十七日、光秀、愛宕山に参籠。
●二十九日、信長、小姓衆のみを伴い上洛する。
●六月一日、本能寺・信長屋敷にて茶会。公家、堺衆ら出席。
●同日、光秀は護衛軍団長として、信長の待つ京に、軍を率いて亀山城を出立する。
●二日、未明に、信長の京屋敷襲撃される。信長、即時に自害。
信忠も二条御所にて、斎藤利三の攻撃により討ち死に。

●参考文献（順不同）

『言経卿記』東京大学史料編纂所（岩波書店）
『言継卿記』高橋隆三、小坂浅吉、斎木一馬校訂（続群書類従完成会）
『兼見卿記』斎木一馬、染谷光広校訂（続群書類従完成会）
『勢州兵乱記』（改訂史籍集覧所収）
『伊水温故』（上野市古文献刊行会）
『伊賀旧考・伊乱記』（伊賀古文献刊行会）
『万川集海』石田善人監修（誠秀堂）
「州観跡録」（『大日本史料』所収　東大史料編纂所）
『天正高野治乱記』（於金剛峯寺徳厳密寺）
『寛政重修諸家譜』（続群書類従完成会）
『川角太閤記』桑田忠親校注（人物往来社）
『綿考輯録』（『細川家記』ともいう　汲古書院）
『明智軍記』二木謙一校注（新人物往来社）
「信長公阿彌陀寺由諸之記録」
『多聞院日記』辻善之助編（吉川弘文館）
『武功夜話』（新人物往来社）
『信長公記』岩沢愿彦・奥野高広校注（角川日本古典文庫）
『フロイス日本史5』松田毅一・川崎桃太訳（中央公論社）
『織田信長文書の研究』全巻　奥野高広（吉川弘文館）
『日本仏教宗史論集　第四巻（木食応其考）』和田秀乗（吉川弘文館）
新版『高野山史』宮坂宥勝・佐藤任（心交社）
「明智光秀と丹波・亀岡」亀岡市文化資料館
『日本書誌学大系28　林若樹集』所収
「一野武士の告白、本城惣右衛門覚書」（青裳堂書店）
『南蛮人の日本発見』松田毅一（中央公論新社）
「伊賀の祖神、大彦命」渡辺勉
『明智光秀』高柳光寿（吉川弘文館）
『明智光秀』桑田忠親（講談社文庫）
『筒井順慶とその一族』藪景三（新人物往来社）

『織田信長の秘密』二木謙一（ワニ文庫）
『古寺巡礼ひとり旅』白井基二（秋田書店）
『郷土史の謎に挑む』服部酒造雄（朝日新聞名古屋本社編集制作センター）
『僧兵盛衰記』渡辺守順（三省堂）
『韓国 堕落の2000年史』崔基鎬（祥伝社・黄金文庫）
「甲賀の五十三家」
『日本の歴史――諸国大名』杉山博（中公文庫）
『日本史探訪9 戦国の武将たち』（角川書店）
『日本史探訪10 信長と秀吉をめぐる人々』（角川書店）
『古代日本史最前線』（文春文庫）
『風雲児織田信長』『太閤秀吉天下取り』
ＮＨＫ歴史への招待（日本放送出版協会）
『長宗我部氏の研究』秋沢繁（吉川弘文館）
『長宗我部元親のすべて』山本大（新人物往来社）
『戦国大名系譜人名事典（西国編）』
山本大・小和田哲男編（新人物往来社）
『比叡山と高野山』景山春樹（教育社）
『山伏まんだら』重松敏美（ＮＨＫブックス）
『忍者の系譜』杜山悠（創元社）
『天皇の渡来史』渡辺光敏（新人物往来社）
『織田信長』鈴木良一（岩波新書）
『開祖物語』百瀬明治（ＰＨＰ文庫）
『忍びの者』村山知義（理論社）
「織田信長、新説本能寺の変」
歴史読本一九九二年十二月号（新人物往来社）
「郷土の歴史誕生、西山本門寺の信長の首塚」
富士暮らしの新聞連載 山口稔
「歴代天皇紀」歴史と旅 一九八二年一月号（秋田書店）
「天皇家系譜総覧」別冊歴史読本（新人物往来社）
『歴史誕生』所収「光秀謀反」（角川書店）

（注）私家版等は発行元を割愛しました。

■読者の皆様へ■

小社の出版物をご愛読くださいまして、誠にありがとうございました。新しい時代感覚に溢れた書籍をこれからも世に問うつもりでおります。つきましては、読者の皆様方からのご意見、ご提案を心よりお待ちしております。

現在、関心を持たれているテーマや著者、読みたい本の種類、企画提案など、どんなことでも結構です。

（イースト・プレス編集部）

信長暗殺は光秀にあらず

発行日　2009年6月17日　初版第1刷発行

著　者　馬野秀行
装　幀　矢野徳子＋島津デザイン事務所
カバーイラスト　大久保友博
編集協力　未来工房
DTP　小林寛子
発行人　大竹　清

発行所　株式会社 イースト・プレス
〒101-0051 東京都千代田区神田神保町1-19 ポニービル6F
編集　03(5259)7325
営業　03(5259)7321
FAX　03(5259)7322

印刷所　中央精版印刷株式会社

ISBN978-4-7816-0148-9 C0021

550